JN130338

▶Excelでできる

戦略人事のデータ分析入門

解説・関数・演習で統計解析の基本と戦略実践力が身につく

Fフロンティア株式会社
深瀬勝範 著

労務行政

はじめに

要員計画の策定、賃上げ率の決定、管理職登用者の選定……。

このような人事管理に関わる計画の策定や施策の実施は、これまでは、経営者や人事関係者の「経験と勘」に基づいて行われていました。しかし、経験と勘に頼った人事管理を行っていては、誤った判断をして、それが会社や従業員の将来に悪影響を及ぼしてしまう危険性があります。

そこで、近年、人事管理においても、さまざまなデータを分析し、その結果に基づいて、合理的なマネジメントが行われるようになってきました。特に最近では、インターネット上で賃金水準や労働生産性に関する統計データを容易に入手できるようになったこと、パソコンの表計算ソフトを使って統計的手法を用いた分析が簡単にできるようになったことなどが功を奏して、データ分析に基づく人事管理は急速に広がってきています。

本書は、人事管理におけるデータ分析の基本的な考え方や進め方について解説した入門書です。人事管理におけるさまざまな場面を想定し、どのようなデータを、どのような手法を使って分析すればよいのか、初心者でも分かるように具体的なケースを用いながら解説しています。本書の解説部分のサンプルデータを自社のデータに置き換えるだけで、誰でも簡単にデータ分析が実践できますし、それを通して統計的手法の基礎知識を習得することもできます。

今後、ウェアラブル端末などを用いた従業員の行動データの収集、AI（人工知能）を用いたピープルアナリティクスなど、人事管理におけるデータ分析は飛躍的に発展していくと考えられます。このような新しい人事管理に対応していくために、人事関係者は、今のうちから、データ分析の実践的なスキルを身に付けておくこと、統計的手法の基礎知識を習得しておくことが重要です。

本書が、データ分析や統計的手法を学びたいという人事関係者のお役に立てば幸いです。

2019年2月

深瀬　勝範

目次

第1章 データ分析の基本 13

1 データ分析に基づく人事管理の必要性 …… 14

2 データ分析の基本～統計学の基本的な考え方～ …… 15

[1]「統計」とは（統計学の基本的な考え方）…15

[2] 統計的手法を使ってできること、できないこと…16

[3] 分析対象となる情報、データと収集方法…18

3 データ分析の進め方 …… 20

[1] 第1ステップ：分析目的の明確化、仮説の構築…20

[2] 第2ステップ：分析の実施(データ収集、分析方法の選択、結果を導き出す)…21

[3] 第3ステップ：分析結果の整理、戦略・施策の提言…23

4 データ分析のパターン …… 23

[1] 現時点の分析と時系列分析（成長性の分析）…23

[2] 収益性の分析と生産性の分析…24

[3] 関係性の分析…25

[4] シミュレーション…25

5 人事管理におけるデータ分析の実践 …… 26

第2章 データ分析の基本的な手法 29

1 代表値と散らばり …… 32

[1] 代表値の種類と算出方法…32

[2] 散らばりを示す値（分散と標準偏差）…33

[3] その他の散らばりの示し方（最大値、最小値、分位数）…35

2 Excelを使った代表値、標準偏差などの算出 …… 36

[1] 関数を入力する…36

[2] 分析ツールを使う…38

[3] ピボットテーブルを使う…41

3 グラフの作成（ヒストグラム、散布図、箱ひげ図） 43

[1] ヒストグラムを作成する…44

[2] 散布図を作成する…46

[3] 箱ひげ図を作成する…50

演習1 55

演習2 57

第3章 労働生産性と労務構成の分析 59

1 労働生産性、労務構成の分析の進め方 60

2 労働生産性の分析 61

[1] 従業員数の適正性の捉え方…61

[2] 労働生産性の算出と世間水準との比較…61

[3] 労働生産性の時系列分析…64

3 労務構成の分析 66

[1] 労務構成の分析の基本的な考え方…66

[2] 労務構成の分析と人事管理上の問題…67

[3] 自社の労務構成の指標の算出…68

[4] 年齢分布、勤続年数分布の分析…69

[5] 労務構成の時系列分析…73

[6] 労務構成に関する指標の統計データとの比較…75

演習3 84

演習4 88

第4章 賃金と人件費の分析 91

1 賃金の分析 92

[1]「適正な賃金」とは…92

[2] 賃金水準、賃金格差の決定要因、効果および捉え方…92

[3] 賃金水準の分析…95

[4] 賃金格差の分析…105

[5]「賃金構造基本統計調査」の分布特性値の使い方…112
[6] 賃金格差の分析のまとめ…114
2 人件費の分析 …… 115
[1]「人件費」とは…115
[2]「適正な人件費」とは…117
[3] 労働分配率を使った人件費分析の基本的な考え方…118
[4] 労働分配率の統計データとの比較…120
[5] 労働分配率の時系列分析…121
3 賃金、人件費分析のまとめ …… 125
演習5 …… 126
演習6 …… 129

第5章 相関と回帰分析

133
1 相関 …… 134
[1]「相関」とは…134
[2] 相関係数の算出方法…135
[3] 相関行列の表示と使い方…136
[4] 相関を使うときの注意点…137
2 回帰分析 …… 140
[1]「回帰分析」とは…140
[2] 回帰分析の進め方…141
[3]「R-2乗値」とは…144
[4] 散布図を作成しない回帰分析の方法…145
[5] データの分布に応じた回帰分析の方法…146
[6] データ「x」が複数ある場合の回帰分析（重回帰分析）…147
演習7 …… 151
演習8 …… 154

第6章 要員計画、人件費予算の策定 157

1 要員計画、人件費予算の基本的な考え方 …… 158

[1] 要員計画、人件費予算策定のポイント…158

[2] 要員計画、人件費予算策定のステップ…158

[3] 要員計画、人件費予算を合理的に策定するための条件…159

2 今後5年間に必要となる総従業員数の推測 …… 160

[1] 売上高と総従業員数の回帰分析…160

[2] 売上高目標の達成に必要な総従業員数の推測…162

3 総従業員数、人件費の適正性の検証 …… 163

[1] 人件費シミュレーションの基本的な考え方…163

[2] 事業構造の分析（売上高と人件費以外のコストの回帰分析）…165

[3] 人件費シミュレーション（総従業員数と人件費の適正性の検証）…166

[4] 総従業員数および人件費の調整…168

4 部門別・雇用区分別従業員数の算出 …… 171

[1] 部門別・雇用区分別従業員数の一般的な算出方法…171

[2] 人件費シミュレーションのブレークダウンによる要員計画の策定…172

[3] 非線形最適化による要員計画の策定…174

[4] 要員計画の妥当性の検証…175

5 ソルバーとシナリオを使った雇用ポートフォリオの作成 …… 177

6 シミュレーションおよび制約条件設定に関する留意点 …… 180

[1]「当たらなかったシミュレーション」にも大きな意味がある…180

[2] ソルバーにおける制約条件の設定に関する留意点…180

演習9 …… 182

第7章 評価における統計的手法の活用 185

1 統計的手法を使った人事評価の調整 …… 186

[1] 人事評価の甘辛調整は、基本的には不可能…186

[2] 標準化による人事評価の調整…187

[3] 標準化を使う場合の注意点…188

2 目標管理制度におけるデータ分析の活用 ……… 189

[1] 目標管理制度の運用上の問題…189

[2] 設定された目標額、達成率、支店業績のデータ分析…190

[3] 目標設定の傾向分析…192

[4] データ分析を活用した目標管理制度…193

3 データ分析に基づくコンピテンシーの明確化 ……… 194

[1] コンピテンシーとは…194

[2] 職務行動に関するデータ分析とコンピテンシーの明確化…194

[3] コンピテンシー明確化に関するデータ分析のポイント…197

第8章 従業員意識調査の分析 199

1 従業員意識調査の分析 ……… 200

[1]「従業員意識調査」とは…200

[2] 従業員意識調査において一般的に行われる分析…200

[3] 従業員満足度の捉え方と改善策の講じ方…202

[4] 項目間の関係性の分析…203

2 カイ二乗検定による退職要因の分析 ……… 205

[1]「カイ二乗検定」とは…205

[2] カイ二乗検定の進め方…206

[3] カイ二乗検定による退職要因の分析…207

[4] カイ二乗検定を使って従業員意識調査の分析を行うときの留意点…211

演習 10 ……… 212

第9章 業績と人事施策の関係性分析～人事部門のKPIの策定～ 215

1 業績と人事施策の関係性分析 ……… 216

[1] データの収集と業績の状況の分析…216

[2] 業績と人事施策の関係性分析（相関行列の作成と樹形図による分析）…217

[3] タイムラグを考慮した業績と人事施策の関係性分析…220

2 データ分析に基づくKPIの策定……224
[1]「KPI」とは…224
[2] データ分析に基づくKPIの策定…224
[3] KPIの活用…226

第10章 これからの人事管理と人事部門の役割 229

◆ 巻末付録　データ分析でよく使われるExcelの関数式……233
◆ 重要項目別索引……235
◆ 参考文献……237

ご購入者特典

本書をご購入いただくと、本文で出てきた図表、サンプルデータ等がダウンロードできます。

収録されている図表のうち左記のマークが付いているものについて、WEBサイトからダウンロードしてください。

ダウンロードの方法について

株式会社労務行政（**https://www.rosei.jp/**）の下段にある「**ご購入特典ダウンロード集**」のバナーをクリックしてください。画面上でダウンロードまでの流れをご覧いただくことができますので、その内容に沿ってお手続きください。

※ダウンロードには、サイトへの会員登録（無料）が必要となります。

ご購入者特典　パスワード

g 4 u b 9 7 s

第1章 データ分析の基本

1 データ分析に基づく人事管理の必要性

従業員の年齢や勤続年数、職務経歴や研修履歴、人事評価に関するデータ、労働時間や賃金に関するデータetc.。人事部門には、その会社の「ヒト」という経営資源に関する、あらゆるデータが集められ、保管されています。

これらの人事データを分析し、その結果に基づく合理的な人事管理を行うことができれば、「適正人員を算出して経営の効率化を図る」「従業員の適性と能力に見合った職務を与える」「業績向上に結び付く人事施策を戦略的に実施する」など、会社にとっても、従業員にとっても、大きなメリットが生じます。

このようなメリットがあることは誰もが認めるところですが、これまで人事関係者は、人事データを十分に活用してきたとはいえないでしょう。その大きな理由として、「データ分析を行わなくても、経営者や人事関係者の『経験と勘』によって人事管理を行うことができる」という思い込みがあったと考えられます。

しかし、「経験と勘」に頼った人事管理は、もはや通用しない時代になっています。経営環境が目まぐるしく変化する今日では、過去の経験が通用するとは限りませんし、また、特定の人間の勘に頼る人事管理では、複雑な問題に対処するときほど認知バイアス（認知の偏り）が生じがちで、その人が判断を誤った場合に、経営に大きなダメージを与えてしまうからです。

人事管理に関する施策を検討する場合、これまではベテランの人事関係者が「私の経験からすれば、こうするべきだ」と言えば話が進んだかもしれませんが、現在はそうはいきません。「なぜ、そうするべきなのか」「何を、どれくらいやるのか」など、データ分析に基づいて、明確な根拠と具体的な目標値を示さなければ、経営者や従業員の理解と協力は得られません。

「自社の人事管理上の問題は何か？」

「その問題を発生させている要因は何か？」

「これから、どのような施策を行うべきか？」

経営者も、現場の管理職も、そして従業員も、これらについてデータ分析に基づく的確な判断、そして、データを用いた納得のいく説明を求めています。いまや人事関係者は、こうした要求に応えてデータ分析に基づく合理的な人事管理を行っていかなければなりません。

2 データ分析の基本～統計学の基本的な考え方～

データ分析は、統計学の理論や手法に基づいて、正しく行われなければなりません。

人事関係者の中には、「統計学の理論が難解で、統計的手法に関する計算が複雑なために、データ分析を行うことができなかった」という人もいるでしょう。

確かに、統計学の理論には難解なところもありますが、その基本的な考え方は、至ってシンプルです。人事管理に関するデータ分析においては、この基本的かつシンプルな考え方さえ理解しておけば十分なのです。

また、統計的手法に関する計算は複雑ですが、今は、パソコンの表計算ソフトを使えば、簡単な操作を行うだけで結果を表示してくれます。すなわち、統計的手法の使い方とパソコンの操作方法を知っていれば、誰もがデータ分析を行うことができるのです。

逆の言い方をすれば、統計学の基本的な考え方を理解し、統計的手法を使いこなすことは、以前ほど難しくなくなっているため、データ分析を行う立場にある人事関係者は、当然に、これらに関する知識やノウハウを習得しておかなければならないということです。

それでは、はじめに、統計学の基本的な考え方や使い方について説明します。

1 「統計」とは（統計学の基本的な考え方）

日常会話において「統計」という言葉は、二つの意味で用いられます。

一つ目は、「各種機関（通常は、官公庁など）が実施した調査、およびその結果として公表されるデータ」のことです。例えば「自社の賃金水準を統計（データ）と比較する」という場合、統計とは、厚生労働省が行った「賃金構造基本統計調査」の調査結果のデータなどを指します。

二つ目は、「調査結果を導き出すために使われる手法」という意味で、厳密に言えば、これは「統計的手法」と呼ぶべきものです。例えば「統計を使って賃金分析を行う」場合、賃金の平均値を算出することなどを「統計（的手法）」と言い表します。

本書においては、後者の意味での「統計」（データ分析に用いる統計的手法）について、主に説明していきます。

統計的手法とは、一言でいえば「データの特徴や傾向などを、数字を使って表現すること」です。例えば、賃金の平均値を算出することは、自社の賃金の特徴を数字で表現することになりますので、統計的手法を使ったデータ分析といえます。

統計学の基本的な考え方においては、データがどれだけ大量にあったとしても、その特徴は、二つの数値を使えば表現できます。

一つは、データ全体の特徴を表す、中心となる値で「代表値」と呼ばれます。例えば、平均値がこれに該当します。もう一つは、データの「散らばり」の度合いを示す値です。データの散らばりは、「平均値と各データとの差」または「最大値と最小値の差」などさ

図表1－1　A社とB社の賃金の分布状況

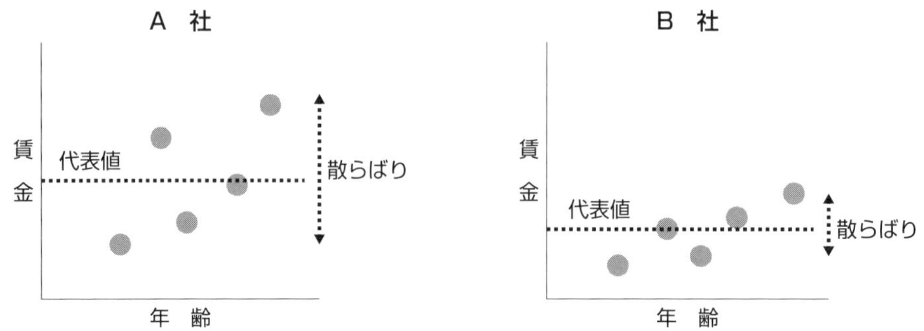

まざまな捉え方があります（これらについては、「**第２章1代表値と散らばり**」で説明します）。

［**図表１－1**］は、二つの会社（A社、B社）の従業員の賃金の分布状況をグラフ（このようなグラフを「散布図」といいます）として図示したものです。B社との比較においてA社の賃金の特徴を表現すれば、「代表値（平均値）が高く、散らばり（最大値と最小値の差）が大きい」ということになります。

この図を見ると、仮にA社とB社の代表値が同じであっても（B社のデータをすべて上方向に平行移動させてみても）、散らばりが異なると、データの分布状況がまったく違うことが分かります。このケースでは、各社の代表値は「賃金水準（全データの高低）」を、散らばりは「賃金格差（各データの差）」を示します。つまり、代表値と散らばりが意味するものは異なっているのです。ですから、データの特徴を捉えるときには、「代表値」と合わせて「散らばり」を見ることが重要なのです。

2 統計的手法を使ってできること、できないこと

統計的手法においては、データの特徴を「代表値」と「散らばり」という二つの数値から捉えますが、この捉え方を使うことによって、次のことが可能になります［**図表１－2**］。

(1) 他社との違いや時系列変化を客観的に捉えて、問題点の抽出などができる

自社の労務構成や賃金分布の特徴を数値で表現できれば、世間水準または他社のデータと比較したり、過去数年間の変化を捉えたりすることが可能になります。また、このような客観的な分析に基づく目標設定などができるようになります。

(2) 複数の事柄の関係性を捉えて、人事施策の検討に役立てることができる

例えば、各従業員の労働時間と従業員満足度のデータがあれば、労働時間が長くなるに従って、従業員満足度が低下するなどの傾向を捉えることができます。また、労働時間ごとの従業員満足度の散らばりが小さければ、両者の関係性が強いことが分かります。そこから「従業員満足度を高めるために、労働時間の短縮を進める」という人事施策を検討す

図表1-2　統計的手法を使ってできることと活用例

統計的手法を使ってできること		人事管理への活用例
他社との違いや時系列変化を客観的に捉えて、問題点の抽出などができる		●自社の賃金平均額を世間水準と比較する ●自社の労働生産性の推移を見て、現状を把握する
複数の事柄の関係性を捉えて、人事施策の検討に役立てることができる		●さまざまな労働条件と従業員満足度との関係性を捉える ●業績向上と関係性が高い人事施策を割り出す
過去の傾向から今後の動きを推測して、戦略・計画を策定することができる	➡	●今後の事業運営に必要な従業員数を算出する ●今後の人件費の動きを推測して、対応策を検討する

ることができます。統計的手法を使って複数の事柄の関係性を客観的に捉えることによって効果的な人事施策を検討し、講じることができるようになります。

(3) 過去の傾向から今後の動きを推測して、戦略・計画を策定することができる

自社の売上高と従業員数のデータを分析したところ、売上高の増加に伴い、従業員数が一定の割合で増える傾向が捉えられたとします。この傾向が続くのであれば、今後、売上高の増加に伴って、確保するべき従業員数を推測できます。統計的手法を使って、過去の傾向から今後の動きを合理的に推測し、実現性の高い人事戦略や要員計画を策定できるようになります。

このように、統計的手法を使うことによりさまざまなことが可能になりますが、一方で、それを使ってもできないことがあります。

それは「分析のために収集したデータが正しくないものであったときに、そのデータを正しいものに修正すること」です。統計的手法は、収集されたデータに基づいて分析を行うものなので、データ自体が「正しくない」と、もはや何もできないのです。

人事管理の分野でいえば、「評価者間の甘辛の違いが入った評価点を、正しい点数に修正する」ことは、統計的手法を使ってもできません。各部門の評価点の平均値を同じにするなどの調整はできますが、それは評価点を正しい点数に修正したことにはなりません。それどころか、(評価者が甘く点数を付けたわけではない) 優秀な従業員の評価点を強引に引き下げてしまい、かえって評価をゆがめてしまう危険性すらあります。

ですから、統計的手法を使うときには、まず「正しいデータ (事実に基づくデータ、適切な方法で収集されたデータなど)」を収集しなければなりません。仮に正しいデータが収集できない場合には、それを使った分析は、誤った結果を導き出してしまうことになるので、むしろ行わないほうがよいのです。

3 分析対象となる情報、データと収集方法

さて、人事管理においては、どのような情報やデータが分析の対象になるのでしょうか。

また、それらの情報やデータは、どのように収集すればよいのでしょうか。

一般的に、情報やデータは、「定量データ（数値で捉えられるもの）」と「定性情報（数値で捉えられないもの）」の2種類に分けられます［**図表1－3**］。

例えば、従業員数、退職者数、賃金支給額、実労働時間などは、数値で示される「定量データ」であり、従業員の職務経歴、適性や能力、組織風土などは、通常は言葉や文章などで示されるため、「定性情報」になります。

定性情報でも、工夫次第で定量データに置き換えることができます。例えば、職務経歴については、所属部門名だけではなく、「国内事業所：0、海外事業所：1」などの分類も記録しておけば、「海外事業の経験者数」という定量データとして集計することが可能になります。

人事評価については「A、B、C…」のような評語を「5、4、3…」のような数字に置き換えたり、また、従業員満足度については「満足、どちらでもない、不満」という回答を「3、2、1」という数字（または「満足と回答した従業員の比率」など）に置き換えたりすれば、定量データと同じように計算することも可能です。

ただし、このような数字への置き換えは、あくまでも情報を分析しやすいように加工しただけであって、定性情報が定量データ化されたわけではありません。定量データは、データ同士を数値で比較することができますが、定性情報を数字に置き換えたものは、そのような比較は意味がありません（例えば、「従業員満足度『2』の人は、『1』の人の2倍の満足をしている」という捉え方はできません）。したがって、数字に置き換えた定性情報を使って、定量データと同じような分析を行おうとしても、そこには限界があると認識しておかなければなりません。

また、情報・データには、自社に関する「社内情報・データ」と世間動向や業界水準などに関する「社外情報・データ」があります。

社内情報・データは、社内の情報システムや賃金台帳から、あるいは従業員へのアンケート調査やヒアリング調査などを実施して収集できます。一方、社外情報・データは、インターネットから、あるいはビジネス誌や新聞などから収集可能です。

例えば、賃金水準の分析については、社内の賃金計算システムなどから自社の従業員の賃金支給額のデータを、社外については、厚生労働省のウェブサイトから「賃金構造基本統計調査」の年齢階級別の賃金支給額のデータを入手して数値の比較などを行います。

［**図表1－4**］は、人事管理のデータ分析において頻繁に用いられる官公庁の統計データです。人事関係者は、インターネットで、これらの統計調査を検索して、どのようなデータが掲載されているのか、見ておくとよいでしょう。

図表1−3　分析対象となる主な情報・データと収集方法（入手先）

	社内情報・データ		社外情報・データ	
	主な情報・データ	収集方法（入手先）	主な情報・データ	収集方法（入手先）
定量データ	企業業績に関するデータ	財務諸表など	経営指標、他社の業績 雇用情勢（完全失業率など） 労働者の平均年齢、勤続年数 賃金の業界水準、賃上げ率 平均労働時間、年休取得率など	各種機関の統計調査（インターネット経由で入手可能）など
	従業員数、退職者数 従業員の年齢、勤続年数 賃金支給額、賃上げ率 労働時間、休暇の取得日数など	賃金台帳、賃金計算システムなど		
定性情報	経営理念・方針	事業計画など	経営環境 業界動向、市場動向 製品情報、技術情報 働く者の意識 法改正、社会のトレンドなど	ビジネス誌、新聞、他社のホームページ、顧客アンケートなど
	職務経歴、人事評価 従業員の適性、能力	人事情報システムなど		
	組織風土、従業員の意識 従業員満足度、働きやすさ	アンケート、ヒアリング調査など		

図表1−4　データ分析において頻繁に用いられる官公庁の統計データ

	入手できるデータ	調査機関	統計調査名
経営指標	産業別　財務状況	財務省	法人企業統計調査
	産業別　売上高、労働生産性など	経済産業省	企業活動基本調査
他社の業績	財務諸表、従業員の状況など	金融庁	各社の有価証券報告書※1
経済の動き	経済成長率（GDPの動き）	内閣府	国民経済計算
	景気動向指数	内閣府	景気動向指数
物価、家計の状況	消費者物価指数（CPI）	総務省	消費者物価指数
	標準生計費	人事院	人事院勧告※2
雇用情勢	労働力人口、完全失業率	総務省	労働力調査
	求職者数、求人数、求人倍率	厚生労働省	職業安定業務統計
労務構成	労働者の平均年齢、勤続年数	厚生労働省	賃金構造基本統計調査
	事業組織別　従業者数	経済産業省	企業活動基本調査
	雇用形態別　従業者数	総務省	労働力調査
賃金	産業別　年齢階級別　現金給与額	厚生労働省	賃金構造基本統計調査
	モデル賃金、モデル退職金※3	中央労働委員会	賃金事情等総合調査
		東京都	中小企業の賃金・退職金事情
	手当の支給状況※4	厚生労働省	就労条件総合調査
	賃金の改定額、改定率	厚生労働省	賃金引上げ等の実態に関する調査
	定昇ベアの実施状況	経済産業省	企業の賃上げ動向等に関するフォローアップ調査
	賞与（一時金）要求額、妥結額	厚生労働省	民間主要企業夏季（年末）一時金妥結状況
労働時間	所定労働時間、休暇の取得状況など	厚生労働省	就労条件総合調査
	月間実労働時間（所定内、所定外）	厚生労働省	毎月勤労統計調査

※1：金融庁が運営する電子情報開示システム「EDINET」から個社別に入手することが可能。
※2：都道府県別の標準生計費は、各都道府県の人事委員会が調査を実施する。
※3：退職金に関する調査は、隔年で実施される。
※4：就労条件総合調査は、毎年、調査項目を入れ替えて実施される（手当の支給状況に関する調査は、おおむね5年おきに実施される）。

ここで挙げたもの以外にも、インターネットなどではさまざまな統計調査が公表されていますので、自分が行いたい分析に使えそうなデータを見つけたときには、そのデータが掲載されている統計調査名などをメモしておいて、いつでも使えるようにしておくとよいでしょう。

なお、官公庁が実施した統計調査以外にも、業界団体やコンサルティング会社などが行った調査結果が、インターネット上で公表されていることがあります。これらの調査結果の中には、サンプル数が少ないなどの理由によりデータの信頼性が低いものも含まれていますので、調査方法などを確認し、信頼がおけるものかどうかを判断した上で使うようにしましょう。信頼性を判断する大まかな基準としては、会社を対象に行った調査であれば100社以上、個人を対象に行った調査であれば500人以上のサンプル数があること、また、公平中立な立場にある機関が実施した調査であることなどが挙げられます。

データ分析は、正しいデータを使い、正しい方法で行うことが必要です。分析者は、このことを胆に銘じて、まずは「正しいデータ」を収集するように心掛けなければなりません。

3 データ分析の進め方

データ分析の基本的な進め方は、［**図表1－5**］のとおりです。

それぞれのステップについて、簡単に説明します。

1 第1ステップ：分析目的の明確化、仮説の構築

データ分析を行うときには、最初に、その目的を明確にすることが必要です。

例えば、「経営の効率化を図るために、労働生産性の現状を把握する」あるいは「労働条件の改善に向けて、賃金制度の問題点を抽出する」など、何のために、どのようなデータ分析を行うのかを明確にしておかなければなりません。

データ分析の目的が明確になったら、次に「仮説の構築」を行います。

例えば、前述した「労働生産性の現状を把握する」という目的が出てくる背景には、分析者が「自社の労働生産性が低い」という認識を持っていると考えられます。分析者が持つ、このような認識を「仮説」として明らかにして、データ分析の基本的な方向性を定めます。

「最初に仮説を立ててしまうと、分析者が先入観を持ち、客観的な分析ができなくなる」という人もいますが、それは誤りです。最初に何らかの仮説を構築しないことには、「どのようなデータを、どのような手法を用いて分析すればよいのか」すら分からず、これではデータ分析を進めることはできません。

的確な仮説を構築するために、分析者は、常日頃からさまざまなことに問題意識を持ち、その問題が発生する要因を考える癖を身に付けるようにしましょう。

図表1-5 データ分析の進め方

データ分析の進め方	（分析者が考えること）
第１ステップ 分析目的の明確化 仮説の構築	何のために分析を行うのか？ どこに問題がありそうか？ 問題の発生要因は何か？
第２ステップ データ収集、分析方法の選択 データ分析（結果を導き出す）	どのデータを分析すればよいか？ どの手法で分析すればよいか？ 分析結果は？（仮説は検証されたか？）
第３ステップ 分析結果の整理 戦略・施策の提言	経営者や従業員にどのように伝えるか？ 問題解決に向けて、何をするべきか？

例えば、従業員の退職手続きを進める中でも、「最近、若年層の退職者が増えているのではないか？」「若年層が退職する要因は、賃金水準が低いことにあるのではないか？」というように、問題意識を持ち、問題が発生する要因を考えるようにします。このような問題意識が豊富に蓄えられていれば、データ分析を行うときに、さまざまな切り口から仮説が思い浮かび、その中から重要なものを選ぶことができるようになります。

2 第2ステップ：分析の実施（データ収集、分析方法の選択、結果を導き出す）

仮説を構築したら、いよいよデータ分析に入ります。

このステップを効率的に行うためには、「分析に使えるデータがどこにあるのか」および「どのような分析手法があるのか」ということを知っておく必要があります。データ分析で頻繁に用いられる従業員の年齢、勤続年数、賃金、実労働時間のデータについては、自分で情報システムなどから抽出できるようにしておきましょう。

なお、分析に使いたいデータが存在しない場合、あるいはデータの量が少ない場合は、そのことに気が付いた時点から、データを収集し、蓄積しておくようにしましょう。例えば、退職動向に関する分析を行おうとしたが、具体的な退職理由に関するデータが存在しなかったときには、その代わりになるデータを探して分析を行うと同時に、その時点から、退職予定者にアンケート調査を行って退職理由に関するデータ収集を始めるようにします。そうすれば、1年後にはデータが蓄積され、より的確なデータ分析ができる状態になっていると考えられます。

データ分析によって導き出される「結果」とは、基本的には、「構築された仮説が正しいといえる（あるいは、誤っている）かを示すこと」です。例えば、賃金水準の分析を行って「自社の賃金は、世間水準よりも低い」ということが分かっても、それは一つの事実を捉えただけであって、分析結果とまではいえません。「自社の賃金は世間水準よりも低く、それが若年層の退職者の増加の要因になっていると考えられる」というように仮説の検証が行われた段階で、分析結果が導き出されたといえるのです。

したがって、データ分析の結果については、「数値の大小」などの事実と合わせて、それに対する分析者の「判断」が入ります。たくさんのグラフを示して、「世間水準よりも高い（低い）」などの客観的な事実を羅列しただけでは、ほとんど意味がありません。「これらの数値が高いことにより、何が言えるのか」「それは経営にとって良いことか、それとも悪いことか」といった結果を明確に示すことによって、初めてそれは「データ分析」といえるのです［**図表1－6**］。

ときにデータ分析によって、最初に構築した仮説と異なる結果が導き出されることがあります。このようなときには、まず、収集したデータや分析方法に問題がなかったかどうか見直してみましょう。そして、データや分析方法に問題がないのであれば、最初に構築した仮説が正しくなかったということになります。この場合は、データ分析の結果に基づいて新たな仮説を構築し、必要であれば、異なるデータや手法を使って、新たな仮説の検証を行います。

最初に構築した仮説は、あくまでも「仮」の考えにすぎませんから、それに過度にこだわる必要はありません。また、データ分析においては、「仮説が正しくないと分かった」ことは、「仮説が正しいことが証明された」ことと同じくらいの意味を持つ場合もあります。

ですから、分析結果が仮説どおりにならなかったとしても、落ち込むことはありません。「なぜ、そういう結果になったのか」を考えて、さらにデータ分析を進めていきましょう。

図表1−6　一つの事実であっても「判断」次第で分析結果は変わる

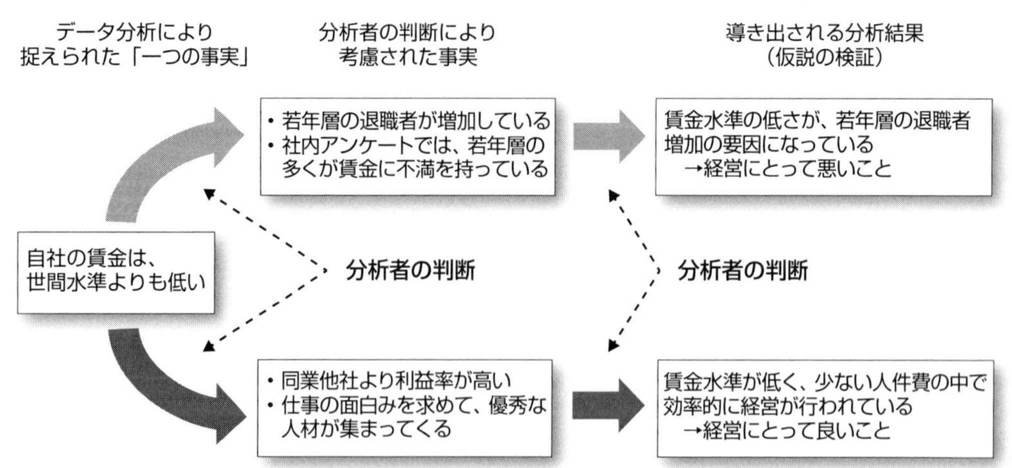

3 第3ステップ：分析結果の整理、戦略・施策の提言

データ分析によって何らかの結果が導き出されたら、それを分かりやすくまとめること、さらには、その結果に基づいて戦略や施策を提言することが必要です。

人事管理のデータ分析は、経営の効率化を図る、働きやすい環境を整備するなどの目的達成に向けて行われなければなりません。ですから、「人事管理のデータ分析は、結果が出たら終わり」ではなく、「分析結果を経営層や従業員に伝えること」あるいは「人事戦略や施策に反映させること」など、経営改善に結び付く具体的なアクションを行うところまで要求されます。

4 データ分析のパターン

データ分析は、データの比較の仕方によって「現時点の分析」や「時系列分析」などのパターンに分けられ、それらは構築された仮説の内容に応じて使い分けられます［**図表1－7**］。

ここでは、データ分析の基本的なパターンについて説明します。

1 現時点の分析と時系列分析（成長性の分析）

現時点（例えば、直近年度）における状態を分析することが「現時点の分析」です。これに対して、ある項目（例えば、売上高）について一定期間の推移を分析することが「時系列分析」です。

図表1－7　データ分析の基本的なパターン

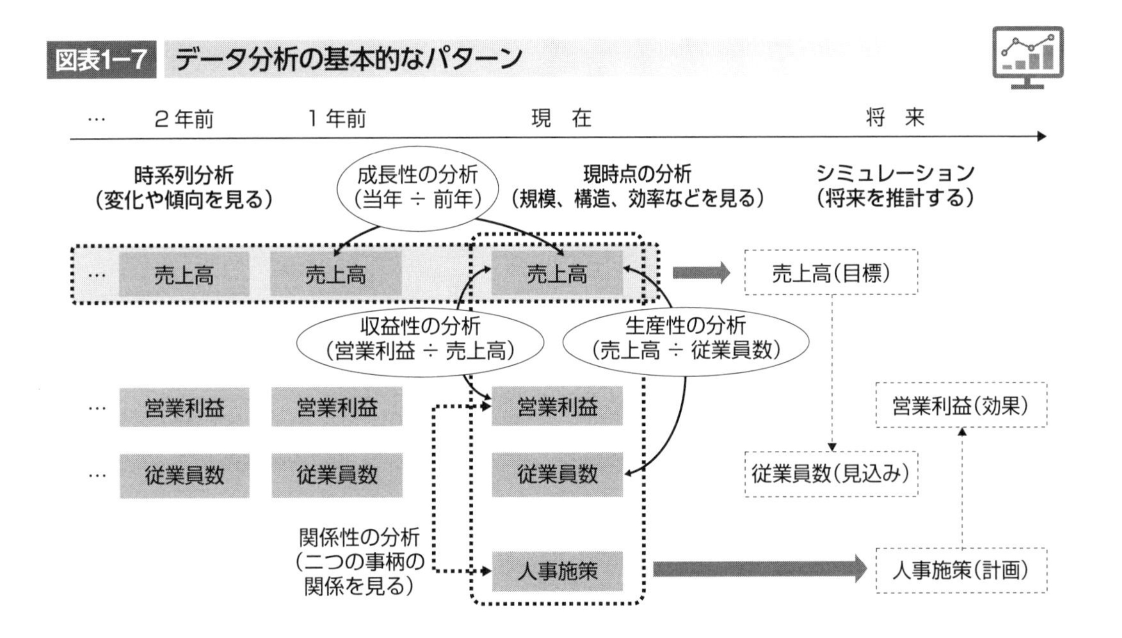

現時点の分析は、売上高や従業員数などの数値も見ますが、「売上高に占める営業利益の比率（＝営業利益÷売上高）」や「従業員1人当たりの売上高（＝売上高÷従業員数）」などの指標による分析も行います。これらの数値や指標を「法人企業統計調査」（財務省）などの統計データと比較して、自社の規模、収益構造および効率などの特徴をつかみます。

一方、時系列分析は、売上高や従業員数などの「対前年の増減率（＝当年度実績÷前年度実績）」を見ることによって、その変化や傾向を把握します。時系列分析においても、統計データとの比較が行われ、例えば、自社の売上高が前年度より増加していたとしても、増加率が業界の平均値よりも小さければ、傾向としては「売上高の増加が小さい」という否定的な判断をすることもあります。

現時点の分析と時系列分析のどちらを行うのかは、分析者が決定します。例えば、「現在、自社の事業運営が、同業他社と比べて厳しい状況にある」ことを示したいのであれば現時点の分析を行い、一方、「自社の事業運営が以前と比べて厳しい状況にある」ことを示したいのであれば時系列分析を行うことになります。

なお、基本的に、現時点の分析は「収益構造や効率を見るもの」、時系列分析は「変化や傾向を把握するもの」ですが、必要に応じて、両方を組み合わせて実施することもあります。例えば、年度ごとに「売上高に占める利益の比率」を見ることによって、収益構造の変化を捉えることができます。

ちなみに、時系列分析は、財務分析では「成長性の分析」と呼ばれます。これは、売上高や従業員数の増減傾向を見ることにより、その会社の成長度合いをチェックすることができるからです。

2 収益性の分析と生産性の分析

現時点の分析では、「売上高に占める営業利益の比率」や「従業員1人当たりの売上高」などを見ると述べましたが、財務分析では、前者を「収益性の分析」、後者を「生産性の分析」といいます（なお、一般的に「生産性の分析」では、分子は「売上高」ではなく、「付加価値（＝売上高－原材料費・仕入れ額などの外部購入価値）」が使われます）。

収益性と生産性は、ともに割り算で算出される指標であるため混同されることがありますが、その考え方は根本的に異なります。

収益性は、その会社の「利益を稼ぎ出す力」を評価する指標で、売上高に対して営業利益をいくら出したか（＝営業利益÷売上高）、あるいは、売上高に対して経費をいくら使ったか（＝経費÷売上高）という考え方により算出されます。したがって、収益性に関する指標を算出するときには、原則として分母は「売上高」になります。

一方、生産性は、ある仕事の「効率の良し悪し」を評価する指標で、ある資源を投入してどれだけの産出量が得られたか（＝産出量÷投入量）という考え方により算出されます。この指標の分母は、投入する資源によって変わります。例えば、分子が売上高、分母が従業員数であれば「従業員1人当たりの売上高」、分母が総労働時間であれば「1時間当たりの売上高」となります。

収益性を改善するためには、事業そのものを変える必要がありますが、生産性は、仕事のやり方を変えることによって改善することが可能です。例えば、メーカーであれば、収益性を改善するためには、基本的に、製品そのものを変えることが必要ですが、生産性は、製造工程や工員の意識を変えることによって改善することができます。

人事管理のデータ分析では、一般的には「収益性」よりも「生産性」のほうに重点が置かれます。これは、従業員一人ひとりの能力とモチベーションを高めて、限られた労働時間の中で、効率よく仕事が進められる状態を創り出すこと、つまり「生産性を高めること」が、人事管理の主要なテーマになっているからです。

3 関係性の分析

収益性の分析や生産性の分析は、営業利益率や従業員1人当たりの売上高などの「比率」を使って、会社の経営状況を把握する手法です。これに対して二つの事柄について、一方が変化したときの他方の変化の仕方を調べて、両者の関係性を把握する分析手法もあります。

例えば、ある人事施策の実施回数を増やすと営業利益も増える傾向があれば、その人事施策と営業利益との間には、何らかの関係性があると考えられます。このような関係性があることが分かれば、人事関係者は、営業利益を増やすために、その人事施策を積極的に展開するべきであると、経営層に明確な根拠を示して提案することができます。

関係性の分析は、相関係数の算出や回帰分析などの統計的手法を使って行います。近年、パソコンの表計算ソフトの機能向上により、これらの統計的手法を使ったデータ分析が簡単にできるようになったため、マーケティングや生産管理の分野をはじめ、人事管理においても、関係性の分析が積極的に行われるようになっています。

4 シミュレーション

ここまで説明した分析は、事実や実績として集計したデータを対象としたものですから、「現在または過去」を見ていることになります。これらの分析から、従来の特徴や傾向をつかめれば、「この状態が続けば、今後、どうなるか」「ある変化が発生した場合に、状況は、どうなりそうか」を推測できるようになります。

このような推測を、一般的に「シミュレーション」といいます。

「PLAN（計画）・DO（実行）・CHECK（評価）・ACTION（改善）」という言葉に代表されるように、経営においては、何ごとも計画を策定するところからスタートします。この計画が、将来のシミュレーションの結果に基づく合理的なものであるかどうかは、経営において重要な意味を持ちます。実現できる根拠、および実現した場合の効果が不明確な計画は、単なる「絵に描いた餅」にすぎず、策定する意味がありません。

人事関係者は、これまでのデータを分析して自社の特徴や傾向をつかみ、しっかりとしたシミュレーションを行った上で、根拠や効果が明確な合理的な計画を策定できるようになることが必要です。

5 人事管理におけるデータ分析の実践

人事管理の中で行われる、主なデータ分析は［**図表1－8**］のとおりです。

データ分析は、実施される頻度に応じて、以下のように、おおむね三つに区分されます。

①数年おきに実施されるデータ分析

②毎年、定期的に実施されるデータ分析

③必要に応じて（不定期に）実施されるデータ分析

一つ目の「数年おきに実施されるデータ分析」は、中期事業計画（今後3～5年間の事業に関する計画）の策定に合わせて行われます。人事関係者は、これまでの労務構成や労働分配率（付加価値に占める人件費の割合）などのデータ分析を行い、その結果を踏まえて従業員数や人件費の将来推測を行い、それを事業計画に反映させます。

二つ目の「毎年、定期的に実施されるデータ分析」に関して、会社では、毎年2月ごろから次年度の賃上げ率や労働時間などの検討および労使交渉（いわゆる「春闘」）が始まりますので、人事関係者は、その際の基礎資料を作成するため、賃金や労働時間などのデータ分析を行います。また、人事評価が行われたときには、各部門の評価のバラつきをチェックするために、人事関係者が評価点の分布状況などの分析を行うこともあります。

三つ目の「必要に応じて（不定期に）実施されるデータ分析」は、例えば賃金制度を見

図表1–8 人事管理において行われる主なデータ分析

頻度	用途	分析内容
数年おきに実施	中期事業計画の策定	労務構成の時系列分析、従業員数の将来推測
		労働分配率の分析、人件費の将来推測
毎年、定期的に実施	今年度の要員計画の策定	従業員数の過不足状況の分析
	賃上げ、賞与支給額の決定	賃金水準の分析、人件費の試算、労働分配率の分析
	所定労働時間の設定など	労働時間の分析
	人事評価の適正性の検証	評価分布の部門間の比較
必要に応じて実施	賃金制度の見直し	賃金に関する詳細な分析（賃金水準、手当の支給状況など）
	退職率の低減	退職率の時系列分析、退職理由の分析
	従業員満足度の向上	従業員満足度と人事施策との関係性の分析
	人事戦略・施策の検討	企業業績と人事施策の関係性の分析

直すときには、現行制度の問題点と改善の方向性を整理するために、賃金に関する詳細なデータ分析を行います。また、今後の人事施策を検討するため、必要に応じて、従業員満足度調査などを実施し、その回答データの分析を行います。

［**図表1－8**］では、多くの会社で実際に行われているデータ分析を挙げましたが、近年では、AI（人工知能）を用いて応募者の適性や能力に関するデータ分析を行い、採用の合否判定を行っている会社、あるいはウェアラブル端末から収集した従業員の血圧や運動量に関するデータを健康管理に役立てている会社なども出現しています。

近年、人事管理におけるデータ分析は、多くの会社で積極的に行われるようになってきました。しかし、人事部門には、分析されずに眠っているデータが、まだ山ほどあります。また、最新のテクノロジーを使って、これまでは実施が困難であったデータ分析もできるようになってきています。

今後、人事管理においては、要員計画の策定、採用、人材の配置、昇格者の選定、賃金の決定、健康管理など、あらゆる場面でデータ分析が行われるようになってくると考えられます。

データ分析の基本的な手法

※本書では、パソコンの表計算ソフトとして、米国Microsoft Corporationの「Excel」を使用して解説します（以下、本書では、「Excel」と表記します）。なお、Excel操作の説明は「Excel 2016」を使用して行っています。

本章では、データ分析を行う上で必要になる統計的手法について説明します。
なお、本書においては、［**図表2－1**］の「サンプルデータ」を使用しています。

図表2−1　本書で使う人事情報に関するサンプルデータ

番号	性別	年齢	勤続	等級	役職	管理／一般	基本給	役職手当	その他手当	所定内合計	所定外給与	年間賞与	年収
1	男	19	1	1		一般	178,000	0	0	178,000	25,000	632,000	3,068,000
2	女	19	1	1		一般	178,000	0	0	178,000	18,800	632,000	2,993,600
3	女	20	2	1		一般	183,000	0	0	183,000	12,900	548,000	2,898,800
4	女	20	2	2		一般	189,500	0	0	189,500	19,800	796,000	3,307,600
5	男	20	2	2		一般	188,500	0	0	188,500	13,100	704,000	3,123,200
6	男	21	3	2		一般	193,500	0	0	193,500	33,700	766,000	3,492,400
7	女	21	3	2		一般	193,500	0	0	193,500	29,700	766,000	3,444,400
8	男	22	4	2		一般	191,500	0	0	191,500	26,800	696,000	3,315,600
9	男	23	1	2		一般	218,500	0	0	218,500	30,900	932,000	3,924,800
10	女	23	1	2		一般	218,500	0	0	218,500	15,500	688,000	3,496,000
11	女	24	6	2		一般	193,500	0	0	193,500	13,500	684,000	3,168,000
12	女	24	4	2		一般	195,500	0	0	195,500	13,600	688,000	3,197,200
13	男	24	2	2		一般	228,500	0	0	228,500	32,400	694,000	3,824,800
14	女	25	7	2		一般	197,500	0	0	197,500	30,400	672,000	3,406,800
15	男	25	3	3		一般	237,000	0	0	237,000	36,800	762,000	4,047,600
16	女	26	8	3		一般	202,000	0	0	202,000	35,000	740,000	3,584,000
17	男	26	3	3		一般	236,000	0	0	236,000	36,600	804,000	4,075,200
18	女	27	9	3		一般	210,000	0	0	210,000	43,800	714,000	3,759,600
19	男	27	4	3		一般	240,000	0	0	240,000	17,000	712,000	3,796,000
20	男	27	4	3		一般	241,000	0	0	241,000	17,100	860,000	3,957,200
21	男	27	5	4		一般	247,500	0	0	247,500	17,400	818,000	3,996,800
22	男	28	10	3		一般	209,000	0	15,000	224,000	32,000	934,000	4,006,000
23	男	28	5	4		一般	248,500	0	30,000	278,500	34,800	782,000	4,541,600
24	女	29	4	3		一般	241,000	0	0	241,000	42,700	636,000	4,040,400
25	男	29	6	4		一般	254,500	0	0	254,500	39,300	890,000	4,415,600
26	男	29	6	4		一般	256,500	0	0	256,500	45,100	908,000	4,527,200
27	男	30	9	3		一般	209,000	0	30,000	239,000	14,500	844,000	3,886,000
28	女	30	12	4		一般	232,500	0	0	232,500	35,500	898,000	4,114,000
29	男	30	7	4		一般	257,500	0	0	257,500	54,400	914,000	4,656,800
30	男	30	8	5		一般	266,000	0	30,000	296,000	37,200	1,318,000	5,316,400
31	男	30	8	5		一般	269,000	0	0	269,000	41,400	1,322,000	5,046,800
32	女	31	13	4		一般	233,500	0	0	233,500	48,700	878,000	4,264,400
33	男	31	13	4	班長	一般	226,500	5,000	30,000	261,500	35,000	868,000	4,426,000
34	男	31	4	4		一般	223,500	0	40,000	263,500	15,400	872,000	4,218,800
35	男	31	9	5	班長	一般	271,000	5,000	35,000	311,000	59,200	1,040,000	5,482,400
36	男	32	13	4	班長	一般	234,500	5,000	35,000	274,500	36,500	964,004	4,696,004
37	男	32	6	4		一般	254,500	0	15,000	269,500	17,900	790,000	4,238,800
38	男	32	8	5		一般	272,000	0	0	272,000	47,700	1,174,000	5,010,400
39	男	33	6	5		一般	273,000	0	25,000	298,000	57,400	1,126,000	5,390,800
40	男	33	11	6		一般	299,000	0	30,000	329,000	41,600	1,244,000	5,691,200
41	男	33	11	6		一般	296,000	0	0	296,000	45,200	1,704,000	5,798,400
42	男	34	13	5		一般	248,000	0	10,000	258,000	34,000	930,004	4,434,004
43	男	34	5	5		一般	288,000	0	15,000	303,000	20,300	946,000	4,825,600
44	男	34	12	6		一般	304,000	0	0	304,000	52,900	1,314,000	5,596,800
45	男	35	5	3		一般	226,000	0	40,000	266,000	43,800	848,003	4,565,603
46	男	35	13	6		一般	311,000	0	35,000	346,000	65,200	1,330,000	6,264,400

（次ページに続く）

番号	性別	年齢	勤続	等級	役職	管理／一般	基本給	役職手当	その他手当	所定内合計	所定外給与	年間賞与	年収
47	男	35	13	6	係長	一般	310,000	10,000	0	320,000	49,400	1,096,000	5,528,800
48	女	36	13	6		一般	305,000	0	0	305,000	42,400	1,088,000	5,256,800
49	男	36	13	6		一般	309,000	0	0	309,000	43,100	1,328,000	5,553,200
50	女	37	15	6	係長	一般	318,000	10,000	0	328,000	55,600	1,760,000	6,363,200
51	男	37	15	6		一般	335,000	0	30,000	365,000	70,800	1,322,000	6,551,600
52	男	38	16	6		一般	335,000	0	0	335,000	47,100	928,000	5,513,200
53	男	38	15	7	課長	管理	336,000	30,000	30,000	396,000	0	2,170,000	6,922,000
54	男	39	9	5	班長	一般	253,000	5,000	40,000	298,000	34,500	1,274,004	5,264,004
55	男	40	17	7	課長	管理	337,000	30,000	0	367,000	0	2,456,000	6,860,000
56	男	41	23	7	課長	管理	356,000	30,000	40,000	426,000	0	1,992,000	7,104,000
57	男	41	12	7	課長	管理	337,000	30,000	35,000	402,000	0	1,846,000	6,670,000
58	男	42	7	5		一般	312,000	0	10,000	322,000	22,900	874,000	5,012,800
59	男	43	25	6	班長	一般	327,000	5,000	40,000	372,000	23,200	1,408,000	6,150,400
60	男	44	22	8	課長	管理	403,000	30,000	35,000	468,000	0	2,668,000	8,284,000
61	男	45	27	6		一般	402,000	0	35,000	437,000	63,400	1,060,000	7,064,800
62	男	45	27	6	係長	一般	355,000	10,000	35,000	400,000	64,900	1,252,000	6,830,800
63	男	45	23	8	部長	管理	401,000	50,000	30,000	481,000	0	2,348,000	8,120,000
64	男	46	28	6	係長	一般	357,000	10,000	35,000	402,000	78,400	1,208,000	6,972,800
65	男	46	28	6	班長	一般	362,000	5,000	15,000	382,000	52,200	1,276,000	6,486,400
66	女	46	22	7	課長	管理	384,000	30,000	0	414,000	0	1,770,000	6,738,000
67	男	47	29	6	係長	一般	378,000	10,000	30,000	418,000	55,500	1,868,000	7,550,000
68	女	47	29	6		一般	346,000	0	0	346,000	73,400	1,130,000	6,162,800
69	男	47	27	7	課長	管理	405,000	30,000	25,000	460,000	0	2,142,000	7,662,000
70	男	47	25	8	部長	管理	426,000	50,000	35,000	511,000	0	2,122,000	8,254,000
71	男	47	25	9	部長	管理	460,000	50,000	35,000	545,000	0	1,854,000	8,394,000
72	男	48	27	5		一般	323,000	0	0	323,000	52,000	1,034,004	5,534,004
73	男	48	25	6	班長	一般	355,000	5,000	15,000	375,000	56,300	1,262,000	6,437,600
74	男	48	30	8	課長	管理	412,000	30,000	20,000	462,000	0	2,422,000	7,966,000
75	男	49	31	6	係長	一般	389,000	10,000	0	399,000	85,800	1,406,000	7,223,600
76	男	49	29	7	課長	管理	410,000	30,000	10,000	450,000	0	1,608,000	7,008,000
77	男	49	31	8	課長	管理	464,000	30,000	15,000	509,000	0	2,156,000	8,264,000
78	男	49	26	9	部長	管理	437,000	50,000	15,000	502,000	0	4,002,000	10,026,000
79	男	50	29	6	班長	一般	377,000	5,000	35,000	417,000	68,300	1,322,000	7,145,600
80	男	50	32	8	課長	管理	465,000	30,000	20,000	515,000	0	2,340,000	8,520,000
81	男	50	29	8	課長	管理	460,000	30,000	25,000	515,000	0	2,154,000	8,334,000
82	女	50	28	8	課長	管理	451,000	30,000	0	481,000	0	2,444,000	8,216,000
83	男	50	28	9	部長	管理	539,000	50,000	30,000	619,000	0	2,374,000	9,802,000
84	男	51	30	6	班長	一般	363,000	5,000	0	368,000	38,900	1,302,000	6,184,800
85	男	51	29	9	部長	管理	535,000	50,000	25,000	610,000	0	3,138,000	10,458,000
86	男	52	33	7	課長	管理	424,000	30,000	0	454,000	0	1,446,000	6,894,000
87	男	52	34	9	部長	管理	565,000	50,000	30,000	645,000	0	1,558,000	9,298,000
88	男	53	33	6	班長	一般	352,000	5,000	15,000	372,000	25,100	1,554,000	6,319,200
89	男	53	27	6	班長	一般	348,000	5,000	25,000	378,000	24,800	1,356,000	6,189,600
90	男	54	36	8	部長	管理	511,000	50,000	0	561,000	0	2,700,000	9,432,000
91	男	54	36	8	部長	管理	513,000	50,000	25,000	588,000	0	2,106,000	9,162,000
92	女	55	28	5		一般	342,000	0	0	342,000	61,300	970,000	5,809,600
93	男	55	34	6	班長	一般	382,000	5,000	15,000	402,000	82,900	1,188,000	7,006,800
94	男	56	35	6		一般	382,000	0	20,000	402,000	40,900	1,042,000	6,356,800
95	男	56	34	6		一般	424,000	0	25,000	449,000	61,100	1,096,000	7,217,200
96	男	56	33	6		一般	367,000	0	0	367,000	26,100	1,106,000	5,823,200
97	男	57	32	6		一般	397,000	0	30,000	427,000	71,100	940,000	6,917,200
98	男	57	24	6		一般	337,000	0	25,000	362,000	47,500	1,076,000	5,990,000
99	男	57	34	7	課長	管理	497,000	30,000	20,000	547,000	0	1,738,000	8,302,000
100	男	58	34	9	部長	管理	595,000	50,000	20,000	665,000	0	4,200,000	12,180,000

1 代表値と散らばり

「**第１章2データ分析の基本**」で説明したとおり、多くのデータがある場合、その特徴は、データ全体の中心になっている「代表値」とデータの「散らばり」という二つの数値によって示すことができます。それでは、代表値と散らばりには、どのようなものがあるのか、見ていきましょう。

1 代表値の種類と算出方法

代表値の主なものとして「平均値」「中央値」「最頻値」が挙げられます［**図表２−２**］。

一般的に使われる代表値は平均値ですが、中央値や最頻値の見方も理解し、必要に応じて、自分でも算出、活用ができるようにしておきましょう。

（1）平均値（算術平均）

全データの合計をデータの個数で割って算出した値で、代表値の中でも最も広く使われるものです。人事管理の分野においても、従業員の年齢や賃金の平均値を算出するなど、さまざまな場面で使われます。

（2）中央値（中位数）

例えば、30歳未満の従業員と50歳以上の従業員だけが在籍している会社の場合、従業員の年齢の平均値は40歳前後になります。しかし、実際には、年齢の平均値付近には従業員が在籍していない状態であるため、これをデータ全体の特徴を示す値とすることは不適切です。

このようなときには、従業員の年齢を低いほうから順番に並べて、ちょうど真ん中に位置する年齢（低いほうから数えても、高いほうから数えても同じ順位になる年齢）を代表値とすることもあります。この値を「中央値」または「中位数」といいます。

（3）最頻値（並数）

総務省統計局「家計調査（貯蓄・負債編）−平成29年（2017年）平均結果−」によると、２人以上の世帯の貯蓄現在高の平均値は1812万円となっています。しかし、一般的な感覚からすると、この貯蓄現在高の平均値は、かなり高額であるように思えます。これは、極端に高額な貯蓄を保有する世帯が存在しており、それに引きずられて平均値が高くなっているためです。

貯蓄現在高を100万円単位で区切って世帯数割合を見ると、「100万円未満」の世帯が全体の10.0％で最も多くなっており、平均値（1812万円）を下回る世帯が67.0％と全体の約3分の2を占め、貯蓄現在高の低い階級に偏った分布となっています。ですから、このような場合は、平均値を示すよりも、「貯蓄現在高の世帯割合を見ると、『100万円未満』が最も多い」と示したほうが、データ全体の特徴を的確に示すことができます。

このように、データを一定の区間で区切った「階級」に振り分けた場合、最もデータの

図表2−2　代表値の種類と算出方法

代表値の種類	算出方法	Excelの関数	使用が適する場合
平均値（算術平均）	個々のデータの総和をデータ個数で割ることで算出する値	＝AVERAGE（数値1,数値2…）	どのような場合でも使用可能
中央値（中位数）	データを大きさの順に並べたときに中央に位置する値	＝MEDIAN（数値1,数値2…）	●極端に低い（高い）データがある場合 ●データが高低二つに分かれている場合
最頻値（並数）	データを一定の区間で区切った階級に振り分けた場合、最もデータの数が多くなる階級に対する値	＝MODE.SNGL（数値1,数値2…）	●データが低い（高い）階層に偏って分布している場合

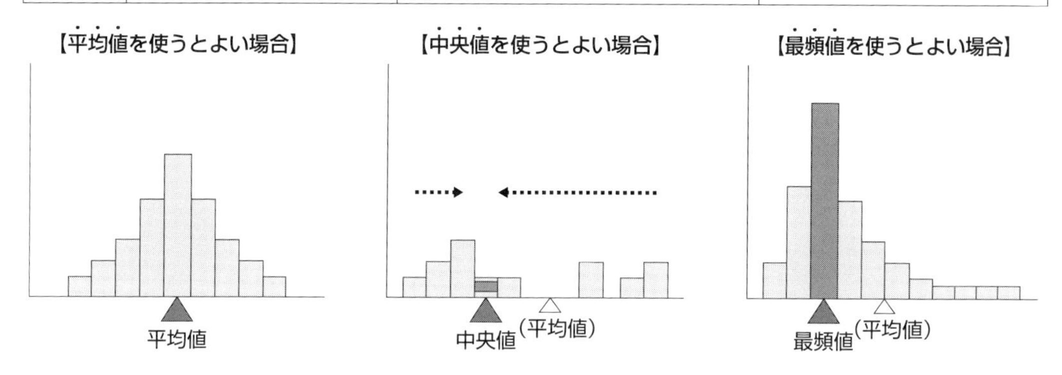

数が多くなる階級に対する値を「最頻値」または「並数」といいます。

2　散らばりを示す値（分散と標準偏差）

データの散らばりは、各データと平均値との差を使って示すことができます［**図表2−3**］。

各データと平均値との差を「偏差」といいます。データの散らばりを捉えるために、全データの偏差の平均値を出せばよいことになりますが、全データの偏差を合計すると、プラスとマイナスが相殺されてゼロになってしまいますので、平均値を算出することができません。

そこで、各データの偏差を2乗し、すべてをプラスの状態にした上で、それらの平均値を算出すればよいことになります。このような「偏差の2乗の平均値（全データと平均値との差を2乗したものの合計値をデータの個数で割った数値）」を、統計学では「分散」といいます。

分散を算出するときには、その過程で「2乗する」という処理をしていますから、その結果の「平方根」をとる（つまり、2乗した数値を元に戻す）処置をしたほうが、より適切にデータの散らばりを示すことができます。この「分散の平方根」を「標準偏差」といいます。

図表2−3 偏差、分散、標準偏差の算出方法

種類	算出方法	計算式	Excelの関数
偏差	各データと平均値との差	$x_i - \bar{x}$	——
分散	偏差の2乗の平均値	$\frac{1}{n}\sum_{i=1}^{n}(x_i - \bar{x})^2$	＝VAR.P（数値1,数値2…）（バリアンス・ピー）
標準偏差	分散の平方根	$\sqrt{\frac{1}{n}\sum_{i=1}^{n}(x_i - \bar{x})^2}$	＝STDEV.P（数値1,数値2…）（スタンダード・ディビエーション・ピー）

※x_i は各データ、$\bar{x}$ はxの平均値、n はデータの個数を示す。

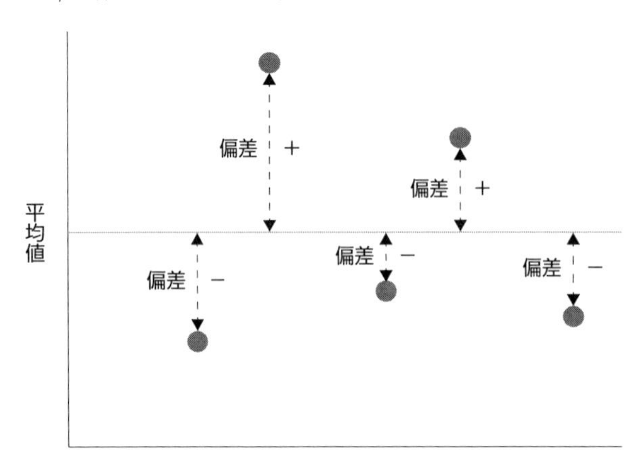

全データの偏差（平均値との差）を合計するとプラスマイナスが相殺されて「0」になってしまう。そこで、偏差を2乗して、すべてプラスにした状態で平均する。これを「分散」という。「分散」は2乗された値なので、元に戻すために平方根を算出する。これが「標準偏差」となる。

偏差、分散、標準偏差ともに数値が大きくなるほどデータの散らばりが大きく、0に近づくほど平均値周辺にデータが固まって分布していることが分かります。なお、分散や標準偏差が0であれば、すべてのデータが平均値に一致すること、つまり、すべてのデータが同じ値であることを示します。なお、これらの数値に上限値はありません。データと平均値との差が大きくなれば、分散や標準偏差は、限りなく大きくなります。

例えば、賃金の標準偏差がA社は5万円、B社が10万円である場合、A社のほうが賃金の散らばりが小さい（賃金格差が小さい）ことが分かります。

さて、データが正規分布の状態にあるとき（平均値を中心として、左右対称かつ「釣り鐘型」に分布しているとき）、標準偏差とデータ分布との間には、次の関係が表されます［**図表2−4**］。

①平均値±標準偏差の範囲内に全データの68%が含まれる
②平均値±（標準偏差×2）の範囲内に全データの95%が含まれる

したがって、平均値と標準偏差が示されているとき、平均値±標準偏差の範囲を算出し、その範囲内に全データの約70%が分布しているものとイメージすればよいでしょう。このようにデータの分布がイメージしやすいため、散らばりを示す数値として、標準偏差が広く使われています。

図表2−4　標準偏差とデータの分布の関係

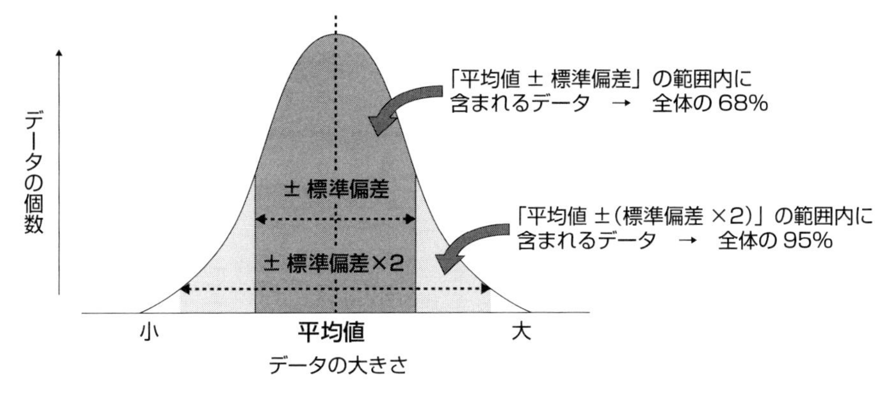

3 その他の散らばりの示し方(最大値、最小値、分位数)

データの散らばりを示す方法としては、分散や標準偏差のように「各データと平均値との差を使う方法」以外にも、「最大、中間、最小などに位置するデータを示す方法」もあります［**図表2−5**］。

例えば、データの中で最も大きい値（最大値）と、最も小さい値（最小値）が示されていれば、データが分布している「範囲」（＝最大値－最小値）が分かります。

また、データを数値の小さい順に並べて、含まれるデータの個数が等しくなるように複数の節に分けたときの境目にある数値を示す方法もあり、このような数値を「分位数」といいます。例えば、四つの節に分けた場合は「四分位数」となり、数値の低いほうから順番に「第1・四分位数」「第2・四分位数」「第3・四分位数」と呼ばれます。第1・四分位数と第3・四分位数は、それぞれ下位25%、上位25%に位置する数値となり、第2・四分位数は真ん中に位置する数値ですから「中央値」になります。

第1・四分位数と第3・四分位数との間を「四分位範囲（中央分布範囲）」といい、この範囲内にデータ全体の半分が含まれることになります。

分位数で最もよく使われるものが「四分位数」ですが、区分けする節の数を設定すれば、さまざまな分位数を算出できます。例えば、データを10の節に区切れば、「十分位数」となり、下位10%に位置する数値を「第1・十分位数」、上位10%に位置する数値を「第9・十分位数」といいます。

分位数の算出は、データを小さい順に並べ替えたり、データを複数の節に分けたりするので大変そうに思えますが、Excelの関数を使えば、どのような分位数でも算出できて、その機能を使えば、「上位○○%に位置する数値」が簡単に分かります。

なお、厚生労働省「賃金構造基本統計調査」では、「分布特性値」という項目で、賃金（所定内給与額）の四分位数や十分位数などが示されています。自社の従業員の賃金が、同じ産業や職種の中でどの辺りに位置するのかチェックするときに、このデータを参考に

図表2−5　最大値・最小値と分位数の算出方法

種類	算出方法	Excelの関数
最大値	データの中で最も大きい値	＝MAX（マックス）（数値1,数値2…）
最小値	データの中で最も小さい値	＝MIN（ミニマム）（数値1,数値2…）
範　囲	データが分布する値の範囲	＝MAX（数値…）−MIN（数値…）
四分位数	全データを数値の小さい順に並べて、含まれるデータの個数が等しくなるように四つの節に分けたとき、それぞれの節の境目にある数値	＝QUARTILE.INC（クアタイル・インクルーシブ）（配列,戻り値） 配列は「データの入力範囲」、戻り値は第1・四分位数の場合は「1」を入れる
分位数	全データを数値の小さい順に並べて、含まれるデータの個数が等しくなるように複数の節に分けたとき、それぞれの節の境目にある数値	＝PERCENTILE.INC（パーセンタイル・インクルーシブ）（配列,率） 配列は「データの入力範囲」、率は第1・十分位数の場合は「0.1」を入れる

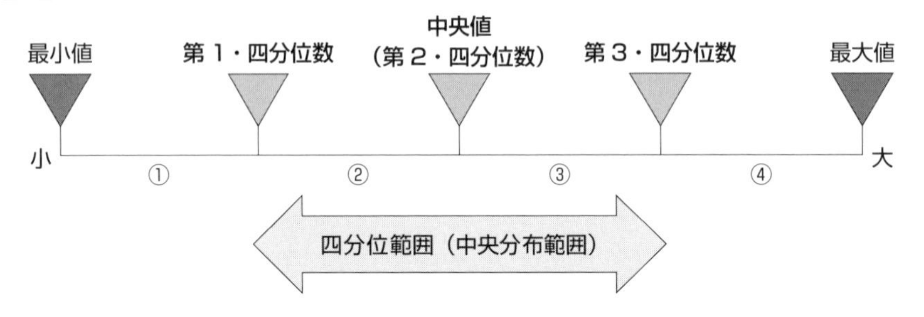

するとよいでしょう。

2 Excelを使った代表値、標準偏差などの算出

代表値や標準偏差などは、Excelを使えば、簡単に算出することができます。

最も基本的な算出方法は、「関数を入力する」というものですが、これ以外にも「分析ツールを使う」「ピボットテーブルを使う」という方法があります。これら三つの算出方法をマスターして、状況に応じた使い分けができるようになると、データ分析を効率的に進めることができます。

1 関数を入力する

Excelでは、データ分析において頻繁に用いられる計算を、英文字（関数名）と数値またはセル範囲（引数）を入力するだけで簡単に行うことができます。このような機能を「関数」といいます［**図表2−6**］。

［**図表2−2**］から［**図表2−5**］では、代表値、標準偏差、分位数などの計算式と合わせて、それぞれの関数も記載しています。自分が計算したい数値の関数をExcelのセルに

図表2-6　関数を使った平均値などの算出

[関数名を知っている場合]

セルに関数を入力します

番号	性別	年齢	勤続	等級	役職	管理／一般	基本給
1	男	19	1	1		一般	178,000
2	女	19	1	1		一般	178,000
3	女	20	2	1		一般	183,000
4	女	20	2	2		一般	189,500
5	男	20	2	2		一般	188,500
6	男	21	3	2		一般	193,500
7	女	21	3	2		一般	193,500
99	男	57	34	7	課長	管理	497,000
100	男	58	34	9	部長	管理	595,000

平均値　38.5 ❶

標準偏差　11.4 ❷

❶平均値を表示したいセルに、「＝AVERAGE（D3:D102)」を入力します。

❷標準偏差を表示したいセルに「＝STDEV.P（D3:D102)」を入力します。

※(D3:D102）は年齢のデータが入力されているセル範囲です。

[関数名を忘れた、または知らない場合]

Step 1　関数の挿入ボックスから関数名を選択します

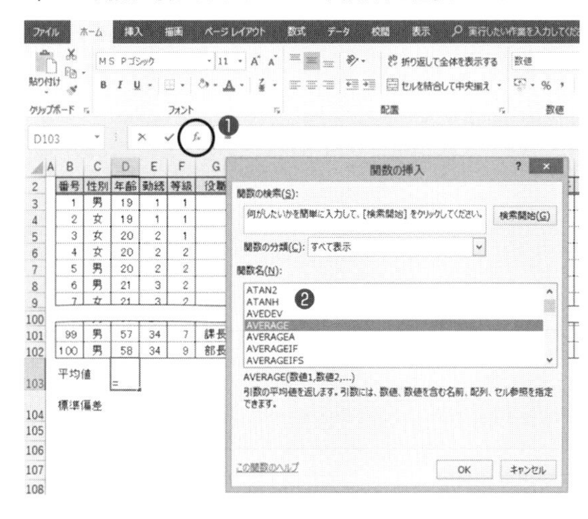

❶[fx]（関数の挿入ボタン）を押して関数のリストを表示させます。

❷自分が行いたい計算の関数名（平均値の場合は「AVERAGE」）を選択します。

Step 2　関数の引数（数値やセル範囲）を入力します

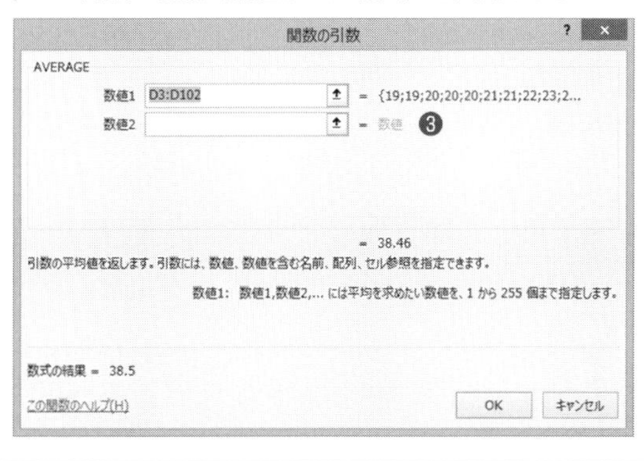

❸表示されたボックスに、数値またはセル範囲を入力します。

入力すれば、計算結果が自動的に表示されます。

最も基本的な方法ですが、関数名の入力を正しく行わないと計算結果は表示されません。平均値や標準偏差などデータ分析で頻繁に使う関数名は覚えておきましょう（関数を忘れてしまった場合は、Excelのワークシートの上部にある「fx」［関数の挿入ボタン］を押して関数のリストを表示し、そこから自分の行いたい計算を選択します）。

2 分析ツールを使う

Excelには、統計的手法を用いたデータ分析を自動的に行う機能が装備されています。この機能は「分析ツール」と呼ばれるものですが、普通はExcelの操作画面上に表示されない状態になっています。

まず、Excelの操作画面上に分析ツールを表示し、使える状態にする処理（この処理を「アドイン」といいます）を行った上で、分析ツールの「基本統計量」を用いて、平均値や標準偏差などを算出する方法を説明します［**図表2−7**］。

「基本統計量」とは、データの分布の特徴を示す数値をまとめたもので、Excelの分析ツールを使えば、平均値以外の代表値（中央値、最頻値）や標準偏差以外の散らばり（最大値、最小値など）も表示されます。データ分析を行うときには、最初に、この機能を使って、データ分布の特徴を大まかにつかむとよいでしょう。

なお、基本統計量で表示される項目のうち、標準誤差、尖度、歪度について、簡単に説明すると次のとおりとなります。

標準誤差…標本調査（全体のデータから一部を抜き取った調査）を行った場合、その結果は、標本の抽出の仕方によってバラつきが生じることになりますが、このバラつき（精度）を示す数値です。

尖度…データの分布を［**図表2−4**］のような山型のグラフとして示した場合、その山の尖がり具合を示します。正規分布の場合は尖度がゼロになり、尖がるとプラスの値に、平たくなるとマイナスの値になります。

歪度…データの分布を示す山型のグラフの左右の対称度合いを示します。左右対称の場合はゼロになり、グラフの左にデータが偏るとプラスの値、右に偏るとマイナスの値になります。

ただし、人事関係者が行うデータ分析では、標準誤差、尖度、歪度の数値をチェックすることはないと思われますので、これらの項目については覚える必要はありません。

ところで、Excelの分析ツールを使って算出した標準偏差と分散は、［**図表2−3**］に記載した関数によって算出したものと数値が異なります。例えば、サンプルデータの年齢の標準偏差と分散は、分析ツールを用いると、それぞれ「11.43927」「130.857」と表示されますが、関数式によって算出すると「11.38193」「129.548」となります。この違いは、どこから生じるのでしょうか。

図表2−7　分析ツールを使った平均値などの算出

［分析ツールのアドイン］

Step 1　［ファイル］タブをクリックします

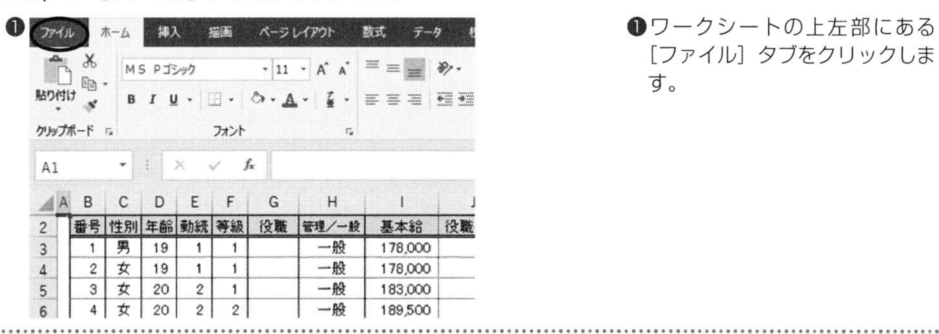

❶ワークシートの上左部にある［ファイル］タブをクリックします。

Step 2　［オプション］→［アドイン］→［Excelアドイン］を選択します

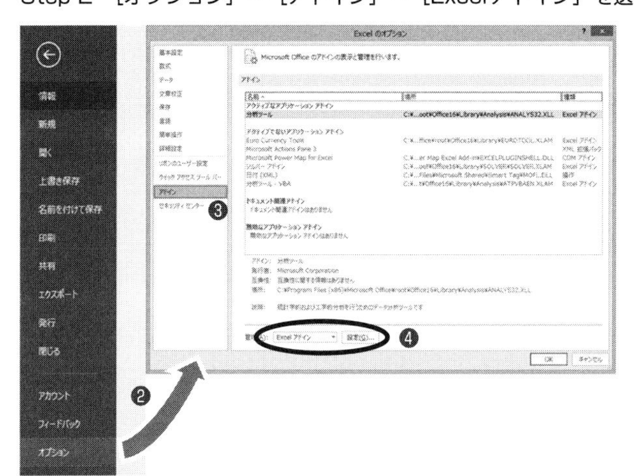

❷左部に表示された部分から［オプション］をクリックします。
❸表示されたボックスから、［アドイン］カテゴリをクリックします。
❹ボックスの下部の「管理」から［Excel アドイン］を選択し、［設定］をクリックします。

Step 3　［分析ツール］をオンにして、［OK］を押します

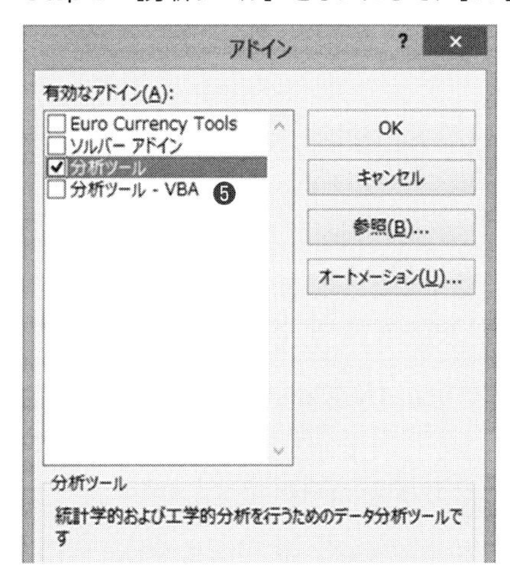

❺表示されたボックスの中から［分析ツール］のチェックボックスをクリックし、「✓」が入ったら、［OK］ボタンを クリックします。以上の処理で、Excelに「分析ツール」がアドインされました。

[基本統計量の表示]

Step 4　[データ] タブ→ [データ分析] を選択します

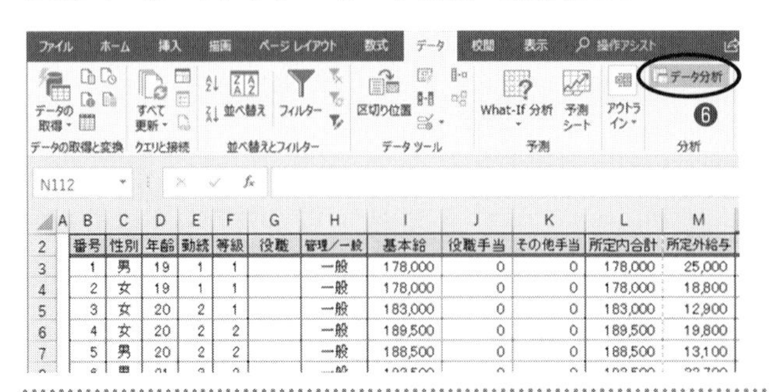

	A	B	C	D	E	F	G	H	I	J	K	L	M
2		番号	性別	年齢	勤続	等級	役職	管理／一般	基本給	役職手当	その他手当	所定内合計	所定外給与
3		1	男	19	1	1		一般	178,000	0	0	178,000	25,000
4		2	女	19	1	1		一般	178,000	0	0	178,000	18,800
5		3	女	20	2	1		一般	183,000	0	0	183,000	12,900
6		4	女	20	2	2		一般	189,500	0	0	189,500	19,800
7		5	男	20	2	2		一般	188,500	0	0	188,500	13,100

❻ワークシートの上左部にある [データ] タブをクリックします。
リボンの右部に表示される [分析] の中から [データ分析] ボタンをクリックします。

Step 5　[基本統計量] を選択し、入力範囲を設定します

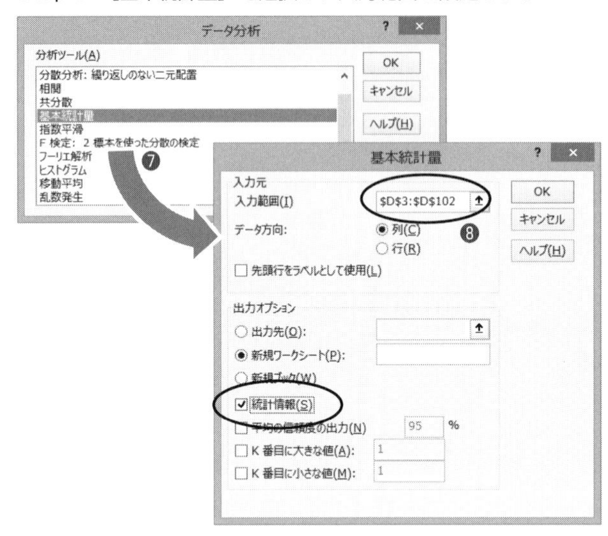

❼表示された [データ分析] ボックスから [基本統計量] を選択し、[OK] ボタンをクリックします。

❽ [基本統計量] ボックスの [入力範囲] に分析したいデータが入力されているセル範囲を指定します。
また、[統計情報] のチェックボックスをクリックし、「✓」を入れて、[OK] ボタンをクリックします。

Step 6　別シートに分析結果が表示されます

列1	
平均	38.46
標準誤差	1.143927
中央値 (メジアン)	37
最頻値 (モード)	30
標準偏差	11.43927
分散	130.857
尖度	-1.28735
歪度	0.025839
範囲	39
最小	19
最大	58
合計	3846
データの個数	100

新規ワークシートに、平均値、中央値、最頻値、標準偏差、最大値、最小値などが表示されます。
これらの数値を見れば、データ分布の特徴が大まかにつかめます。

Excelの分析ツールは、基本的に、標本調査のデータ分析用にプログラミングされています。したがって、分析ツールが表示した標準偏差や分散は、標本調査で使われる計算式によって算出されています。この場合は、［**図表2−3**］に示した標準偏差や分散の計算式の「n（データの個数）」の部分が「n−1」になります。

このようにする理由の説明は省略しますが、標準偏差と分散については、分析ツールと［**図表2−3**］に記載した関数との間で計算結果がわずかに違ってくることは知っておいてください。なお、データの数が多くなれば、「n」と「n−1」は、ほぼ等しくなるため、このような違いは気にならなくなるでしょう。

Excelの分析ツールという機能は、基本統計量の算出以外にも、さまざまな分析に使うことができます。この機会に自分が使うパソコンのExcelに分析ツールをアドインしておくとよいでしょう。

3　ピボットテーブルを使う

Excelには、データの集計表を自動的に作成する「ピボットテーブル」という機能が装備されており、この機能を使えば、データ分析を効率的に進めることができます。

例えば、人事管理のデータ分析では、従業員の年齢や賃金などの平均値を、性別、等級別などのさまざまな区分けで算出することがあります。この場合、まず性別にデータを並べ替えて関数を入力する、続いて等級別にデータを並べ替えて再び関数を入力するという作業を繰り返していると、多くの時間がかかってしまいます。このような作業は、ピボットテーブルを使えば、短時間で行うことができます。さらに、平均値が表示されている集計表を、標準偏差が表示されるように修正することも簡単に行うことができます。

ピボットテーブルは、データに基づく人事管理を行う上で欠かすことができない重要なツールです。データ分析を行うときには積極的に活用し、自分がイメージした集計表をすぐに作成できるようになるまで、その使い方をマスターしておきましょう。

なお、［**図表2−8**］の例では「（データの）個数」「平均」「標準偏差」を算出していますが、ピボットテーブルは、これら以外にも「最大値」「最小値」「合計」などを表示することもできます。

ここまで、Excelを使って代表値や散らばりを示す数値を算出する方法について説明しました。

最初に説明した「関数を入力する」方法は、どのような場合でも使えます。

次に説明した「分析ツールを使う」方法（基本統計量の算出）は、平均値だけではなく、中央値、最頻値なども表示されるので、データ分析の最初の段階で、データの全体的な特徴をつかむときに効果的です。

最後に説明した「ピボットテーブルを使う」方法は、集計する区分けや項目を柔軟に変えることができるため、職種や役職別などの細かい分析を行うとき、あるいは実際に集計表を作成するときなどに使うと便利です。

図表2−8　ピボットテーブルを使った平均値などの算出

Step 1　［挿入］→［ピボットテーブル］を選択します

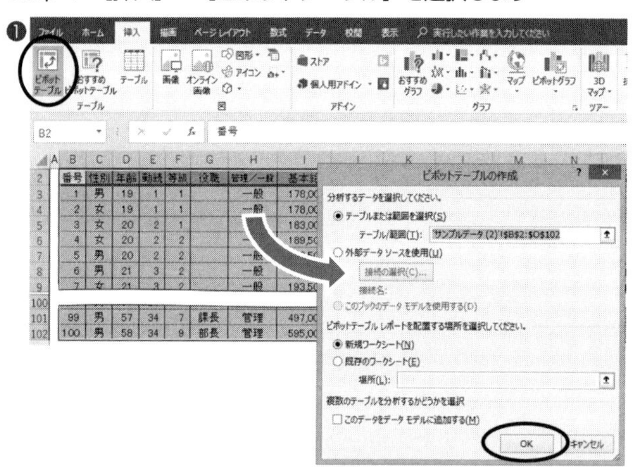

❶［挿入］タブをクリックして、表示されたリボンの［ピボットテーブル］ボタンをクリックします。［ピボットテーブルの作成］ボックスで分析対象となるデータが入力されているデータの範囲を指定します。ピボットテーブルを配置する場所を「新規ワークシート」にして［OK］ボタンをクリックします。

Step 2　集計表の区分け、表示する項目を選択します

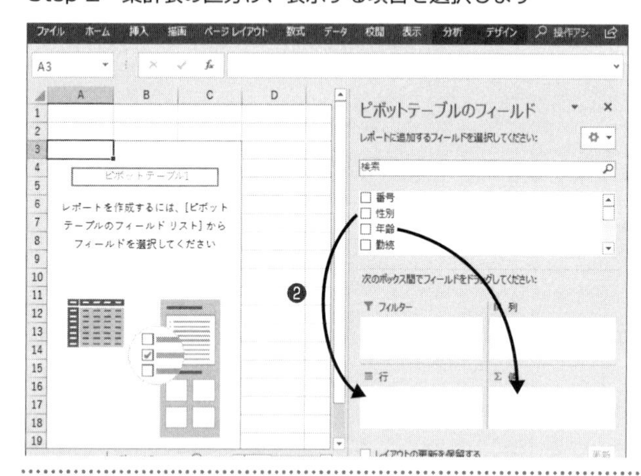

❷新しいワークシートが開きます。
作成する集計表の区分け、表示する項目の「フィールド」の上でマウスの左側のボタンを押し、そのままマウスを移動（ドラッグ）して、下のボックスで指を離します（ダウン）。
ここでは、［行］のボックスに「性別」と「管理／一般」を、［値］のボックスに「番号」「年齢」「勤続」をドラッグ＆ダウンしました。

Step 3　データの計算方法を選択します

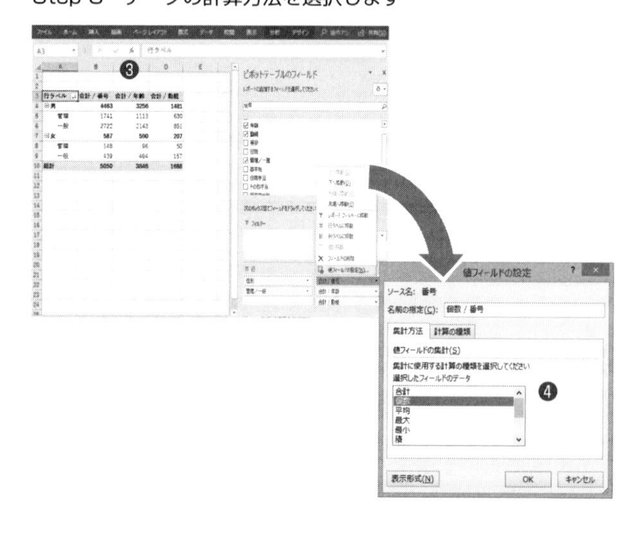

❸集計表が作成されましたが、データが「合計」になっています。集計表にある「合計／番号」を右クリックし、表示されたボックスから［値フィールドの設定］をします。
❹表示されたボックスの「選択したフィールドのデータ」を［個数］にして、［OK］をクリックします。同様に「年齢」と「勤続」を「合計」から「平均」に変更します。

Step 4　計算方法を「標準偏差」に変更します

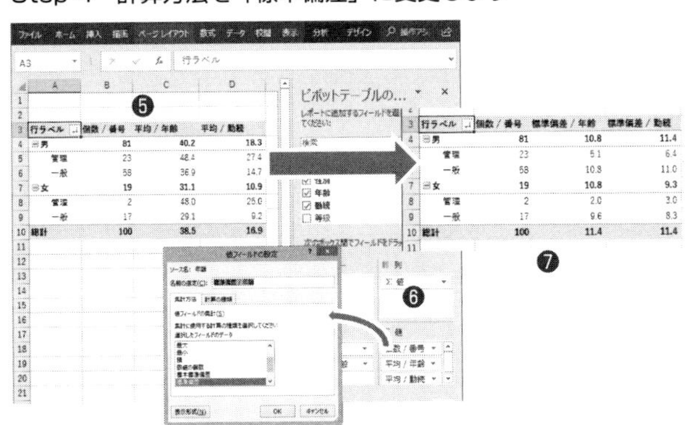

❺性別および管理／一般の区分けで、対象者数（番号の個数）、平均年齢、平均勤続年数を表示した集計表が作成されました。

❻Step3と同様の手順で、年齢、勤続年数の計算方法を「平均」から「標準偏差」に変更してみましょう。

❼ピボットテーブルが、年齢、勤続年数の標準偏差を表示した集計表に変更されます。

Step 5　「性別」をフィルターに移動します

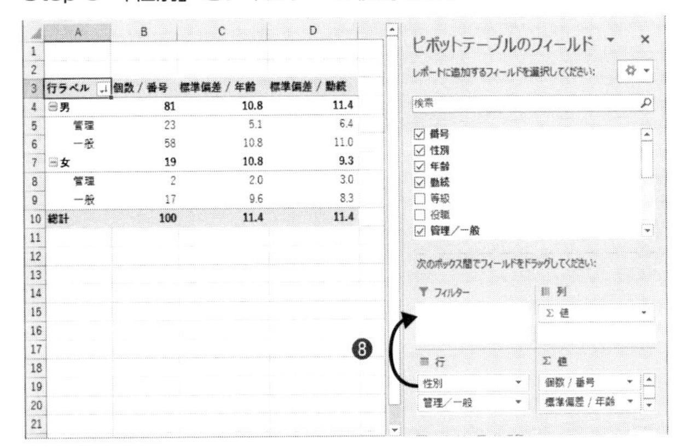

ピボットテーブルのよいところは、表示された集計表の区分けなどを柔軟に変更できる点です。

例えば、Step4の集計表を性別で分ける場合は次のようにします。

❽「ピボットテーブルのフィールド」の［行］に表示された「性別」を［フィルター］にドラッグ＆ダウンします。

Step 6　男女別に集計表を作成します

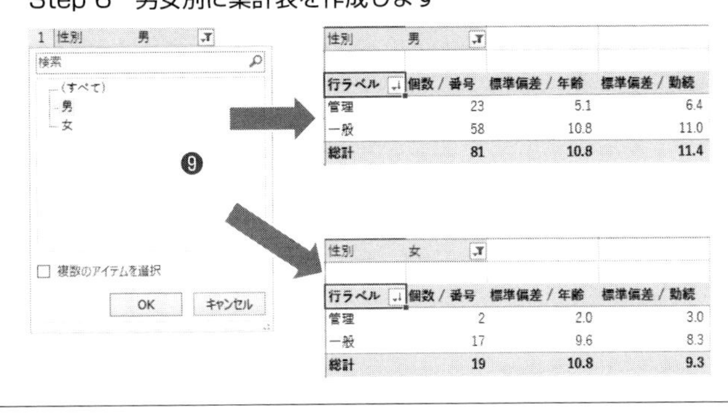

❾集計表の上方にフィルターとして「性別」が表示されました。ここで「男」を選択すれば、男性従業員の集計表が、「女」を選択すれば、女性従業員の集計表に変わります。

3 グラフの作成（ヒストグラム、散布図、箱ひげ図）

データの特徴や傾向を把握するときには、平均値や標準偏差などの数値を算出する方法以外にも、データの分布状況をグラフ化して、視覚的に捉える方法も使うことができます。Excelでは、さまざまなグラフの作成機能が装備されていますが、ここでは、データ分析で頻繁に用いられるヒストグラム（度数分布図）、散布図、箱ひげ図の作成方法について説明します。

1 ヒストグラムを作成する

「ヒストグラム」とは、横軸にデータの階級（データを一定の間隔で区切った区間）、縦軸に度数（その階級に属するデータの個数）をとった縦棒グラフで、「度数分布図」とも呼ばれます。

例えば、［**図表2−9**］は、サンプルデータについて年齢階級別（5歳刻み）のヒストグラムを作成したものです。これを見れば、この会社の労務構成は「40歳以上45歳未満」の従業員が少ないことが分かります（なお、サンプルデータの年齢の平均値は「38.5歳」です。普通に考えると平均値辺りにデータが最も多く分布しているように思えますが、この例が示すとおり、必ずしもそうではありません）。

なお、ヒストグラムは、前記**2** **2**でアドインした「分析ツール」を用いれば、簡単に作成できます［**図表2−10**］。

ヒストグラムは、縦棒グラフで示される「山」の形状を見ることによって、どの区間に多くのデータが存在しているのか、あるいは、データが集中しているのかなどのデータの分布状況を捉えることができます。

ヒストグラムを作成するときには、横軸のデータ区間を適切に設定することがポイントです。

例えば、［**図表2−9**］のヒストグラムのデータ区間を5歳刻みから10歳刻みに広げると、従業員数が少ない「35歳以上40歳未満」と「40歳以上45歳未満」の階級が、それぞれ前後の階級と一緒になってしまうため、これらの階級の人材不足の状況が見えなくなります［**図表2−11**］。

図表2−9 ヒストグラムの例

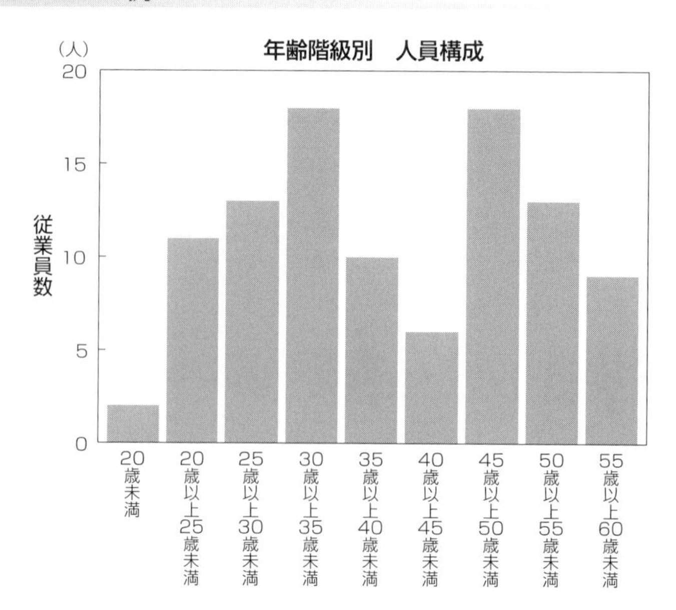

図表2−10 分析ツールを利用したヒストグラムの作成

Step 1 ［分析ツール］→［ヒストグラム］を選択します

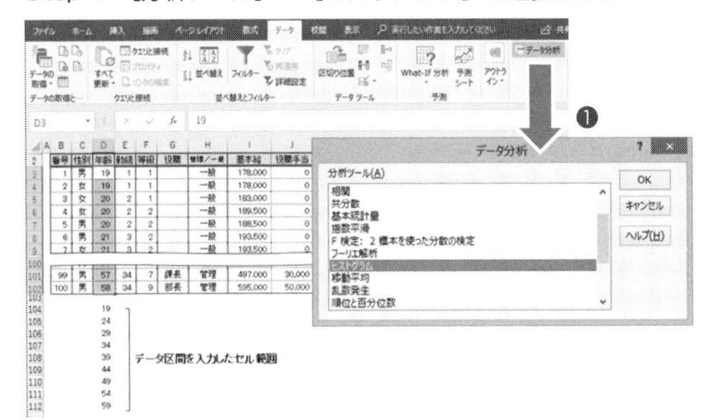

❶データが入力されているワークシートの任意のセル範囲に、ヒストグラムの横軸になる「データ区間」を入力しておきます。例えば、「20歳未満」「20~24歳」の階級でヒストグラムを作成する場合、「19、24…」という具合に数字を入力します。その上で、［データ］タブ→［データ分析］を選択し、ボックスから［ヒストグラム］をクリックします。

Step 2 入力範囲、データ区間などを入力します

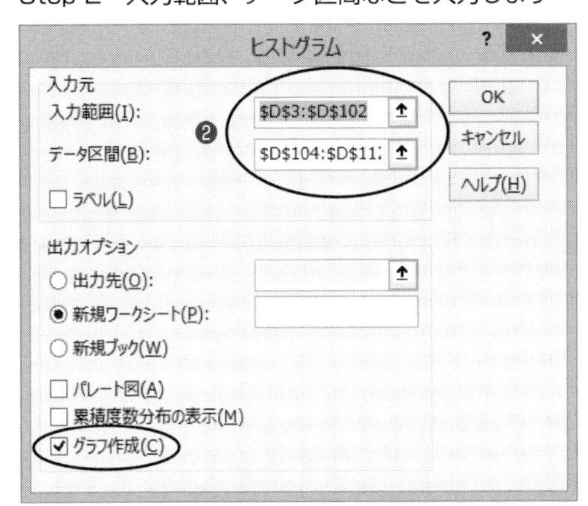

❷表示されたボックスの「入力範囲」に分析対象となるデータが入力されているセル範囲、「データ区間」に事前に入力したデータ区間を入力したセル範囲を指定します。ボックスの下方にある「グラフ作成」にチェックを入れ、［OK］をクリックします。

Step 3 ヒストグラムを見やすく加工します

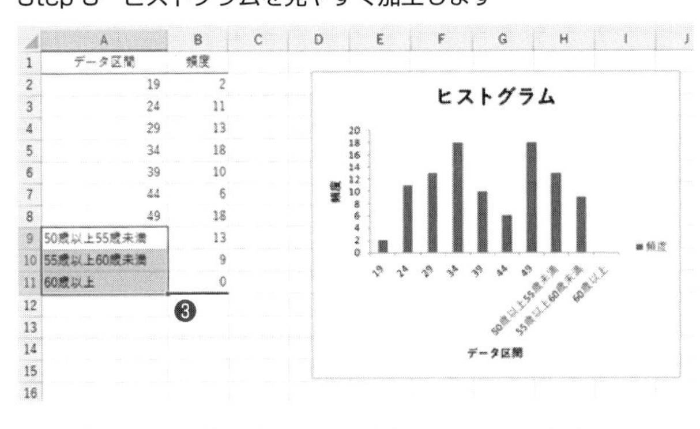

データ区間	頻度
19	2
24	11
29	13
34	18
39	10
44	6
49	18
50歳以上55歳未満	13
55歳以上60歳未満	9
60歳以上	0

❸新規のワークシートにヒストグラムが表示されました。グラフの左には、データ区間と頻度（その階級に含まれるデータの数）をまとめた表も作成されています。この表のデータ区間の「54」を「50歳以上55歳未満」と修正すれば、グラフも修正されます。
このようにして［**図表2−9**］のようにグラフを見やすく加工します。

図表2−11　データ区間を変えたヒストグラム

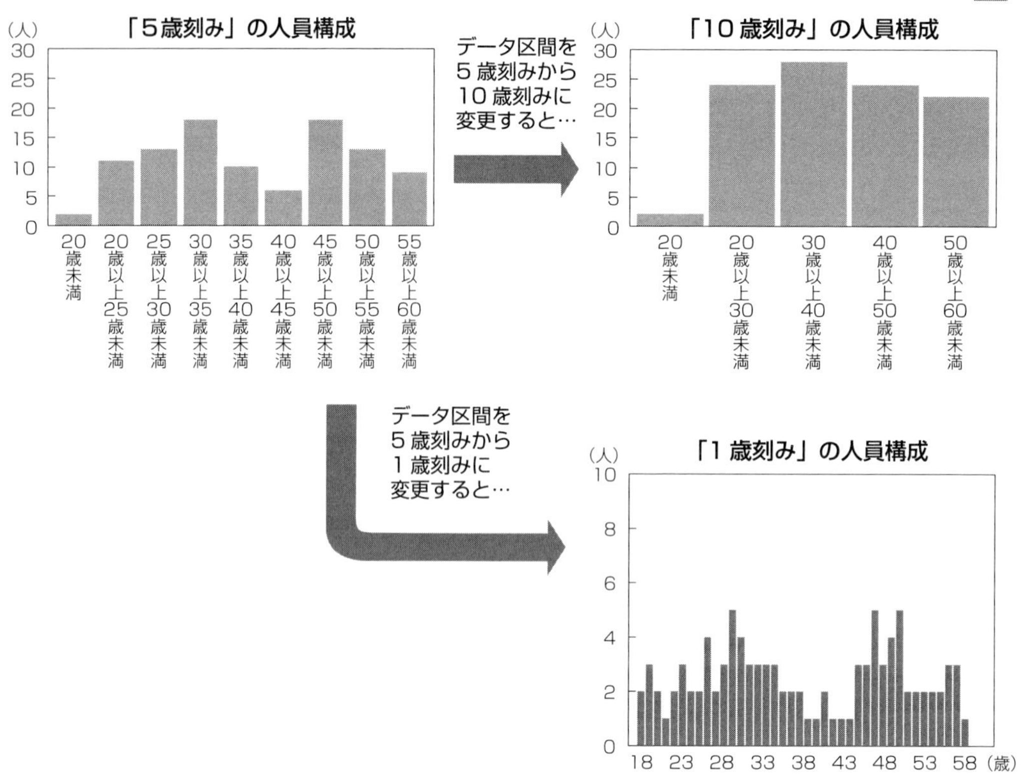

逆に、データ区間を1歳刻みのように細かく変更すると、ヒストグラムの形状が平たくなってしまい、データの分布状況の特徴をつかむことができなくなります。

分析者は、必要に応じて、横軸のデータ区間を変えた数パターンのヒストグラムを作成した上で、データ分布の特徴をつかむようにするとよいでしょう。

2　散布図を作成する

「散布図」とは、横軸と縦軸に別の項目をとり、各データが当てはまるところに点を打つ（「プロットする」という）ことによって、データの分布状況を示すグラフです。人事管理のデータ分析では、例えば、横軸に年齢、縦軸に賃金をとった散布図（［**図表2−12**］）がよく用いられます。

ヒストグラムの場合は、取り扱うデータが1項目（［**図表2−9**］であれば「年齢」）ですが、散布図の場合は2項目（［**図表2−12**］であれば「年齢」と「賃金」）になります。したがって、散布図は、データが集中している箇所やデータの散らばり方を捉えると同時に、二つの項目の関係性も分析できます。

例えば、［**図表2−12**］の散布図から次の点が読み取れます。

図表2－12　散布図の例（サンプルデータの年齢別賃金分布図）

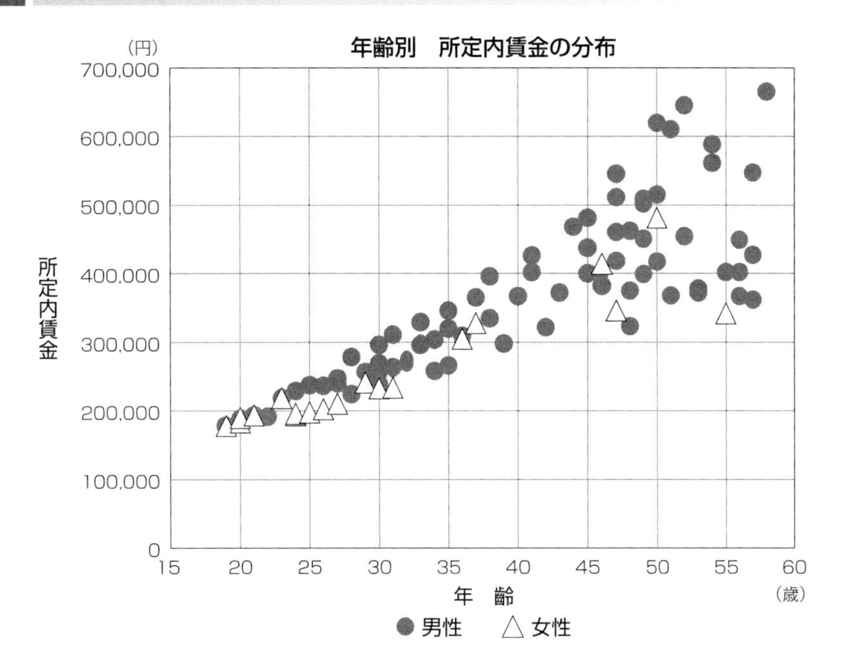

①年齢が25歳から30歳前半、所定内賃金が28万円の辺りに従業員が多いこと
②年齢が上昇するに従って賃金の散らばりが大きくなり、特に50歳を超えると、賃金が50万円を超える層（管理職）と40万円前後の層（一般社員）に二分されること
③40歳までは、年齢が上昇するに従って賃金も上昇する傾向が見られること（年齢と賃金の関係性が強いこと）

散布図も、Excelを使えば、簡単に作成できます。ここでは、性別などの区分によってプロットする点の種類を変えた散布図、自社の賃金を点で、世間水準を線で示した散布図の作り方を説明します［**図表2－13**］。

［**図表2－12**］のような年齢別賃金分布図を作成する場合、世間水準は、5歳刻みで賃金の平均値が掲載されている厚生労働省「賃金構造基本統計調査」のデータを使うとよいでしょう。この統計調査のデータを世間水準として使うときには次の点に留意してください。

①毎月、所定労働時間働いた場合に支給される賃金（所定内賃金）の分析を行うときには、賃金構造基本統計調査の「所定内給与額」を使う
②時間外、休日労働の手当を含む月例賃金の分析を行うときには、同調査の「きまって支給する現金給与額」を使う
③時間外手当と賞与を含む年間賃金で分析を行うときには、同調査から「きまって支給する現金給与額×12カ月＋年間賞与その他特別給与額」を算出し、それを世間水準のデータとして使用する

なお、「賃金構造基本統計調査」のデータには、通勤手当も含まれています。自社の賃

図表2−13 散布図（年齢別賃金分布図）の作成

Step 1 ［挿入］→［グラフ］→［散布図］を選択します

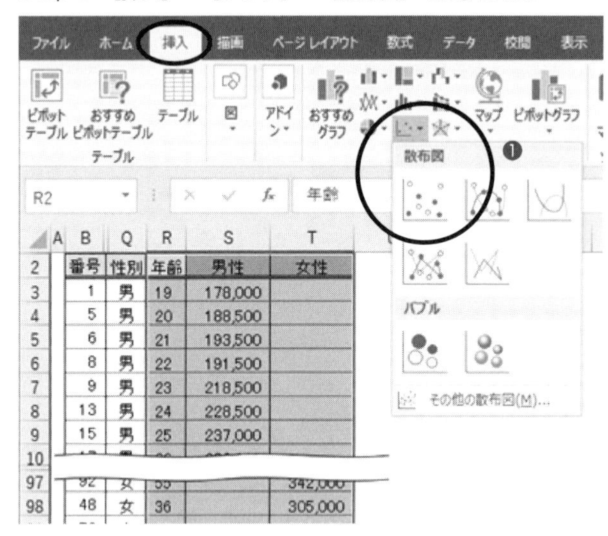

❶ワークシートに従業員一人ひとりの年齢と賃金のデータを入力します。なお、賃金のデータのみ、男性と女性で入力する列を別にしておきます。
データが入力されたセル範囲（項目行も含む）を指定した状態で、［挿入］タブ→［グラフ］を選択し、表示されたボックスから「散布図」をクリックします。

Step 2 ［データ系列の書式設定］を開きます

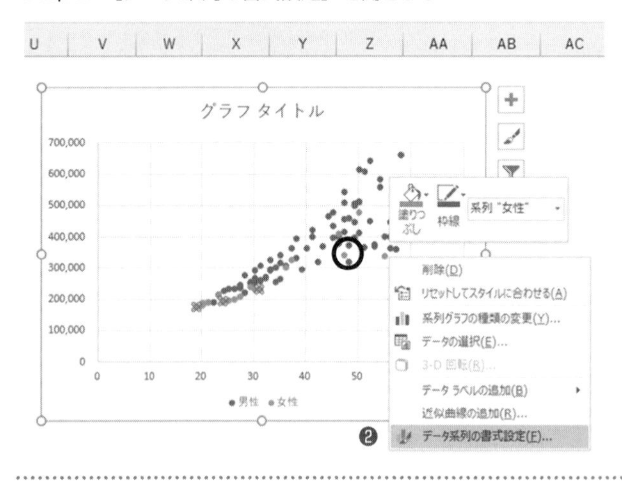

❷横軸に年齢、縦軸に賃金をとった散布図が表示されました。
散布図にプロットされている点の色や形を変えたい場合は、散布図上の任意の点を右クリックし、表示されたボックスから［データ系列の書式設定］を選択します。

Step 3 点の色や形を選択します

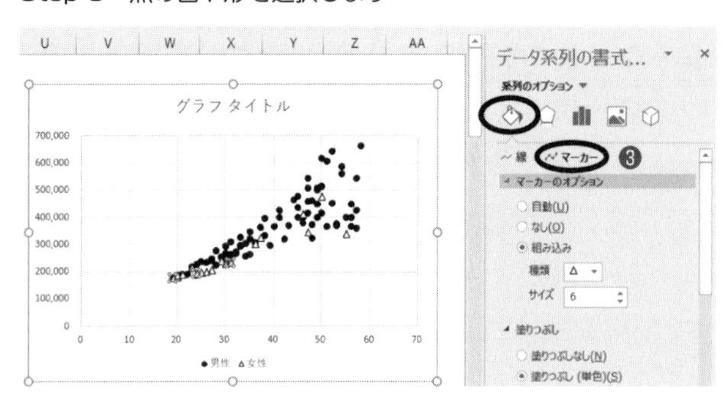

❸［データ系列の書式設定］の［塗りつぶしと線］（ボックスのバケツマーク）から［マーカー］を選択し、点（マーカー）の色や形を選択します。
散布図を白黒印刷する場合、データの区分けが明確にできるように、点の色や形を調整しましょう。

Step 4　世間水準のデータを追加入力します

	B	Q	R	S	T	U
2	番号	性別	年齢	男性	女性	世間水準
3	1	男	19	178,000		
4	5	男	20	188,500		
5	6	男	21	193,500		
98	[illegible]	女	[illegible]		[illegible]	
99	50	女	37		328,000	
100	68	女	47		346,000	
101	66	女	46		414,000	
102	82	女	50		481,000	
103			19			175,500
104			23			206,700
105			28			238,900
106			33			272,200
107			38			301,100
108			43			327,400
109			47			352,300
110			53			372,500
111			57			363,700

❹この散布図上に、世間水準を折れ線グラフで表示してみましょう。
まず、従業員のデータが入力されているセル範囲の下に、「賃金構造基本統計調査」から入手した世間水準のデータ（年齢と所定内賃金のデータ）を追加入力します。

Step 5　［データ系列の書式設定］を選択します

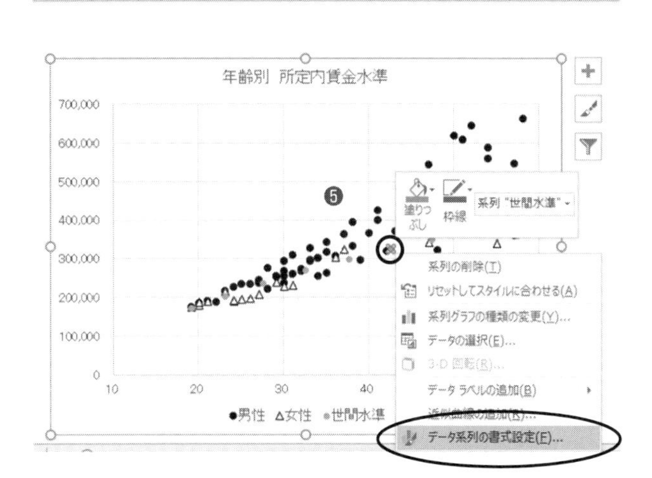

❺散布図上に世間水準のデータが点で表示されました。
世間水準データの任意の点を右クリックして、表示されたボックスから［データ系列の書式設定］を選択します。

Step 6　世間水準のデータを「線」で表示します

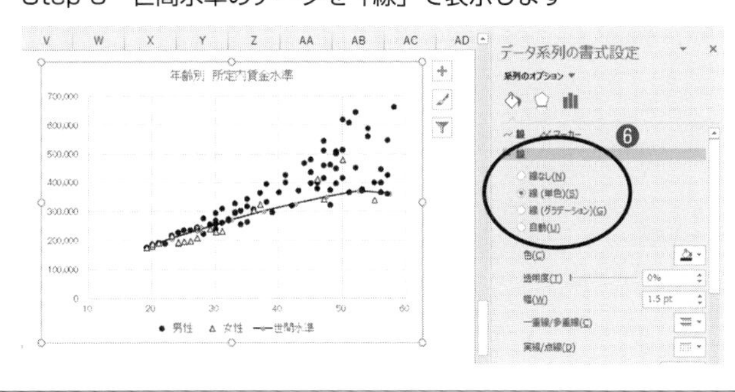

❻［塗りつぶしと線］から［線］を選択し、データを結ぶ線の色や太さなどを選択します。
なお、点（マーカー）の表示が不要であれば、［マーカー］→［マーカーのオプション］から、「なし」を選択してください。

図表2−14 年齢別等級別賃金分布図の例

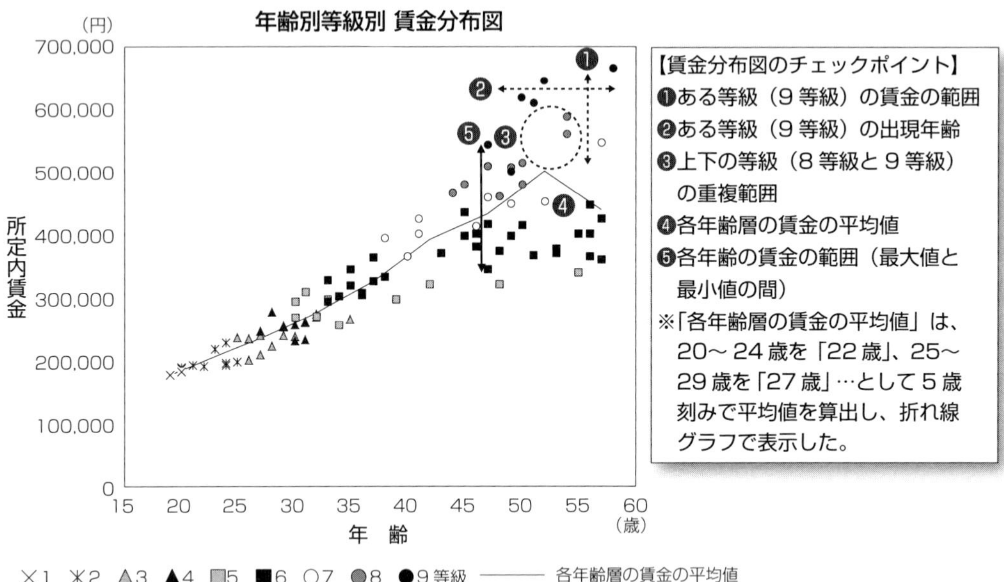

金データに通勤手当が含まれていない場合、賃金構造基本統計調査の「所定内給与額」や「きまって支給する現金給与額」から、通勤手当相当の金額（厚生労働省「就労条件総合調査」[2015年] では平均支給額1万1462円となっている）を差し引いて使うとよいでしょう。

等級ごとにプロットする点の種類を変えた年齢別賃金分布図を作成すれば、各等級の賃金の範囲以外に、各等級の出現年齢（例えば、3等級の従業員は25歳から35歳までの年齢層に存在している）などもつかむことができます［**図表2−14**］。また、自社の25歳、30歳…の賃金の平均値を算出して、それを散布図上に折れ線グラフで表示すれば、賃金の傾向がつかみやすくなります。

散布図は、年齢と賃金の関係性を分析するときの「必須アイテム」といえるものですが、それ以外にも、「売上高と従業員数」の関係性を分析して要員計画を策定するときなどにも使われます。人事関係者は、Excelを用いた散布図の作り方、およびその見方をマスターしておかなければなりません。

3 箱ひげ図を作成する

［**図表2−14**］の散布図から各等級の賃金の散らばりを大まかにつかむことはできますが、それをより分かりやすくしたいときには、「箱ひげ図」を使います。

「箱ひげ図」とは、項目ごとの最大値、最小値および四分位数などをグラフ化したもので、データの散らばりをつかむのに適しています。

箱ひげ図の箱（四角形）の部分の上端が第3・四分位数（上位25％に位置するデータの値）、下端が第1・四分位数（下位25％に位置するデータの値）を意味しますから、箱の部分が中間に位置する50％のデータが存在する範囲（四分位範囲）を示していることになります。

また、箱の外側に伸びたひげ（線の部分）は、上端が最大値を、下端が最小値を意味します。したがって、箱とひげとを合わせた部分が、全データの存在範囲を示していることになります。

箱ひげ図を見るときには、左右の項目間のデータの重複に着目します。

例えば、［**図表2－15**］の場合、項目は等級を示していますから、項目間のデータの重複部分が大きいほど、上下の等級間で賃金格差が小さいことを、逆に重複部分が小さいほど、等級間の賃金格差が大きいことを示します。一般論で言えば、等級間の賃金格差が小さい人事制度においては、等級以外の要素で（例えば、年功的に）賃金が決定される傾向があるため、従業員の等級を上げることに対する意識は弱まります。一方、等級間の賃金格差が大きい人事制度においては、従業員が等級を上げる（昇格する）ことを強く意識するようになり、いわゆる能力主義・成果主義的な組織風土が形成されます［**図表2－16**］。

このように賃金の箱ひげ図を見ることによって、自社の賃金制度の運用が人事管理の方向性（年功的な管理か、能力主義や成果主義か）に合致しているかどうかを検証できます。

「Excel 2016」には、箱ひげ図を作成する機能が装備されていますので、ここでは、その操作方法を紹介します［**図表2－17**］。なお、「Excel 2016」よりも前のバージョンを使用している場合、あるいは自分で箱ひげ図を作成する場合は、項目ごと（［**図表2－15**］の場合は等級ごと）のデータの最大値、最小値および第3・四分位数、第1・四分位数を算出した上で、［グラフ］の［株価チャート］を使って作成してください。

さて、［**図表2－15**］の3等級、7等級および8等級を見ると、最大値の上または最小値の下にも点（データ）が存在しています。これは「特異ポイント」と呼ばれるデータで、Excel 2016では、「第3・四分位数＋（第3・四分位数－第1・四分位数）×1.5」を上回るデータ、あるいは「第1・四分位数－（第3・四分位数－第1・四分位数）×1.5」を下回るデータは、イレギュラーなデータとして取り扱われ、最大値（最小値）として表示されません。この場合、特異ポイントを除いた最も大きなデータ（小さなデータ）が、最大値（最小値）として表示されます。

なお、［**図表2－17**］のStep 4で選択した「四分位数計算」は、Excelの説明では、「包括的な中央値」がデータ内の値の個数が奇数である場合に中央値を計算に含める方法、「排他的な中央値」が中央値を計算から除外する方法ということですが、分かりにくいので、「QUARTILE（クアタイル）関数（配列に含まれるデータから四分位数を抽出する関数）に合わせるのであれば、包括的な中央値を使う」と覚えておいてください。

散布図は、［**図表2－12**］の年齢別賃金分布図のように、横軸の項目数が多く、データ全体の分布状況をつかむときに適しています。一方、箱ひげ図は、等級別賃金範囲図のよ

図表2−15　箱ひげ図の例（サンプルデータの等級別賃金範囲図）

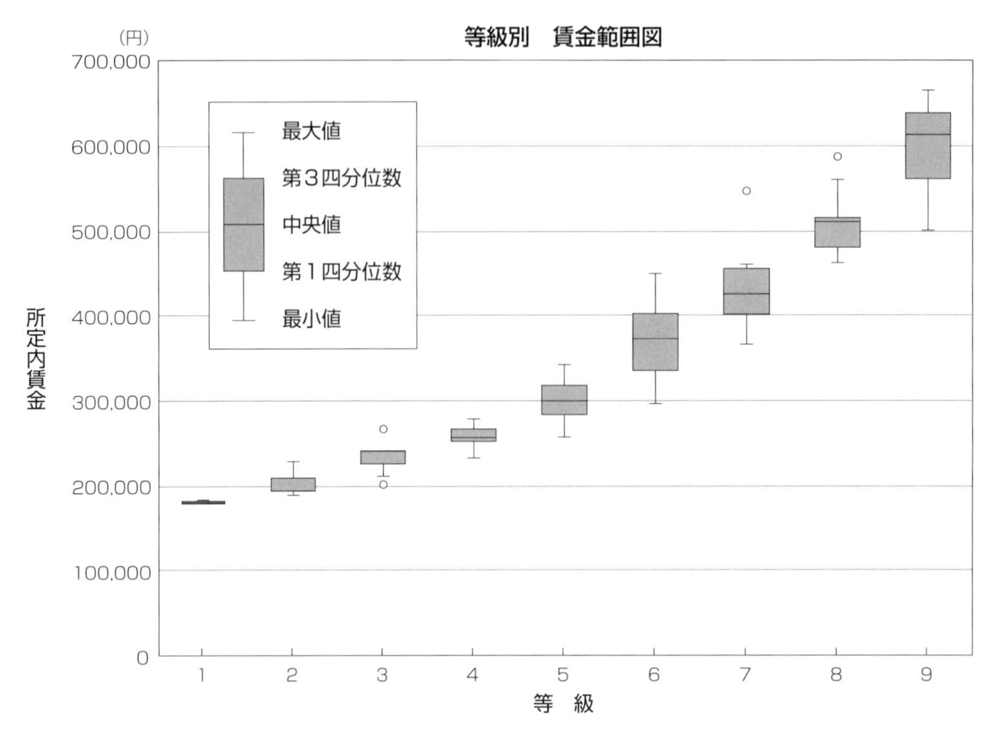

図表2−16　等級別賃金範囲図（箱ひげ図）のパターン

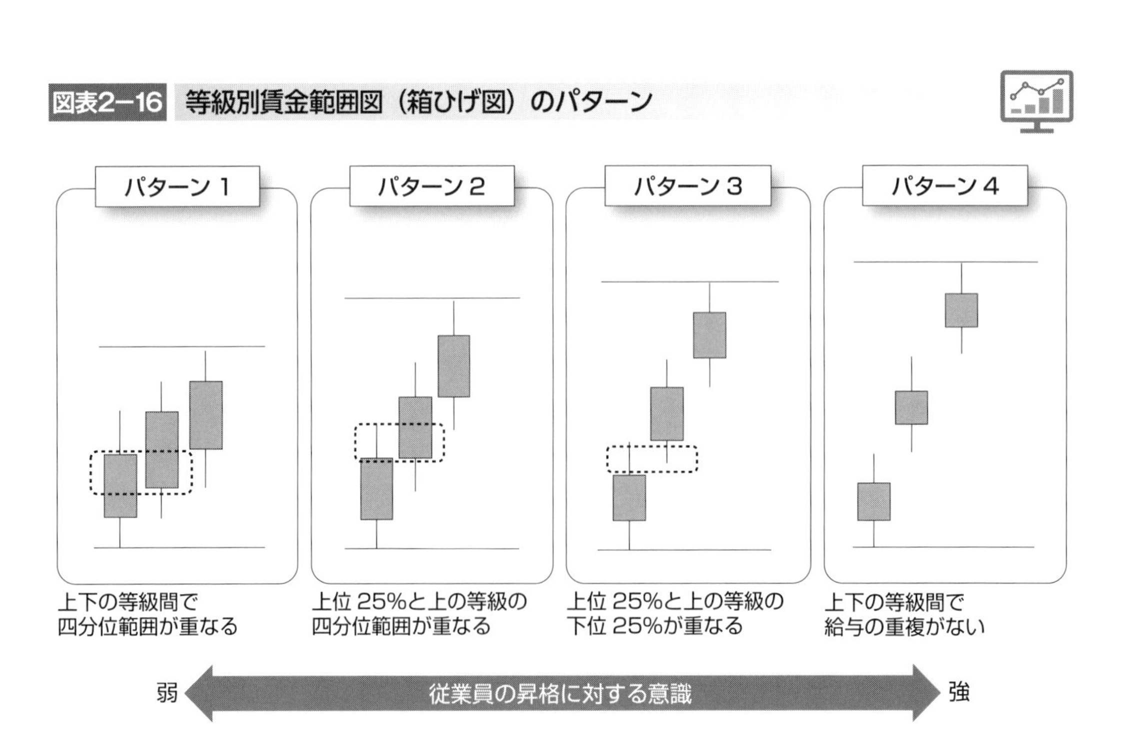

図表2−17　箱ひげ図（等級別賃金範囲図）の作成

Step 1　［挿入］→［グラフ］→［箱ひげ図］を選択します

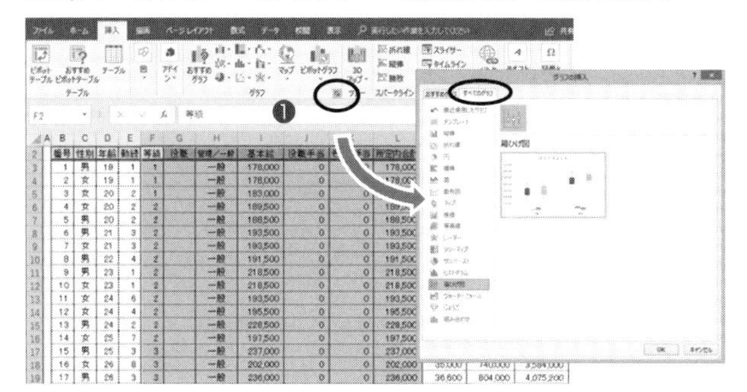

❶従業員の等級と所定内賃金が入力されているセルを含むように範囲（項目行も含む）を指定した上で、［挿入］タブ→［グラフ］ボタンの右下の［すべてのグラフを表示］を選択し、表示されたボックスから「すべてのグラフ」タブ→［箱ひげ図］→［OK］をクリックします。

Step 2　箱ひげ図の［データの選択］を開きます

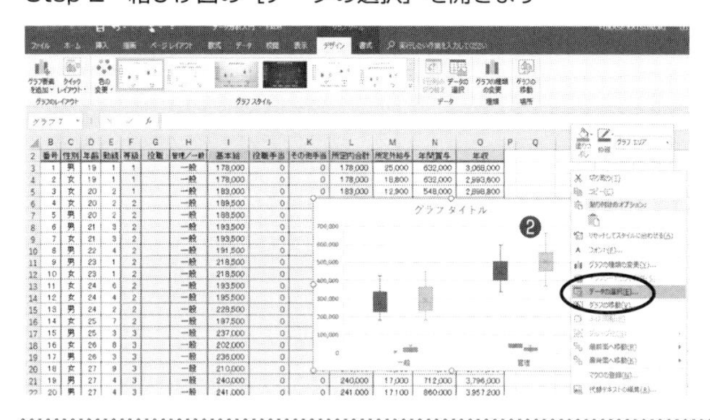

❷箱ひげ図が表示されましたが、データが正しく選択されていない状態になっています。
そこで、箱ひげ図を右クリックして、表示されたボックスから［データの選択］をクリックします。

Step 3　凡例項目と軸ラベルを修正します

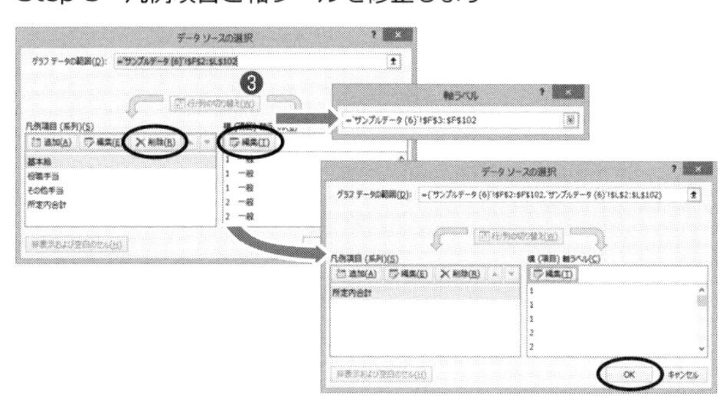

❸［データソースの選択］のボックスの［凡例項目］から「所定内合計」以外の系列を［削除］します。
また、［軸ラベル］の［編集］をクリックして、軸ラベルの範囲が「等級」となるように範囲指定をします。
以上の修正が終わったら、［OK］ボタンをクリックします。

Step 4　四分位数の計算方法などを指定します

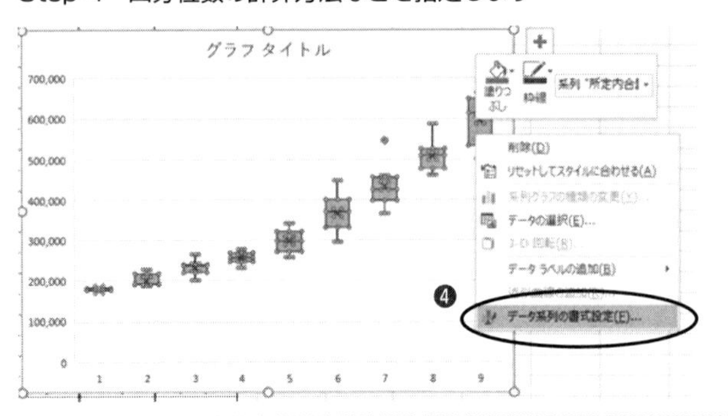

❹箱ひげ図上の箱（第1・四分位数と第3・四分位数の間）が、関数を使って算出した値と異なっているときには、四分位数の計算方法を変更することが必要です。
この場合は、まず、任意のデータをクリックして、表示されたボックスから［データ系列の書式設定］を選択します。

Step 5　［四分位数計算］を変更します

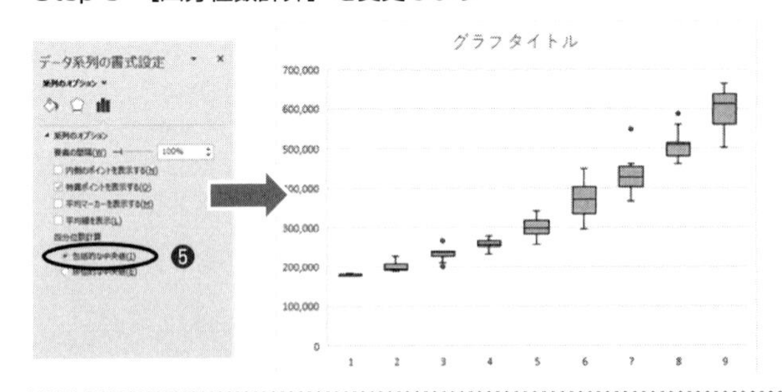

❺表示されたボックスの［四分位数計算］を［包括的な中央値］に変更します。
なお、この［データ系列の書式設定］のボックスから、特異ポイント（値が極端に高い、あるいは低いデータ）や平均マーカー（平均値の位置）の表示などを設定することもできます。

Step 6　四分位数や最大値・最小値を表示します

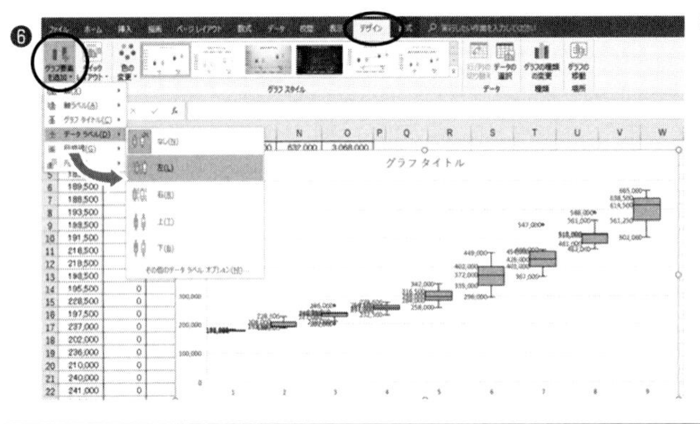

❻箱ひげ図上に四分位数や最大値・最小値の値を表示したいときには、グラフを選択した上で、［グラフツール／デザイン］タブから、［グラフ要素を追加］→［データラベル］を選択してください。
なお、Step5の［データ系列の書式設定］で平均マーカーを散布図上に表示させた場合は、平均値も算出されます。

うに、横軸の項目数が少なく、前後の項目間でデータ範囲の比較を行うときに適しています。目的や用途に応じて、これらのグラフを適切に使い分ければ、データ分析を効果的に行うことができます。

本章では、データ分析の基本的な手法である「代表値、散らばりに関する数値の算出方法」や「Excelを使ったグラフの作成方法」について説明しました。次章以降は、これらの手法を使ったデータ分析の進め方について解説していきます。

■演習1

下表は、ある会社の東京支店と大阪支店の従業員（ともに従業員数10人）の評価点のデータです。評価点は1から10までの整数で表され、数字が大きくなるほど良い評価とされています。

東京支店

氏名	評価点
Aさん	9
Bさん	8
Cさん	7
Dさん	6
Eさん	5
Fさん	5
Gさん	4
Hさん	3
Iさん	2
Jさん	1

平均値	
標準偏差	

大阪支店

氏名	評価点
Pさん	10
Qさん	9
Rさん	9
Sさん	8
Tさん	8
Uさん	8
Vさん	8
Wさん	7
Xさん	7
Yさん	6

平均値	
標準偏差	

問1　東京支店、大阪支店の評価点の平均値と標準偏差を算出してください。

問2　東京支店、大阪支店のヒストグラムをそれぞれ作成してください。なお、ヒストグラムのデータ区間（横軸の階級）は、1点刻みとしてください。

問3　以上のデータ分析から、どのようなことが言えそうか、仮説を構築してください。

問4　問3の仮説を検証するための方法を考えてください。

【演習1の解答】

問1　東京支店、大阪支店の評価点の平均値と標準偏差は下記のとおり。

東京支店　評価点の平均値：5.00点、標準偏差：2.45

大阪支店　評価点の平均値：8.00点、標準偏差：1.10

問2　次図のとおり。

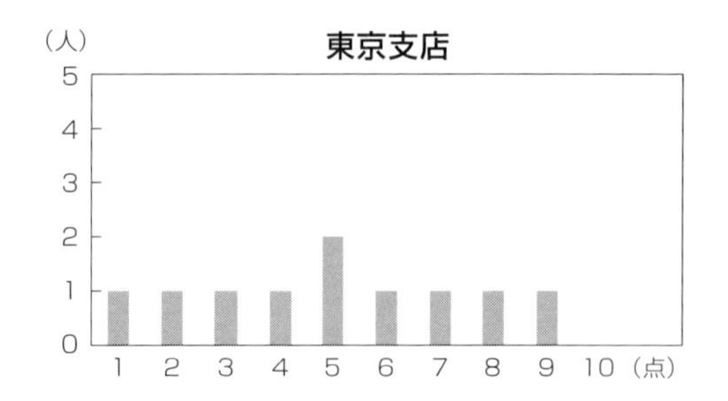

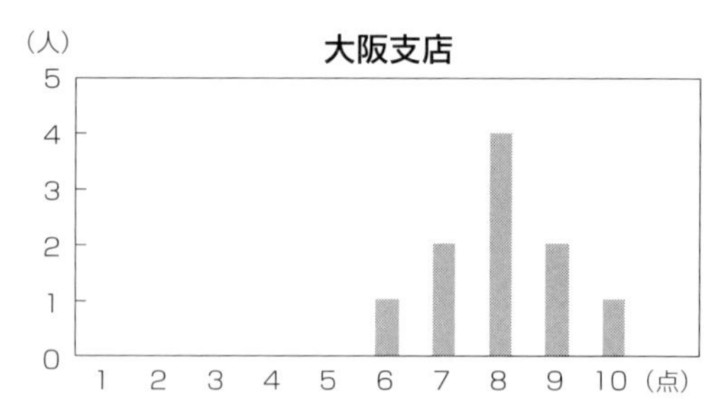

問3　次のような仮説が考えられます。

①大阪支店は、東京支店に比べて評価が甘くなっている。一方、東京支店の評価者は、評価に差を付けようという意識を強く持っている

②東京支店には、能力差が大きい従業員が配属されている。一方、大阪支店には、優秀な従業員が集中的に配属されている

③この会社は、東京地区よりも大阪地区で成果が出やすい事業を行っている

問4　仮説の検証方法としては、「東京支店と大阪支店の評価者で同じ従業員（両支店間を異動した者）を評価した結果を比べてみる」「両支店の業績（売上高など）を比較し、大阪支店のほうが業績が好調であることを確認する」などが考えられます。

【演習1の解説】

両支店の平均値と標準偏差およびヒストグラムを比較すれば、東京支店に比べて、大阪支店のほうが評価点が高いほうに偏っていることは明らかです。このような場合、人事関係者は、それが評価者の違いによって生じている（仮説①）と決めつけてしまいがちです。客観的なデータ分析を行う上で、このような「決めつけ」は禁物です。分析者は、事実に基づきつつ、幅広い視点で仮説を構築して（この演習では②や③の可能性もあることに気が付いて）、その仮説を検証するところまで考えることが必要です。

■演習2

インターネットから、最新の厚生労働省「賃金構造基本統計調査」のデータを入手して、次の労働者の年齢別・年間賃金の折れ線グラフを作成してください。

(1) 産業計、企業規模計（10人以上）、男性、高校卒および大学卒・大学院卒

(2) 産業計、企業規模計（10人以上）、女性、高校卒および大学卒・大学院卒

※なお、2017年の「賃金構造基本統計調査」におけるデータは次表のとおりです。

区分	企業規模計（10人以上）				
	年齢	勤続年数	きまって支給する現金給与額	所定内給与額	年間賞与その他特別給与額
男性	歳	年	千円	千円	千円
高校卒	44.4	14.1	331.1	290.7	791.1
～19歳	19.1	1.0	204.7	179.4	162.7
20～24歳	22.6	3.2	239.1	201.0	485.4
25～29歳	27.6	6.0	272.8	229.0	601.1
30～34歳	32.6	7.9	300.4	254.4	651.1
35～39歳	37.6	10.7	330.1	282.5	755.8
40～44歳	42.6	14.2	360.1	312.2	892.3
45～49歳	47.4	16.9	375.6	329.4	945.0
50～54歳	52.5	20.3	392.9	351.1	1080.0
55～59歳	57.4	22.2	381.9	346.0	1065.9
60～64歳	62.4	19.1	273.2	253.3	554.1
65～69歳	67.2	14.3	239.9	224.4	248.7
70歳～	73.0	15.7	228.0	217.7	191.3
大学・大学院卒	42.2	13.0	429.6	397.7	1451.4
～19歳	-	-	-	-	-
20～24歳	23.7	1.3	252.7	227.0	327.8
25～29歳	27.5	3.6	304.7	263.9	815.2
30～34歳	32.5	7.0	368.2	321.3	1145.1
35～39歳	37.5	10.0	413.0	370.4	1354.9
40～44歳	42.5	13.6	461.6	426.7	1620.0
45～49歳	47.5	18.1	513.4	486.4	2004.2
50～54歳	52.5	21.9	553.9	533.3	2250.6
55～59歳	57.4	23.4	530.1	513.1	1977.5
60～64歳	62.3	18.8	385.4	373.5	976.2
65～69歳	67.1	14.5	384.2	376.3	724.8
70歳～	73.6	17.2	483.0	477.4	448.8

区　分	企業規模計（10人以上）				
	年齢	勤続年数	きまって支給する現金給与額	所定内給与額	年間賞与その他特別給与額
女性	歳	年	千円	千円	千円
高校卒	44.3	10.4	225.7	210.9	429.2
～19歳	19.1	0.9	181.3	169.3	96.2
20～24歳	22.4	2.8	201.6	183.3	330.2
25～29歳	27.5	5.0	210.1	193.6	367.4
30～34歳	32.5	6.7	217.3	201.8	361.3
35～39歳	37.6	8.4	225.5	210.7	419.9
40～44歳	42.7	10.3	232.7	216.9	477.6
45～49歳	47.5	11.4	238.7	223.1	503.2
50～54歳	52.5	13.0	242.9	227.3	523.8
55～59歳	57.4	15.3	239.6	225.8	519.8
60～64歳	62.3	15.4	206.7	197.0	316.9
65～69歳	67.2	16.1	205.1	198.0	240.8
70歳～	72.8	20.5	213.9	209.4	304.2
大学・大学院卒	35.9	7.4	313.3	291.5	843.7
～19歳	-	-	-	-	-
20～24歳	23.7	1.3	237.8	220.4	348.4
25～29歳	27.4	3.5	269.8	244.6	695.0
30～34歳	32.4	6.5	300.1	274.1	834.9
35～39歳	37.5	8.8	324.5	302.6	914.7
40～44歳	42.4	10.5	356.7	336.6	1067.2
45～49歳	47.4	12.8	390.4	368.9	1204.5
50～54歳	52.3	14.4	401.8	384.3	1232.3
55～59歳	57.3	15.3	394.9	379.9	1203.9
60～64歳	62.0	16.3	361.5	350.9	968.2
65～69歳	67.2	16.5	462.6	458.1	878.7
70歳～	75.2	22.1	391.1	390.5	680.5

【演習2の解答】

2017年のデータを使うと、下図のグラフとなる。

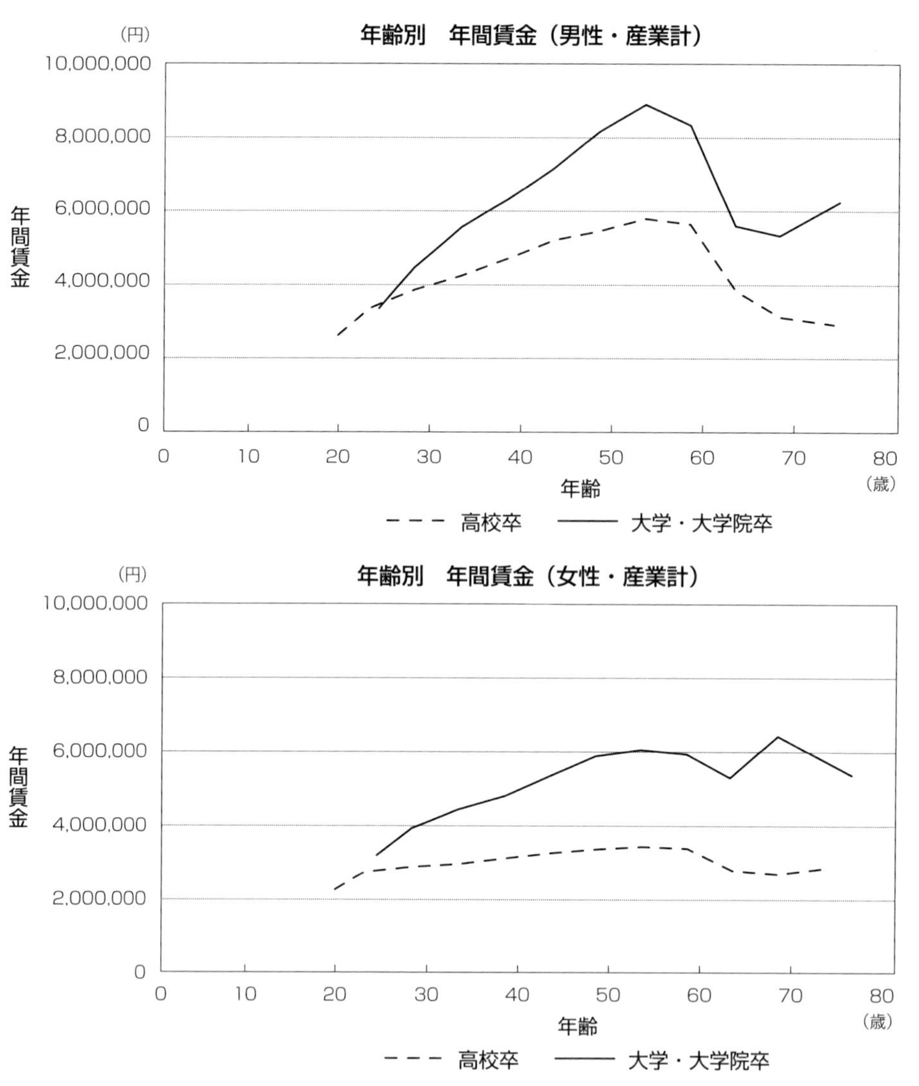

資料出所：厚生労働省「賃金構造基本統計調査」(2017年)
※年間賃金は、「きまって支給する現金給与額×12＋年間賞与その他特別給与額」で算出した。

【演習2の解説】

厚生労働省「賃金構造基本統計調査」のデータにアクセスするには、「政府統計の総合窓口　e-Stat」（https://www.e-stat.go.jp/）を使うと便利です。なお、「賃金構造基本統計調査」には、年間賃金のデータは掲載されていないため、各年齢階級の「きまって支給する現金給与額×12＋年間賞与その他特別給与額」を計算し、グラフを作成します。

上記のグラフをExcelで作成する場合は、「折れ線グラフ」ではなく、「散布図（直線）」を使います（「折れ線グラフ」の場合、x（年齢）の間隔が一定になっていないと、適切なグラフを描くことができません）。

労働生産性と労務構成の分析

1 労働生産性、労務構成の分析の進め方

本章では、労働生産性の分析（労働生産性の世間水準との比較や時系列分析）および労務構成の分析（平均年齢や正社員比率などの世間水準との比較や時系列分析）について説明します。

進め方としては、まず労働生産性を分析して、従業員数の妥当性を検証した上で、労務構成の分析を行うと効率的です。例えば、労働生産性の分析から「過剰雇用に陥っている」という仮説が構築されたときに、労務構成の分析において「どの職種、年齢層に過剰雇用が生じているのか」をチェックして、具体的な問題解決策を企画・実践することができるからです［**図表3－1**］。

労働生産性や労務構成の分析の結果をまとめるときには、次の点に気を付けましょう。

①分析結果は、グラフなどで「見える化」して表示する。ただし、グラフが多いと分析結果のポイントがぼやけてしまうので、グラフの数はできる限り絞り込む。一つのグラフだけで重要なポイントすべてを伝えることができれば最もよい

②分析結果をまとめるときには、事実と仮説をはっきりと区別する。例えば、「平均年齢の上昇」は、データから事実として捉えられることだが、「それによる組織の活力低下」は、あくまでも仮説にすぎない。また、「組織の活力低下」が生じているとしても、その要因は、平均年齢の上昇以外にもさまざまなことが考えられる。したがって、「平均年齢の上昇によって組織の活力低下が引き起こされている」という断定的な言い回しを避けて、「平均年齢の上昇が、組織の活力低下の一因になっているものと考えられる」などの表現にすべきである

図表3－1　労働生産性、労務構成の分析の進め方

第１ステップ 労働生産性の分析 →従業員数の妥当性を検証する	①労働生産性の世間水準との比較 ②労働生産性の時系列分析 ↓ 労働生産性が低い、減少傾向にあるならば、「従業員数が多すぎる」という仮説を構築する
第２ステップ 労務構成の分析 →人事管理上の問題等を考える	①正社員比率などの世間水準との比較 ②正社員比率などの時系列分析 ↓ 労務構成の特徴により生じている人事管理上の問題、および従業員数が多すぎる場合は過剰雇用に陥っている職務などを検討する
第３ステップ 分析結果のまとめ 問題解決策の企画・実施	①グラフなどを効果的に使って、分析結果を分かりやすくまとめる ②採用戦略の見直しなど、問題解決策を企画し、実施する

これらのことは、労働生産性、労務構成の分析にかかわらず、他のデータ分析の結果をまとめるときにも気を付けるポイントになります。分析者は、この機会に、しっかりと頭に入れておいてください。

2 労働生産性の分析

1 従業員数の適正性の捉え方

会社の従業員数の適正性（つまり、従業員数が多すぎず、少なすぎない状態にあるということ）は、主に二つの視点から捉えることができます。

一つ目は「業務量」です。「それぞれの業務をこなすために必要な人数」が分かれば、会社が行っている業務および必要人数を抽出することによって、適正な従業員数を算出できます。

合理的な考え方ではありますが、実際には、会社が行っているすべての業務を抽出すること、および、各業務の必要人数を算出することは極めて困難です。特に企画開発に関わる仕事や専門サービスに関わる仕事については、「業務量によって必要人数が決まる」というよりも「仕事を行っている人によって業務量が決まる」という傾向が強く、近年、このような仕事が会社の中でも大きな部分を占めるようになってきています。製造ラインや小売店・飲食店など標準化できる仕事については、「業務量から必要人員を算出する」という方法は効果的ですが、それを会社全体に適用できないと考えるべきです。

二つ目は会社の「業績」という視点で、例えば、「会社が一定の儲けを上げるために必要な人数を考える」ことになります。業績も従業員数も数値で捉えられ簡単に算出できること、また、業績と従業員数とは密接に関係していることなどから、この視点によって従業員数の適正性を捉える方法が、最も合理的で、多くの会社で実際に使われています。

業績から従業員数の適正性を捉えるときには、投入した従業員数に対する①売上高、②利益（営業利益）、③儲け（付加価値）などの指標を算出して、統計データとの比較または時系列分析を行います。投入量（従業員数や就業時間）に対する産出量（売上高や付加価値）の比率を見ることを「生産性の分析」といい、このうち投入量として従業員数を使う場合は「労働生産性の分析」といいます。これ以降、労働生産性の分析によって、総従業員数の適正性を捉える方法を説明します。

2 労働生産性の算出と世間水準との比較

労働生産性は、一般的には次の式で算出されます。

労働生産性（円）＝付加価値÷従業員数

つまり、労働生産性とは「従業員1人当たりの付加価値」ということになります。

なお、付加価値とは「その会社が新たに創出した価値」であり、具体的には次の算式で求められます。

付加価値＝売上高－外部購入価値

外部購入価値とは、原材料費や仕入れ額など、売上高を上げる段階で社外から購入した物品やサービスの総額を指します。すなわち、付加価値とは、売上高から原価を差し引いた「会社の儲け」と考えられます。

そして、この付加価値から社内で使われる経費（人件費、支払利息、減価償却費、租税公課、賃借料）を差し引いた残額が、営業利益として計上されます［**図表3－2**］。

労働生産性の算式の分子は、付加価値の代わりに、売上高や営業利益を使うこともできます。分母は、官公庁の統計調査では「（常時）従業員数」が使われていますが、国際比較を目的とした調査では「就業時間（＝労働時間×労働者数）」が使われることもあります。また、パートタイム労働者などが多い会社では、「従業員数」の代わりに「常勤換算従業員数（例えば、正社員の半分の所定労働時間で勤務するパートタイム労働者を「0.5人」でカウントした人数）」を使うこともあります。

ここでは、官公庁の統計調査をはじめ、広く使われている「付加価値÷従業員数」という算式で労働生産性を求めることにします。

付加価値は、売上高や営業利益と異なり、会社の決算書などに計上されている項目ではないため、それを使う場合は、損益計算書などから関係する項目を調べて、自分で計算しなければなりません。なお、官公庁の統計調査では、付加価値は次の式で計算しています。

●財務省「法人企業統計調査」

付加価値額＝人件費＋支払利息等＋動産・不動産賃借料＋租税公課＋営業純益

ただし、営業純益＝営業利益－支払利息等

人件費＝役員給与＋役員賞与＋従業員給与＋従業員賞与＋福利厚生費

図表3－2　売上高、付加価値、営業利益の捉え方

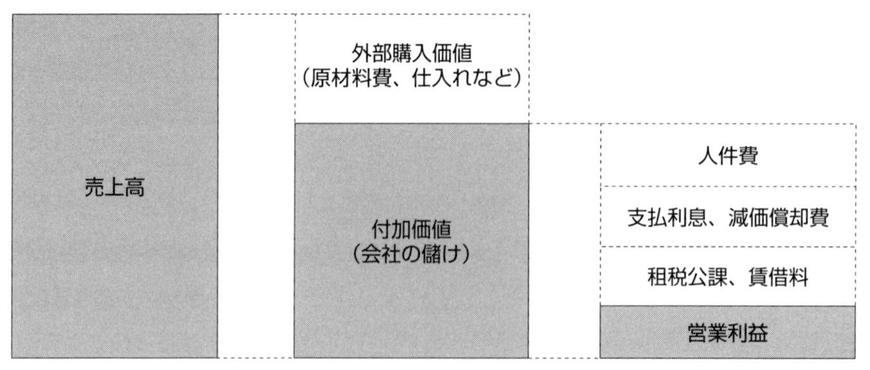

●経済産業省「企業活動基本調査」

付加価値額＝営業利益＋減価償却費＋給与総額＋福利厚生費＋動産・不動産賃借料＋租税公課

統計調査によって付加価値の算式に違いがあり、それによって労働生産性の数値も異なってきます。実際に労働生産性の分析を行うときには、まず、比較分析に使う統計データを選び、その統計調査の定義・算式（それぞれの統計調査の「用語の解説」などに書いてあります）に基づいて、自社の付加価値と労働生産性を算出するようにしましょう。

自社の人件費や付加価値は、［**図表3－3**］のように損益計算書などから人件費や付加価値を構成する項目を抽出し、その合計額を算出します。

なお、財務省「法人企業統計調査」では、2016年度の付加価値率（＝付加価値÷売上高×100）が20.5％、労働生産性は727万円、経済産業省「企業活動基本調査」（2016年度実績、産業計）では、付加価値率18.7％、労働生産性863.2万円になっています。

経済産業省「企業活動基本調査」には、産業別に労働生産性が表示されています。労働

図表3−3 財務諸表を使った人件費、付加価値の算出

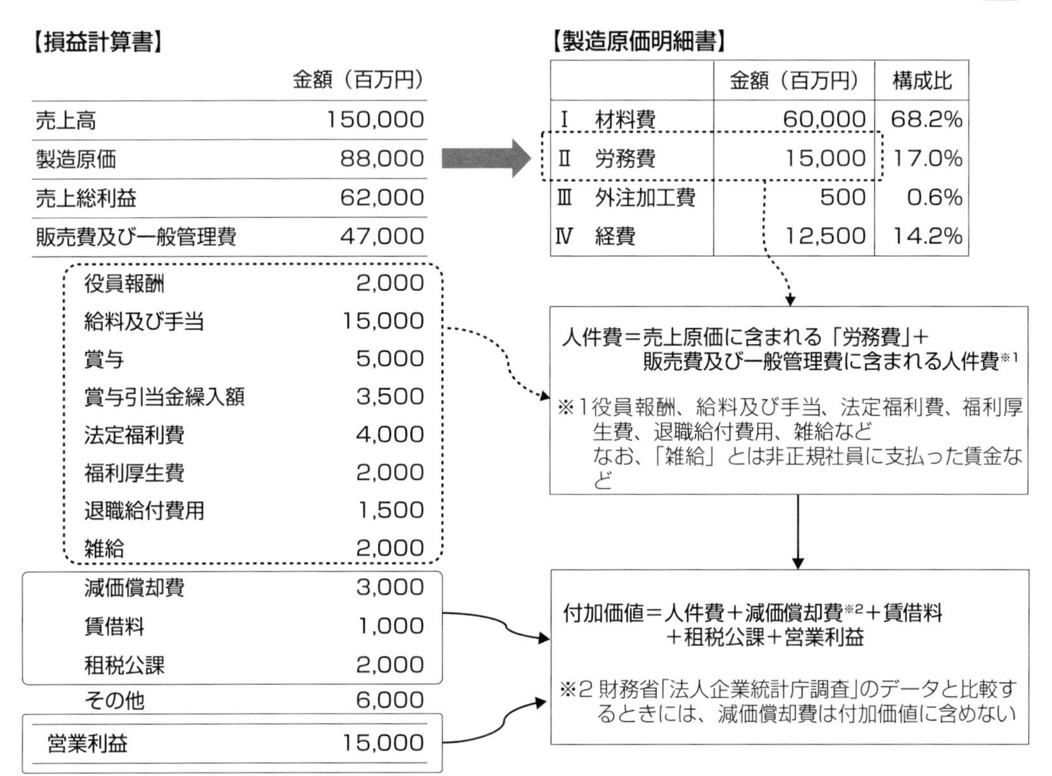

※有価証券報告書の損益計算書などの場合、上記のように表示されていない場合がある。
「販売費及び一般管理費」に含まれる人件費は、損益計算書ではなく、【注記事項】に「販売費及び一般管理費の内訳」として表示されていることが多い。

図表3−4　産業別、1企業当たり付加価値額、付加価値率、労働生産性（2016年度実績）

	付加価値額（百万円）	売上高※（百万円）	従業員数※（人）	付加価値率（%）	労働生産性（万円）
合計	4,310.0	23,048.1	499.3	18.7	863.2
鉱業、採石業、砂利採取業	7,727.0	15,485.0	187.8	49.9	4,114.5
製造業	4,647.3	21,124.1	408.8	22.0	1,136.8
電気・ガス業	46,434.5	155,820.5	1,292.8	29.8	3,591.8
情報通信業	4,006.8	10,656.4	403.5	37.6	993.0
卸売業	2,691.0	36,863.0	268.7	7.3	1,001.6
小売業	4,638.3	24,284.3	932.1	19.1	497.6
クレジットカード業、割賦金融業	10,866.1	33,229.7	704.5	32.7	1,542.3
物品賃貸業	6,097.0	27,967.9	327.3	21.8	1,862.7
学術研究、専門・技術サービス業	4,160.0	19,082.6	415.5	21.8	1,001.1
飲食サービス業	4,052.3	9,106.3	1,731.8	44.5	234.0
生活関連サービス業、娯楽業	2,183.8	4,874.6	423.4	44.8	515.8
個人教授所	2,386.5	6,917.4	786.8	34.5	303.3
サービス業	3,826.2	7,576.6	856.0	50.5	447.0

資料出所：経済産業省「2017年 企業活動基本調査速報−2016年度実績−」のデータを用いて著者が加筆、修正。
※売上高は「付加価値額÷付加価値率」、従業員数は「付加価値額÷労働生産性」で算出した数値を表示した。

生産性は、産業によって数値が異なるため、比較分析では、自社と同じ産業のデータを使うようにしましょう［**図表3−4**］。

自社の労働生産性が世間水準よりも高い場合、従業員1人当たりの付加価値が同業他社よりも大きいことになり、「事業が効率よく運営されている」と評価できます。ただし、事業拡大に従業員の確保が追いついていないなど、少ない従業員数で無理して儲けを出している場合も、労働生産性は高くなります。このような場合は、長期的に見れば、従業員が疲弊して、大量退職や付加価値の減少を招いてしまうので、必ずしも良い状態にあるとはいえません。

また、従業員を少なくして、その代わりとして機械やコンピューター・システムを駆使する戦略をとっている会社では、同業他社と比べて労働生産性が高くなることは当然で、そのデータだけを見て、事業が効率よく運営されていると判断することはできません。

労働生産性が統計データよりも高い（低い）という事実をつかんだら、その事実が生じる要因を考察した上で、自社にとっての良し悪しを判断することが必要です。

3　労働生産性の時系列分析

労働生産性を世間水準と比較するときに、頭を悩ませる問題が二つあります。

一つ目は、「どの産業の統計データと比較するか」という問題です。近年、多くの会社は、事業の多角化を進めており、複数の産業を抱えていることがあります。このような会社では、自社の労働生産性を比較するべき産業を特定することが困難です（一般的には、売上高が最も多い産業のデータと比較したり、自社の事業を区分けした上で産業ごとにデータを比較したりしますが、それでも的確な分析ができないことがあります）。

二つ目は、統計データは、産業ごとの集計結果であるため、事業運営の特徴を踏まえた分析は十分にできないということです。例えば、「飲食サービス業」であっても、多くの従業員を抱えて全国展開しているチェーン店と、少ない従業員で高級料理を提供するレストランでは、労働生産性は異なるはずですが、このような事業運営の特徴に応じて細かく集計した統計データは存在しません。飲食サービス業の場合、労働生産性の統計データは、チェーン展開をしている会社の影響のほうが強いため、少人数で運営するレストランは、世間水準の比較が的確にできないことになります。

これらの問題を考えると、労働生産性は、世間水準との比較分析だけではなく、自社のデータの時系列分析を行うことが重要であるといえます。自社のデータであれば、過去のものであっても行っている事業や事業運営の特徴は、ほぼ同じであるはずです。また、時系列分析によって労働生産性の変化が見られた場合、そのときに社内で発生していたことを振り返ることにより、その要因を分析することもできます。

労働生産性の時系列分析は、過去数年度分（少なくとも5年度分以上）の損益計算書などから、付加価値や従業員数などを算出して、その推移を見ることにより行います［**図表3－5**］。

図表3－5　労働生産性の時系列分析ワークシート

（単位：百万円）

			5年前（　年度）	4年前（　年度）	3年前（　年度）	2年前（　年度）	1年前（　年度）	現在（　年度）
売上高		①						
付加価値	人件費	②						
	減価償却費	③						
	動産・不動産賃借料	④						
	租税公課	⑤						
	営業利益	⑥						
	合計	⑦＝②～⑥の合計						
従業員数		⑧						

		5年前	4年前	3年前	2年前	1年前	現在
売上高対前年増減率	(当年①÷前年①－1)×100(%)						
付加価値対前年増減率	(当年⑦÷前年⑦－1)×100(%)						
従業員数対前年増減率	(当年⑧÷前年⑧－1)×100(%)						
1人当たり売上高	①÷⑧						
労働生産性	⑦÷⑧						

※自社の財務諸表などから上記の項目を転記する。

労働生産性が年々上昇していたら、基本的には、事業運営の効率性が高まってきており、望ましい状態と考えられます。ただし、従業員の大量退職によって一時的に労働生産性が上昇することもあり、そのような場合は望ましくない状態となります。

世間水準との比較分析と同様に、労働生産性が上昇している（下降している）という事実をつかんだら、その事実が生じる要因を考察した上で、自社にとっての良し悪しを判断することが必要です。

ここまで統計データとの比較分析や時系列分析を通じて、労働生産性の適正性を検証する方法を説明してきました。

労働生産性の分析によって「総従業員数」が多すぎないか（少なすぎないか）ということが大まかに判断できますが、従業員数については「従業員の構成（例えば、正社員比率など)」の適正性をチェックすることも重要です。

次節では、総従業員数の中身である「労務構成」の適正性を検証する方法について解説します。

3 労務構成の分析

1 労務構成の分析の基本的な考え方

労務構成の分析とは、従業員の年齢構成や正社員比率などを調べて、そこから人事管理上の問題を抽出することをいいます。

従業員の平均年齢が高くなると、組織の活力が低下したり、人件費が増加したりするなどの問題が生じる傾向があります。データ分析によって、このような労務構成と人事管理上の問題との関係性を捉えることができれば、問題を解決するための人事施策を導き出すこともできます。

ここでは、労務構成について、次の指標を算出し、それらを時系列で分析、あるいは、世間水準との比較分析を行います。

①平均年齢、平均勤続年数（平均値と分布）
②正社員比率（正社員数÷総従業員数×100（%））
③管理職比率（管理職数÷正社員数×100（%））
④直間比率（管理、開発部門等の従業員数÷製造、販売部門等の従業員数×100（%））

これらの指標について、「以前と比べて、社内の活力が低下してきているのではないか」という仮説であれば時系列分析を、「同業他社と比べて、自社の人件費は高いのではないか」という仮説であれば世間水準との比較を行います。

2 労務構成の分析と人事管理上の問題

労務構成に関する指標と人事管理上の問題との関係性を整理すると、［**図表3−6**］のようになります。例えば、分析者が「社内の活力が低下してきている」という問題意識（仮説）を持っていれば、従業員の平均年齢を時系列で分析する、あるいは同業他社と比較すればよいのです。

なお、労務構成のデータ分析結果は、あくまでも一つの「事実」であって、必ずしもそれ自体を問題として捉えることはできません。例えば、「従業員の平均年齢が世間水準よりも高い」という事実は、「社内の活力が低下する」というマイナス面と、「社内にノウハウが蓄積されている」などのプラス面の両方に関係している可能性があります。「平均年齢が高いこと」が経営にとってプラスに作用することもあり得る以上、その事実を問題のすべてと捉えずに、「社内の活力低下」という問題を発生させている要因の一つとして考えておかなければなりません。

また、［**図表3−6**］は、あくまでも「一般論」を示したもので、これがすべてのケースに当てはまるとはいえません。例えば、平均年齢が高い会社でも活力に満ちあふれているケースもあれば、活力が低下している会社でも平均年齢が低いケースもあります。

「社内の活力が低下してきている」という問題意識を持ったときに、従業員の平均年齢をチェックしてみる、逆に「平均年齢が高くなってきている」という事実を把握したときに、社内の活力が低下していないかチェックしてみるという形で労務構成の分析を進めればよいでしょう。

図表3−6　労務構成の指標と人事管理上の問題との関係性

	値が上昇している、高い場合に生じ得る問題	値が下降している、低い場合に生じ得る問題
平均年齢 平均勤続年数	●社内の活力が低い。技術に陳腐化が見られる ●賃金が高い従業員が多く、人件費が高くなる	●社内にノウハウが蓄積されない ●定着率が低い。慢性的な労働力不足に陥っている
正社員比率	●過剰雇用に陥っている ●賃金が高い従業員が多く、人件費が高くなる	●製品やサービスの品質が低下している ●長期的な観点から人材を育成することができない
管理職比率	●責任と権限が不明確。意思決定のスピードが遅い ●賃金が高い従業員が多く、人件費が高くなる	●マネジメントがしっかりと行われない ●昇進できない若手や中堅層のモチベーションが低い
直間比率 （直接・間接）	●本社部門が肥大化し、非効率的な経営に陥りやすい ●スタッフが多くなり、人件費が高くなる	●開発力の低下が見られ、長期展望が描けない ●各現場がバラバラで、事業運営が非効率的

3 自社の労務構成の指標の算出

全従業員の年齢、勤続年数、雇用区分（正社員、パートタイム労働者などの区分）、管理職／一般社員の区分、部門名（直接部門と間接部門の区分）などのデータがあれば、自社の労務構成に関する指標が算出できます。

このときに、「**第2章2 3 ピボットテーブルを使う**」で説明したピボットテーブルを使うと、これらの指標の算出を効率的に行えます。[**図表3−7**]は、サンプルデータについて平均年齢や勤続年数および管理職比率を、ピボットテーブルによって算出した例です。この例では、一つのピボットテーブルの設定を変えることで、年齢や勤続年数の平均値を算出しています。さらに、データの個数を表示しているピボットテーブルの集計方法を変えることによって、管理職比率を性別に算出しています。これを見れば、「男性従業員と女性従業員の管理職比率の違い」や「管理職の中で女性が占める割合」などが分かります。

このようにピボットテーブルを使えば、いちいちデータの並べ替えを行ったり、対象者数を数えたりしなくても、平均、データの個数、全体に対する比率などを算出した、さまざまな集計表が作成できます。

なお、ピボットテーブルには、データが表示されているセルをダブルクリック（または、セルを右クリックし、ボックスから［詳細の表示］を選択）すると、元のデータのリストが作成される機能が装備されています（一般的に「ドリルダウン」と呼ばれています）。この機能は、人事管理のデータ分析における強力なツールになります。

一般的に人事管理においては、「全体としてどうするのか」ということと同様に、「具体的にどうするのか」ということも重要になります。例えば、「女性管理職比率が8%である」という分析結果が出てきた場合、経営層からは「女性管理職とは具体的に誰か」や「それを20%まで引き上げるとしたら、誰を管理職に昇進させるのか」などの具体的な質問が寄せられます。そういうときに、この機能を使えば、対象者の名前、年齢、賃金などを即座に回答できます。

Excelのピボットテーブルを使えば、さまざまなデータの集計表を簡単に作成できるだけではなく、それをベースにした個別人事の検討を行うこともできます。人事関係者は、データ分析においてピボットテーブルを積極的に使い、その活用方法をマスターしておくようにしましょう。

［**図表3−7**］のピボットテーブルにおいて、列に入力した「管理／一般の区分」を「雇用区分（正社員、パートタイム労働者などの区分）」に置き換えて集計すれば、正社員比率が算出できます。また、行に入力した「性別」を「部門名（直接業務従事者と間接業務従事者の区分）」に置き換えて集計すれば、直間比率が算出できます。

図表3−7 労務構成の指標と人事管理上の問題との関係性

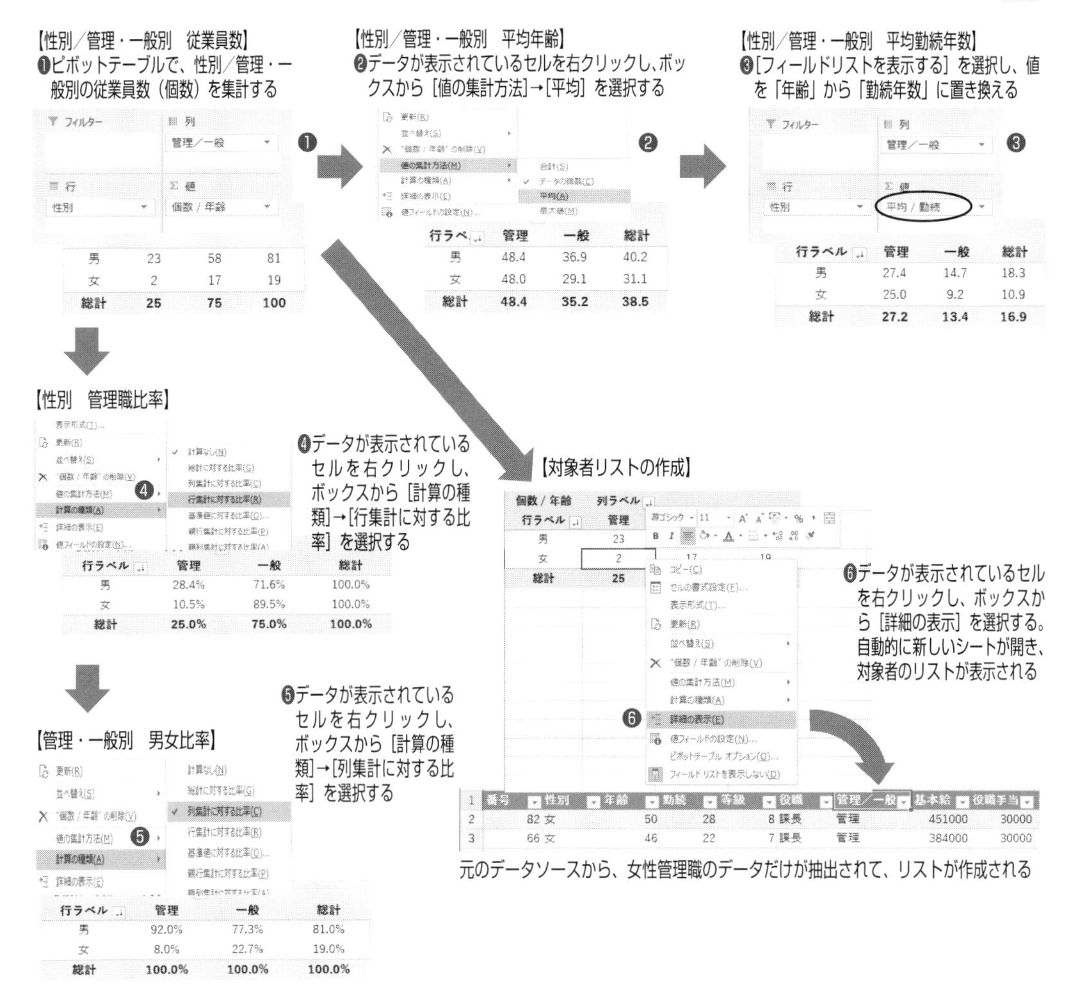

4 年齢分布、勤続年数分布の分析

年齢や勤続年数の構成を分析するときには、平均値と合わせて、散らばり（分布）を見ることも重要です。年齢の分布を見るツールとしては「ピラミッドグラフ」が、勤続年数の分布を見るツールとしては「（年齢を横軸、勤続年数を縦軸に設定した）散布図」が適しているので、その作成方法と見方について説明します。

（1）年齢別ピラミッドグラフの作成方法とチェックポイント

ピラミッドグラフとは、年齢別、性別に従業員数を示した横棒グラフです［**図表3−8**］。若年層が多く、高年齢者が少ない構成で、男女がほぼ同数であれば、グラフがピラミッド型になるため、そのように呼ばれています。人口統計などに使われることが多いので、目にしたことがある人も多いでしょう。

図表3−8　ピラミッドグラフの例（サンプルデータの年齢階級別人員分布）

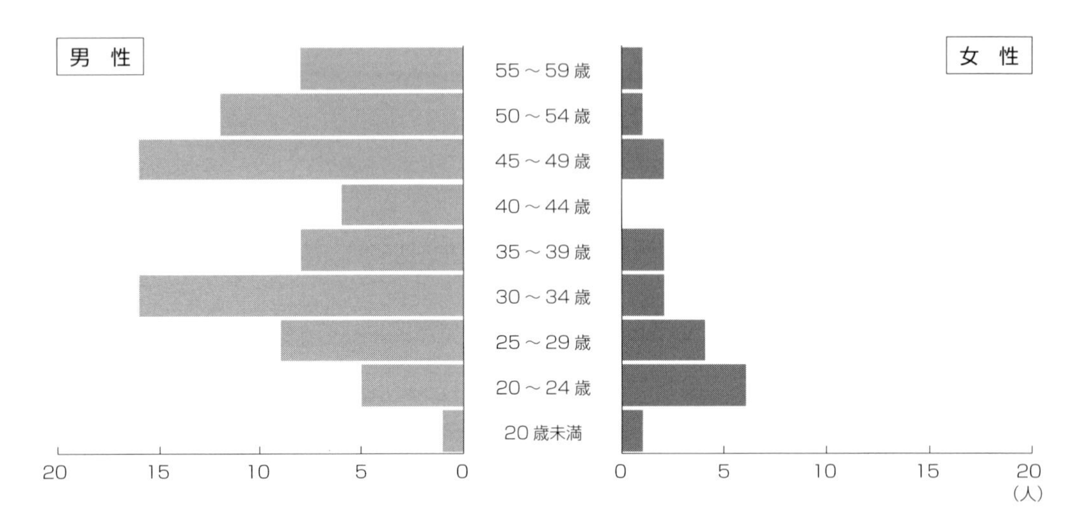

Excelでピラミッドグラフを作成する場合は、［**図表2−9**］の要領で男女それぞれのヒストグラムを作成し、横棒グラフに修正した上で、二つのヒストグラムを貼り合わせます（他の作成方法もありますが、［**図表3−9**］に示す方法が最も簡単だと思われます）。

ピラミッドグラフは、図の形状（「ピラミッド型か、逆三角形型か」あるいは「寸胴型か、くびれがあるか」など）がチェックポイントになります。図の形状から年齢構成の特徴を直観的に把握し、その年齢構成によって引き起こされている問題について考察します。

例えば、［**図表3−8**］の場合、「40～44歳」でグラフがくびれている（この年齢層の従業員が少ない）ことが分かります。そこから、「40～44歳の従業員数が少ない」という年齢構成によって、「管理職の人材不足などの問題が引き起こされている」という仮説が構築できます。

（2）年齢別勤続年数散布図のチェックポイント

「従業員の平均勤続年数が短い」といっても、「新卒入社の20代の若手社員が多い会社」と「中高年齢層で短い勤続年数の者が多い会社」では、置かれている状況はまったく異なったものとなります。したがって、勤続年数の分布は、年齢との関係性も意識しながら見る必要があり、分析ツールとしては「年齢別勤続年数散布図」が適しています［**図表3−10**］。

「年齢別勤続年数散布図」は、［**図表2−12**］の年齢別賃金分布図の「賃金」のデータを「勤続年数」に置き換えれば作成できます。

［**図表3−10**］の散布図で、年齢18歳を起点として年齢1歳ごとに勤続年数が1年ずつ上昇する直線上の点は、高卒新卒で入社した後に継続勤務している従業員のデータ、22歳を起点として同じく右上に伸びる直線上の点は、大卒新卒で入社した後に継続勤務している従業員のデータを、それぞれ示しています。また、これらの直線よりも下にプロット

図表3−9　ピラミッドグラフの作成

Step 1　年齢別のヒストグラムを男女別に作成します

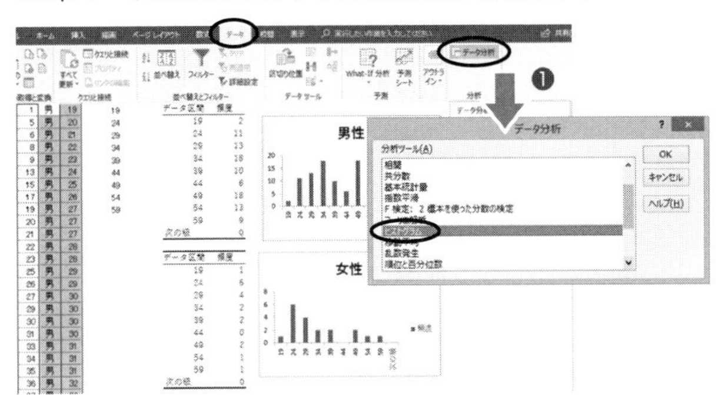

❶［図表2−9］の要領で男女それぞれのヒストグラムを作成します。
なお、従業員数が少ないために、1歳刻みではグラフの形状が現れてこない場合は、この例のように、年齢階級を5歳刻みとしてください。

Step 2　ヒストグラムを横棒グラフに変更します

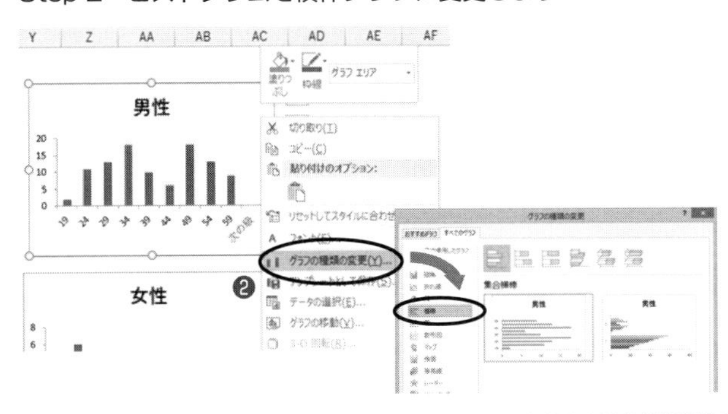

❷男性のヒストグラムを右クリックし、表示されたボックスから［グラフの種類の変更］→［横棒］を選択します。
女性のヒストグラムについても、同様の操作で横棒グラフに変更してください。

Step 3　左側に位置するグラフの横軸を反転させます

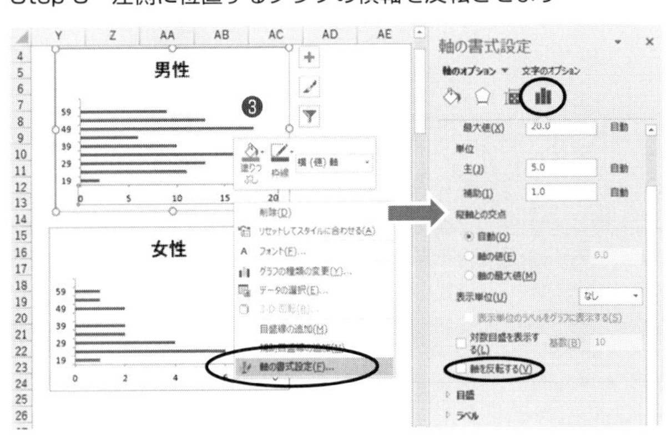

❸ピラミッドグラフの左側に表示する横棒グラフ（この場合は、男性のグラフ）の左右を反転させます。
男性の横棒グラフの横軸を右クリックし、表示されたボックスから［軸の書式設定］→［軸のオプション］を選択し、［軸を反転する］にチェックを入れます。

Step 4　二つのグラフを貼り合わせて、整理します

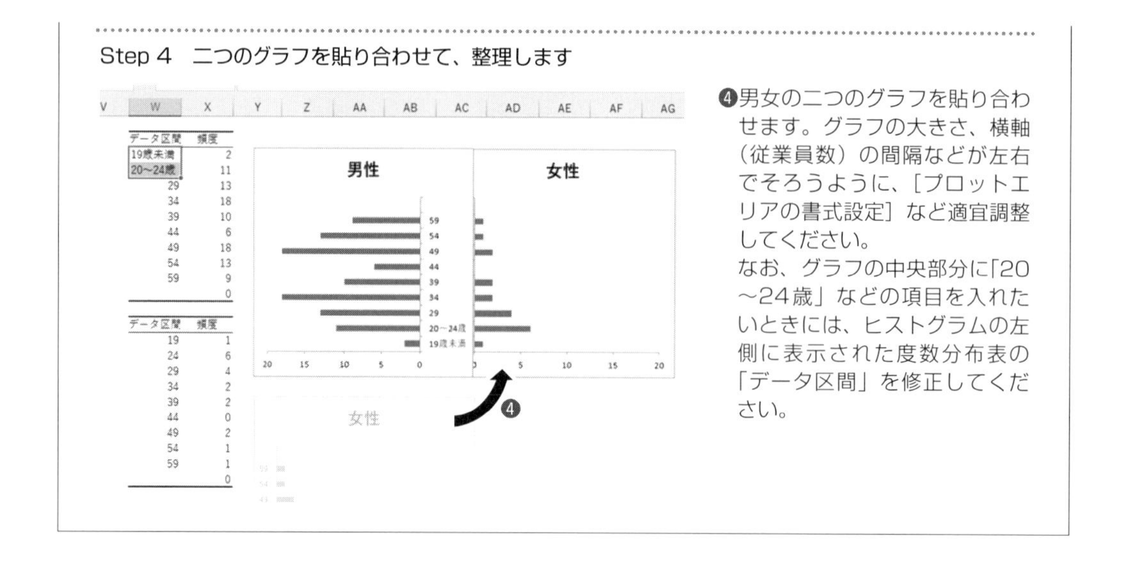

❹男女の二つのグラフを貼り合わせます。グラフの大きさ、横軸（従業員数）の間隔などが左右でそろうように、［プロットエリアの書式設定］など適宜調整してください。
なお、グラフの中央部分に「20～24歳」などの項目を入れたいときには、ヒストグラムの左側に表示された度数分布表の「データ区間」を修正してください。

図表3—10　年齢別勤続年数散布図の例（サンプルデータの年齢別勤続年数散布図）

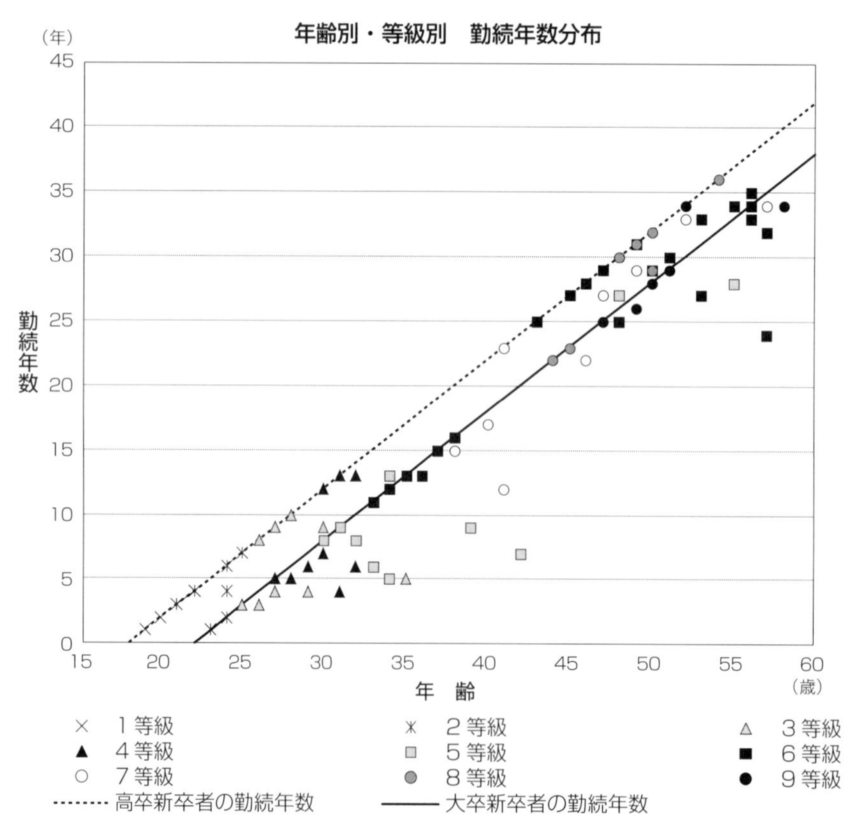

された点は、中途採用で入社した従業員のデータを示しています。

勤続年数（縦軸）ごとに点の多さを見れば、何年ぐらい在籍している従業員が多いのか、あるいは少ないのかが分かります。

［**図表3−10**］を見ると、勤続年数5年以下、および25年以上の従業員が多く、一方、勤続20年辺りには、ほとんど従業員がいないことが分かります。また、人材の調達は、新卒採用を中心に行われていて、中途採用をあまり行っていないこと（あるいは、中高年齢者の中途採用を行ったものの、それらの者は既に退職してしまったこと）が推察されます。

これらのことから、「勤続5年以下の若年層と勤続25年以上の中高年齢層との“つなぎ役”がいないため、職場のコミュニケーションに支障が生じている」、または「新卒者を十分に採用できなかった年、あるいは新卒者が早期退職してしまった年があると、その15〜20年後には管理職の人材不足が発生する」などの問題があると考えられます。

5 労務構成の時系列分析

自社の現在の労務構成を把握したら、直近数年度分の労務構成の指標を算出して、それぞれの指標の推移を見てみましょう。

例えば、正社員比率や管理職比率が直近5年度で一貫して増加していれば、「人件費分負担が重くなり、利益を圧迫している」という問題が発生している可能性があります。損益計算書などで人件費や利益の推移も見て、このような問題が生じていないかどうか確認してみましょう。また、これとは逆のアプローチになりますが、「年々、人件費負担が重くなってきている」という問題意識を持っているときに、正社員比率や管理職比率の増加傾向が判明すれば、そこに問題の一因があるという仮説を立てることができるでしょう。

なお、正社員比率や管理職比率などの「分数」で示される指標について時系列分析を行う場合は、基本的には、指標の元になったデータ（分子と分母のデータ）に立ち戻って、それらの増減を調べることが必要になります。

［**図表3−11**］は、現在の労務構成と過去5年間の正社員比率が同じである二つのパターンを示しています。これを見れば、「正社員数が増加した場合」と「正社員数は減少したが、それを上回るペースで非正規社員数が減少した場合」とでは、状況がまったく異なっていることが分かります。前者のような状況であれば、［**図表3−6**］に示したとおり、「正社員比率の増加→人件費の増加」という問題が発生している可能性が大きいですが、後者のような状況であれば、「（従業員の大幅な減少に伴う）人件費の減少」という逆の傾向が現れていると考えられます。

正社員比率などの時系列分析の結果を導き出そうとするときには、それらの指標の分子と分母のデータに立ち戻り、それぞれのデータの増減をつかむと同時に、その増減が会社にとって望ましいものか、どのようにして生じたものか（何らかの施策によって生じたものか、なりゆきで発生したのか）などを考察することが必要です。

図表3－11　労務構成の指標と人事管理上の問題との関係性

（単位：人）

【ケース①】
正社員数が増加したケース

正社員比率＝ 正社員数 / 全従業員数 ×100（%）

		5年前	4年前	3年前	2年前	1年前	現在
	正社員数	100	105	110	115	120	130
	非正規社員数	50	50	50	50	50	50
全従業員数		150	155	160	165	170	180
正社員比率		67%	68%	69%	70%	71%	72%

【ケース②】
正社員数は減少したが、それを上回るペースで非正規社員数が減少したケース

		5年前	4年前	3年前	2年前	1年前	現在
	正社員数	140	138	136	134	132	130
	非正規社員数	70	66	62	58	55	50
全従業員数		210	204	198	192	187	180
正社員比率		67%	68%	69%	70%	71%	72%

上記二つのケースは、現在の従業員構成、および過去５年間の正社員比率は同じであるが、置かれている状況は大きく異なるものである（①は事業拡大に伴い正社員を増やしている状況で、②は事業縮小に伴い非正規社員のリストラを行っている状況である）。
この例が示すとおり、分数（比率・割合）で示された指標を時系列分析するときには、元のデータから分子、分母の動きを捉えないと、どのような状況にあるかが分からず、的確な判断もできない。

図表3－12　労務構成の時系列分析ワークシート

（単位：人）

			5年前（　年度）	4年前（　年度）	3年前（　年度）	2年前（　年度）	1年前（　年度）	現在（　年度）
正社員	管理職	①						
	一般社員	②						
	小計	③＝①＋②						
非正規社員	契約社員（専門職）	④						
	嘱託社員（定年再雇用者）	⑤						
	パートタイム労働者	⑥						
	臨時労働者（期間工、アルバイト）	⑦						
	派遣社員（受け入れ）	⑧						
	小計	⑨＝④～⑧の合計						
従業員数　合計		⑩＝③＋⑨						
直接業務従事者数（製造部門、販売部門など）		⑪						
間接業務従事者数（管理部門、研究部門など）		⑫						

正社員　平均年齢(歳)							
正社員　平均勤続年数(年)							
正社員比率(%)	③÷⑩×100(%)						
管理職比率(%)	①÷③×100(%)						
直間比率(%)	⑫÷⑪×100(%)						

時系列分析においては、過去5年分のデータは必要です。2、3年分の指標の動きを見ただけでは、それが傾向として発生したものか、一時的に発生したものか判断がつかないからです。

労務構成の時系列分析では、労務構成に関する指標の動きを見ることによって「何が起こっているのか」「それによって、どのような問題が発生しているのか」を明らかにします。[**図表3－12**］に自社の数値を入れて、自社の労務構成の時系列分析を行ってみましょう。

6 労務構成に関する指標の統計データとの比較

厚生労働省などが実施する統計調査においても、労務構成に関するデータが集計され、その結果がインターネット上で公表されています［**図表3－13**］。これらの統計データと自社の数値を比較して、自社の労務構成上の特徴などを把握し、そこから人事管理上の問題を抽出することもできます。

図表3－13　平均年齢、平均勤続年数の統計データの入手

<同じ産業の平均年齢、平均勤続年数のデータを入手する場合>

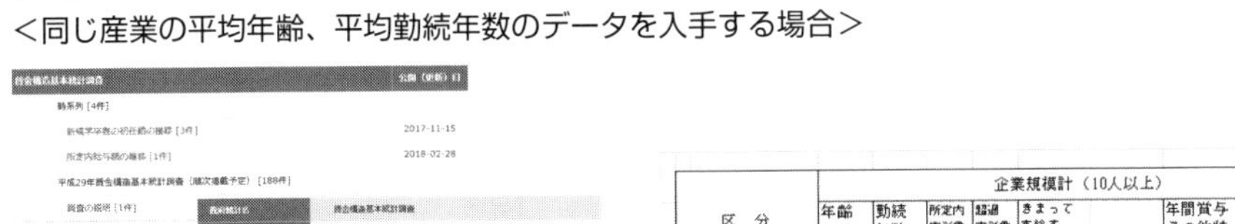

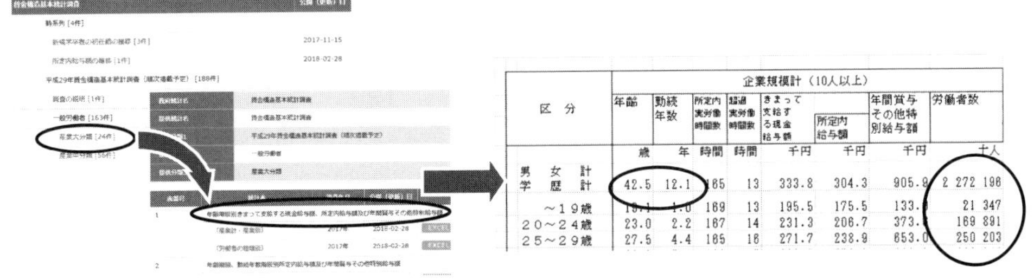

厚生労働省「賃金構造基本統計調査」から入手したい産業を選択し、「年齢階級別きまって支給する現金給与額、所定内給与額及び年間賞与その他特別給与額」を閲覧する。なお、勤続年数階級別の労働者数は「年齢階級、勤続年数階級別所定内給与額及び年間賞与その他特別給与額」に掲載されている。

<特定の会社の従業員の平均年齢、平均勤続年数を入手する場合>

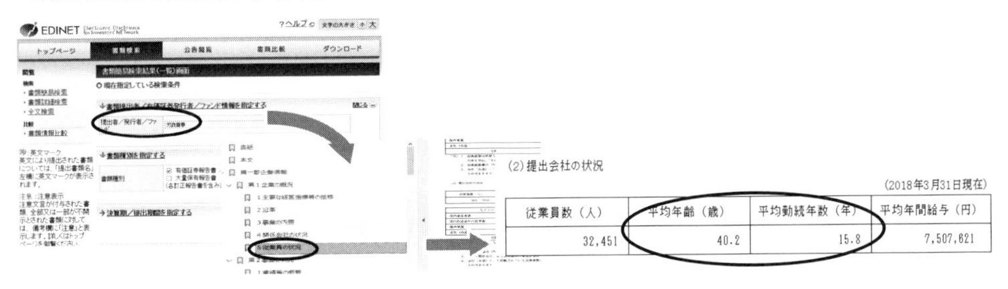

金融庁「EDINET」の書類検索画面から、データを見たい会社の有価証券報告書を閲覧する。有価証券報告書の「第1部　企業情報　第1　企業の概況」の「従業員の状況」を見れば、その会社の従業員の平均年齢、平均勤続年数のデータが入手できる。

労務構成に関する指標は、次の統計調査で集計されています。

(1) 平均年齢、平均勤続年数

厚生労働省「賃金構造基本統計調査」には、産業別、性別などに集計した労働者の年齢や勤続年数の平均値が掲載されています。また、年齢階級、勤続年数階級別に集計した調査結果を見れば、5歳刻みの年齢、あるいは2～5年刻みの勤続年数の階級ごとに労働者数が掲載されているので、データの分布状況も把握できます。

なお、株式を上場している会社であれば、「有価証券報告書(上場会社が、事業年度ごとに、経営概況や財務諸表などを開示する資料)」を見れば、その会社の従業員数および平均年齢、勤続年数などが分かります。有価証券報告書は、金融庁が運営する「EDINET(金融商品取引法に基づく有価証券報告書等の開示書類に関する電子開示システム)」の書類検索のサイトから、無料で閲覧または入手できます。

(2) 正社員比率

正社員比率(総従業員のうち正社員が占める比率)は、次の統計データから、正社員数と非正規社員数(パートタイム労働者や嘱託社員などの人数の合計)などを入手して算出します。

- 厚生労働省「雇用の構造に関する実態調査」(「就業形態の多様化に関する総合実態調査」、または「パートタイム労働者総合実態調査」、いずれも不定期調査)
- 総務省統計局「労働力調査」(基本集計の結果概要(速報)より「第6表　雇用形態別役員を除く雇用者数」)
- 経済産業省「企業活動基本調査」(最新の調査結果の概要より「付表3　産業別、常時従業者数の内訳[正社員、パート別]、受け入れ派遣従業者数」)

上記のうち、厚生労働省「雇用の構造に関する実態調査」が、非正規社員がパートタイム労働者、嘱託社員などに細分化されており、また産業別に集計されているため、人事関係者にとって最も使いやすいデータといえます。ただし、この調査は、年によっては正社員比率の集計が行われないこともあり、最新の正社員比率のデータでも、数年前のものになってしまうことがあります(2018年10月時点で入手できる最新のデータは、「就業形態の多様化に関する総合実態調査」が2014年のもの、「パートタイム労働者総合実態調査」は2016年のものになります)。

「就業形態の多様化に関する総合実態調査」では、就業形態を次のように定義しています。この統計調査のデータと自社の正社員比率などを比較するときには、下記の定義に合わせて、自社の就業形態別の従業員数を算出することが必要です。

①正社員…雇用されている労働者で雇用期間の定めのない者のうち、他企業への出向者などを除いたいわゆる正社員をいう。
②出向社員…他企業より出向契約に基づき出向してきている者をいう。出向元に籍を置いているかどうかは問わない。
③契約社員(専門職)…特定職種に従事し、専門的能力の発揮を目的として雇用期間を定

めて契約する者をいう。「特定職種」とは、例えば、科学研究者、機械・電気技術者、プログラマー、医師、薬剤師、デザイナーなどの専門職種をいう。
④嘱託社員（再雇用者）…定年退職者等を一定期間再雇用する目的で契約し、雇用する者をいう。グループ企業の退職者を含む。
⑤パートタイム労働者…常用労働者のうち、フルタイム正社員より1日の所定労働時間が短いか、1週間の所定労働日数が少ない者をいう。
⑥臨時労働者…常用労働者に該当しない労働者（雇用契約期間が日々または1カ月以内の労働者のうち、特定の二つの月に雇われた日数が、いずれかの月において17日以下である者）をいう。
⑦派遣労働者（受け入れ）…労働者派遣法に基づき派遣元事業所から派遣されてきている労働者をいう。

［**図表3−14**］は、「就業形態の多様化に関する総合実態調査」（2014年）に掲載されている就業形態別労働者割合のデータです。これを見ると、正社員比率（［**図表3−14**］の正社員の数値）は、全産業では「60.0％」になっていますが、「宿泊業、飲食サービス業」の29.7％から「電気・ガス・熱供給・水道業」の87.8％まで、産業によって大きく異なっていることが分かります。

正社員比率に限らず、労務構成や生産性に関わる指標は、一般的に、産業や事業規模によって大きく異なります。したがって、これらの指標について、自社の数値と統計データとの比較を行う場合には、自社と同じか、最も近い産業や規模のデータと比較することが必要です。

また、統計データの数値は、世間の代表値（ほとんどの場合は平均値）を示しているので、それは事業を運営する上での「最適値」ではありません。ですから、自社の経営指標と統計データとの間に乖離（かいり）がある場合、自社の数値を統計データに近づけようとすることは、必ずしも正しいこととはいえません。例えば、自社の事業が問題なく運営されており、自社の正社員比率が統計データに比べて低い状態にあるときに、わざわざ、自社の数値を統計データ（世間水準）に近づける必要はありません。

経営指標の統計データとの比較は、「自社の数値が世間水準と乖離しており、その状態が、自社が抱える問題の要因になっていると考えられるとき」に行われるべきで、また、統計データは、「自社を業界内の平均的な会社とするときの目安になる数値」くらいに捉えておきましょう。

就業形態別労働者割合を可視化して捉えるときには、バブルチャート（点の代わりに円で示した散布図で、円の大きさがデータの大きさ、個数などを表す）を使って雇用ポートフォリオを作成します。［**図表3−15**］は、製造業と宿泊業・飲食サービス業の就業形態別労働者割合を、横軸に「雇用期間の長短」、縦軸に「専門性の高低」を設定した雇用ポートフォリオを使って表示したものです。これを見れば、宿泊業・飲食サービス業は、製造業と比較すると、雇用期間が短く、専門性が低い労働者（パートタイム労働者や臨時

図表3−14 産業別・就業形態別労働者割合

（単位：%）

男女計 産業・事業所規模・企業規模	全労働者	正社員	正社員以外の労働者							
				出向社員	契約社員（専門職）	嘱託社員（再雇用者）	パートタイム労働者	臨時労働者	派遣労働者（受け入れ）	その他
総数	100.0	60.0	40.0	1.2	3.5	2.7	23.2	1.7	2.6	5.2
鉱業、採石業、砂利採取業	100.0	82.2	17.8	2.3	1.1	5.1	3.1	1.1	1.5	3.7
建設業	100.0	80.0	20.0	1.9	2.0	3.2	2.7	3.8	2.7	3.8
製造業	100.0	71.8	28.2	1.5	2.0	3.2	11.1	0.5	4.7	5.3
電気・ガス・熱供給・水道業	100.0	87.8	12.2	1.3	1.1	4.5	2.4	0.4	1.3	1.3
情報通信業	100.0	75.9	24.1	3.4	4.4	1.8	3.9	0.4	7.9	2.2
運輸業、郵便業	100.0	66.3	33.7	1.3	3.3	4.6	13.7	0.9	3.6	6.3
卸売業	100.0	75.0	25.0	2.4	2.9	3.0	11.1	0.6	2.5	2.5
小売業	100.0	36.2	63.8	0.7	2.6	1.6	49.0	2.0	0.9	7.1
金融業、保険業	100.0	73.0	27.0	1.4	1.7	3.7	11.3	0.3	4.6	4.0
不動産業、物品賃貸業	100.0	66.8	33.2	2.4	4.0	3.5	15.8	1.1	2.4	4.0
学術研究、専門・技術サービス業	100.0	74.9	25.1	1.9	4.6	3.3	7.3	1.0	3.5	3.6
宿泊業、飲食サービス業	100.0	29.7	70.3	0.3	2.4	0.9	59.3	2.6	0.6	4.3
生活関連サービス業，娯楽業	100.0	49.3	50.7	0.4	3.4	2.3	31.3	3.4	1.7	8.1
教育、学習支援業	100.0	62.8	37.2	0.2	7.8	2.6	17.6	3.3	0.9	4.7
医療、福祉	100.0	63.8	36.2	0.3	4.7	1.8	23.3	0.8	1.0	4.4
複合サービス事業	100.0	74.1	25.9	0.2	1.5	2.4	9.4	1.2	0.6	10.6
サービス業（他に分類されないもの）	100.0	46.4	53.6	2.2	6.1	4.9	25.8	3.4	3.4	7.8

資料出所：厚生労働省　「就業形態の多様化に関する総合実態調査」（2014年）
※上表では、「卸売業」と「小売業」を区分けして表示した。

労働者など）の割合が大きいことが分かります。

ここでは「雇用期間と専門性」を軸に置いたポートフォリオを作成しましたが、ほかにも、所定労働時間、業務の難易度、業務の継続性などを軸に置くことが可能です。なお、どのような軸を置くとしても、それぞれの就業形態の点数（軸のどこに位置づけるのか）は、分析者が決めることになります。自社が雇用する人材の特徴を表現しやすいように、ポートフォリオの軸を設定するとよいでしょう。

Excelで、バブルチャートを使った雇用ポートフォリオの作成方法は［**図表3−16**］のとおりです。

(3) 管理職比率

管理職比率（正社員に占める管理職の比率）の高低も、その会社の事業運営に大きな影響を与えます。管理職比率が高い場合は、賃金が高い管理職の数が多く、人件費負担が重

図表3−15 製造業および宿泊業・飲食サービス業の雇用ポートフォリオ

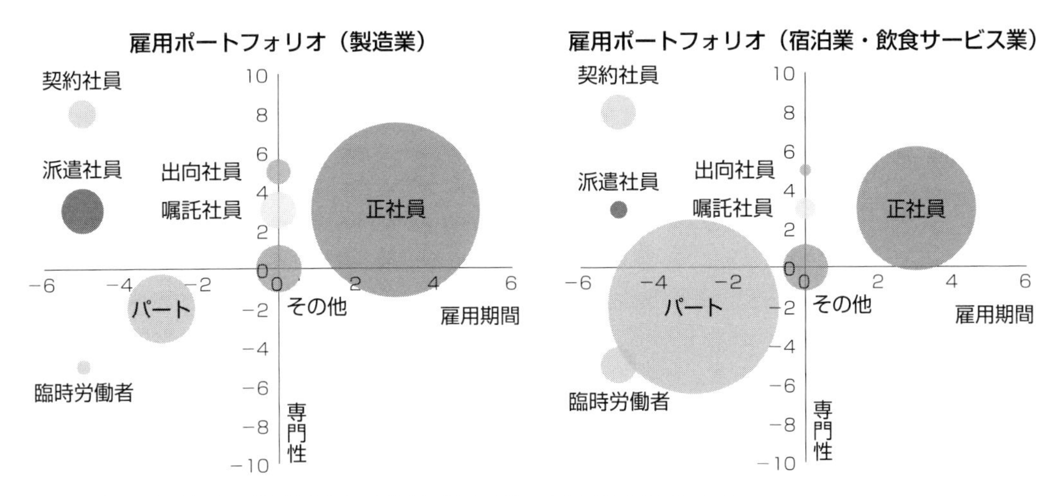

資料出所：厚生労働省 「就業形態の多様化に関する総合実態調査」（2014年）
※各就業形態の「雇用期間の長短」と「専門性の高低」は、著者が−10〜10の範囲で採点した（正社員は［3、3］、パートは［−3、−2］など）。

くなっている可能性があります。一方、管理職比率が低い場合は、マネジメントを行う者が少なく、組織管理に支障を来している可能性があります。管理職比率を統計データと比較することによって、管理職比率の高低と自社が抱えている問題との関連性について仮説を構築することができます。

管理職比率の世間水準は、厚生労働省「賃金構造基本統計調査」の「役職別」の集計結果に表示されている役職ごとの労働者数から算出します。なお、この統計調査における役職は、「部長級、課長級、係長級、職長級（鉱業、採石業、砂利採取業、建設業、製造業のみ）」に区分されており、それぞれの定義は「調査の説明・役職及び職種解説」に記載されています。

この統計データを使う場合、管理職比率は、次の算式で計算します。

管理職比率(%)＝(部長級労働者数＋課長級労働者数) ÷ (全役職の労働者数＋非役職の労働者数) ×100

主な産業の管理職比率は［**図表3−17**］のとおりです。

なお、各役職、非役職者の労働者数から「1人の部長が管理している課長の人数（＝課長の労働者数÷部長の労働者数）」および「1人の課長が管理している一般社員の人数（＝一般社員の労働者数÷課長の労働者数）」が算出できます。この算出方法を用いて、建設業、製造業、卸売・小売業の平均的な組織階層モデルを作成すると、［**図表3−18**］のようになります。自社の組織階層や管理職数を検討するときには、管理職比率以外に、このようなモデルも参考にするとよいでしょう。

図表3−16 バブルチャートを使った雇用ポートフォリオの作成

Step 1　就業形態別のデータを入力します

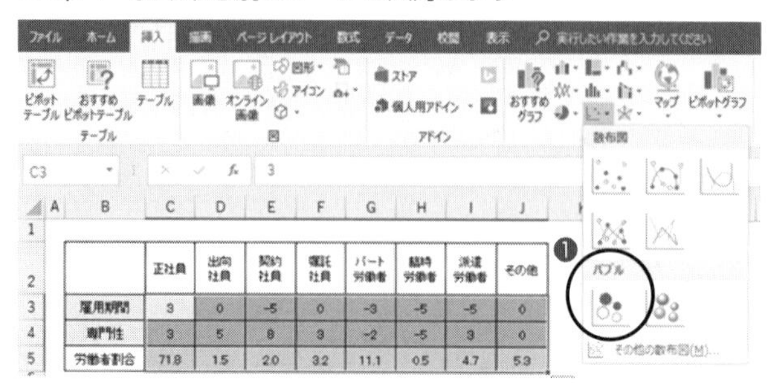

	正社員	出向社員	契約社員	嘱託社員	パート労働者	臨時労働者	派遣労働者	その他
雇用期間	3	0	−5	0	−3	−5	−5	0
専門性	3	5	8	3	−2	−5	3	0
労働者割合	71.8	1.5	2.0	3.2	11.1	0.5	4.7	5.3

❶ワークシートに、各就業形態の雇用期間、専門性（ともに、分析者が位置づけた点数）および労働者割合（人数でも可）を入力します。
数値が入力されたセル範囲を指定した状態で、［挿入］タブ→［グラフ］→［散布図］→［バブル］を選択します。

Step 2　円の大きさを調整します

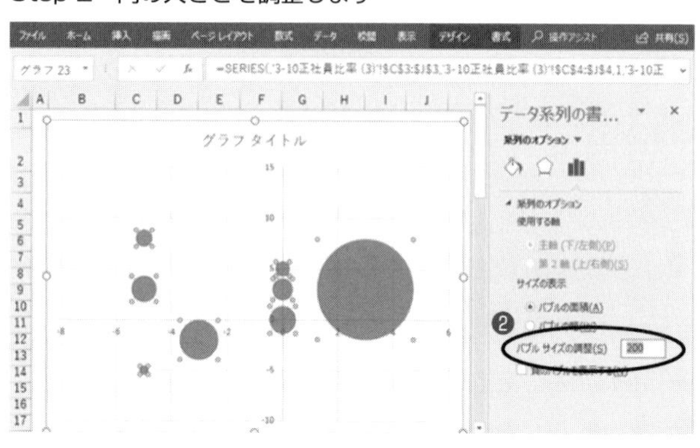

❷雇用ポートフォリオが表示されました。円の大きさを変える場合は、任意の円を右クリックし、表示されたボックスから［データ系列の書式設定］を選択します。書式設定から［系列のオプション］を選択し、［バブルサイズの調整］の数値を修正します。

Step 3　見やすくなるように加工します

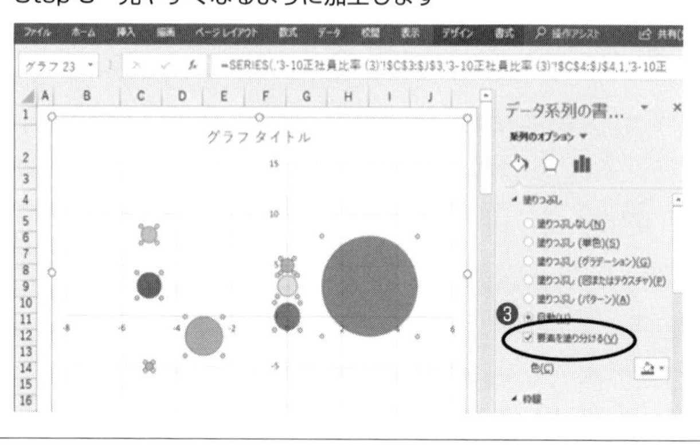

❸就業形態ごとに円を色分けする場合は、［データ系列の書式設定］→［塗りつぶしと線］を選択し、「要素を塗り分ける」にチェックを入れます。
テキストボックスなどを使って、就業形態や軸の内容を記入して、雇用ポートフォリオを見やすくなるように加工します。

図表3−17　管理職比率の算出方法および主な産業の管理職比率

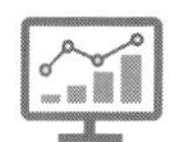

「賃金構造基本統計調査」役職別のデータ

区　分	年齢	勤続年数	所定内実労働時間数	超過実労働時間数	きまって支給する現金給与額	所定内給与額	年間賞与その他特別給与額	労働者数
	歳	年	時間	時間	千円	千円	千円	十人
部　長　級	54.2	27.3	164	1	650.1	648.8	3442.7	3 280
～１９歳	-	-	-	-	-	-	-	-
２０～２４歳	23.5	2.5	180					

各役職、非役職の労働者数を入手する

部長級	32,800
課長級	61,960
係長級	41,030
職長級	18,400
非役職	333,440

管理職比率：19.4%

労働者数から管理職比率を算出する

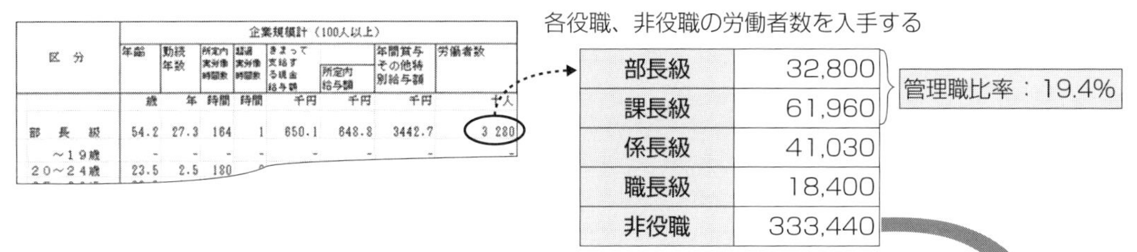

（単位：人）

	管理職			非管理職			全労働者合計	管理職比率
	部長級	課長級	小計	係長級	職長級	非役職		
建設業	32,800	61,960	94,760	41,030	18,400	333,440	487,630	19.4%
製造業	93,520	255,310	348,830	241,860	199,060	2,597,260	3,387,010	10.3%
卸売・小売業	69,430	205,360	274,790	157,480	0	1,456,120	1,888,390	14.6%
金融業、保険業	25,310	78,010	103,320	39,790	0	639,720	782,830	13.2%
宿泊業、飲食サービス業	6,290	14,410	20,700	15,380	0	174,240	210,320	9.8%
医療、福祉	36,510	75,180	111,690	87,560	0	1,919,630	2,118,880	5.3%

資料出所：厚生労働省「賃金構造基本統計調査」(2017年）のデータを用いて著者が作成。
※管理職は、部長級と課長級とし、係長級、職長級は含まない。

図表3−18　役職別労働者数から作成した組織階層モデル

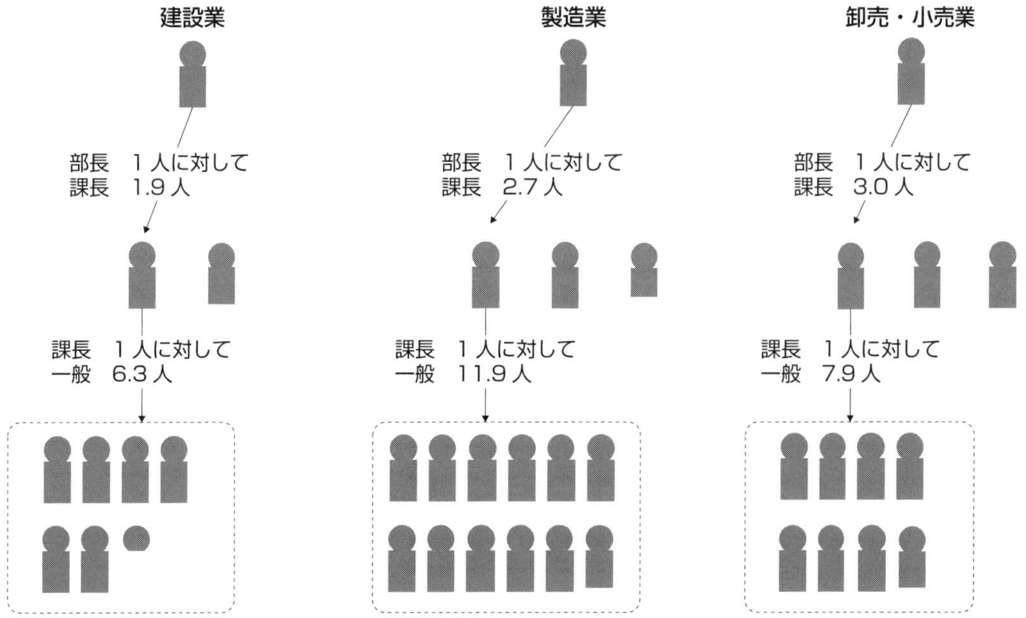

建設業
部長　1人に対して
課長　1.9人
課長　1人に対して
一般　6.3人
製造業
部長　1人に対して
課長　2.7人
課長　1人に対して
一般　11.9人
卸売・小売業
部長　1人に対して
課長　3.0人
課長　1人に対して
一般　7.9人

資料出所：厚生労働省「賃金構造基本統計調査」(2017年）の役職別労働者数を用いて著者が作成。

（4）直間比率

直間比率とは、企業の生産・営業活動に直接的に関わる職務を担当する従業員（直接人員）と生産・営業活動に直接的に関わらない職務を担当する従業員（間接人員）との比率です。ここでは、「直間比率（%）＝間接人員÷直接人員×100」という算式により求めます。なお、これとは異なる算式（例えば、間接人員÷総従業員数×100など）で直間比率を計算している会社もありますが、その場合は、ここで紹介している数値などを自社の計算方法に当てはめて再計算してみてください。

直接人員と間接人員の労働者数は、次の統計データから入手できます。

●厚生労働省「賃金構造基本統計調査」の「一般労働者　産業大分類（または産業中分類)」から「労働者の種類別」の労働者数を使って算出する。

●経済産業省「企業活動基本調査」確報の第8表「産業別、企業数、事業組織別従業者数」から部門別の従業者数を使って算出する。

上記のうち「賃金構造基本統計調査」は、「鉱業・採石業・砂利採取業」「建設業」および「製造業」の3産業しか掲載されていないため、ここでは「企業活動基本調査」を使った直間比率の業界水準の算出方法を説明します。

「企業活動基本調査」の「産業別、企業数、事業組織別従業者数」では、次の三つの区分で、常時従業員数が表示されています。

①本社・本店の本社機能部門（調査・企画部門、研究開発部門など）
②本社・本店の現業部門（製造部門、商業事業部門など）
③本社・本店以外の部門（製造事業所、商業事業所、研究所など）

そこで、②と③（ただし、研究所を除く）の従業者を直接人員、①と③の研究所の従業者を間接人員として、両者の従業者数を算出すれば、そこから産業ごとの直間比率が分かります。

主な産業の直間比率を「企業活動基本調査」から算出すると、［**図表3－19**］のようになります。

自社の直間比率が統計データよりも高ければ、現業部門の人員に対して本社機能や開発部門の人員が多いことになります。なお、このような結果が出てきたとしても、必ずしも「自社の事業運営が非効率的である」とはいえません。例えば、商品開発を中心に行い、製造・販売を他社に委託しているメーカーの場合、製造業の平均値と比べて、当然に間接部門比率は高くなります。

会社によっては、直接人員や間接人員の捉え方が、ここで説明したものと異なっている場合があります（例えば、本社・本店の商業部門は、間接人員としてカウントする会社もあります）。「企業活動基本調査」には、部門ごとに常時従業者数が細かく表示されていますから、自社の直間比率の捉え方に合うように集計方法をアレンジしてデータ分析を行うとよいでしょう。

図表3−19 直間比率の算出方法および主な産業の直間比率

経済産業省「企業活動基本調査」確報の第８表「産業別、企業数、事業組織別従業者数」

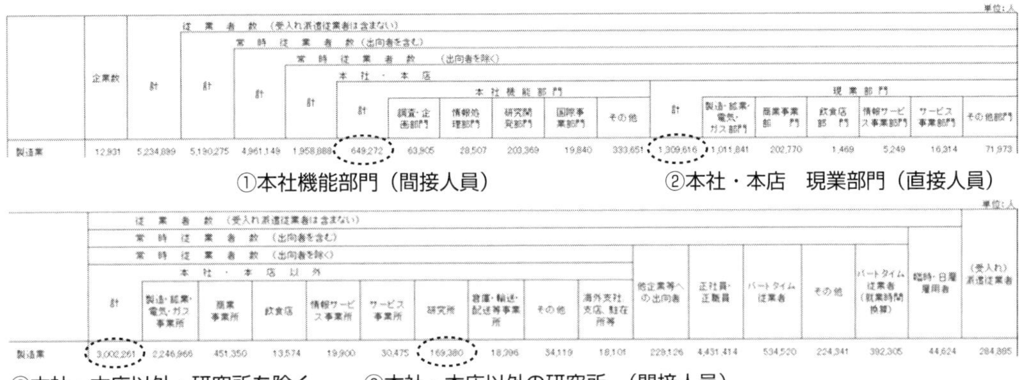

単位：人

	企業数	従業者数（受入れ派遣従業者は含まない） 計	常時従業者数（出向者を含む） 計	常時従業者数（出向者を除く） 計	本社・本店 計	本社機能部門 計	調査・企画部門	情報処理部門	研究開発部門	国際事業部門	その他	現業部門 計	製造・鉱業・電気・ガス部門	商業事業部門	飲食店部門	情報サービス事業部門	サービス事業部門	その他部門
製造業	12,931	5,234,889	5,190,275	4,961,149	1,958,888	649,272	63,905	28,507	203,369	19,840	333,651	1,309,616	1,011,841	202,770	1,469	5,249	16,314	71,973

①本社機能部門（間接人員）　②本社・本店　現業部門（直接人員）

単位：人

	本社・本店以外 計	製造・鉱業・電気・ガス事業所	商業事業所	飲食店	情報サービス事業所	サービス事業所	研究所	倉庫・輸送・配送等事業所	その他	海外支社、支店、駐在所等	他企業等への出向者	正社員・正職員	パートタイム従業者	その他	パートタイム従業者（就業時間換算）	臨時・日雇雇用者	（受入れ）派遣従業者
製造業	3,002,261	2,246,966	451,350	13,574	19,900	30,475	169,380	18,396	34,119	18,101	228,126	4,431,414	534,520	224,341	392,305	44,624	284,885

③本社・本店以外・研究所を除く（直接人員）　③本社・本店以外の研究所　（間接人員）

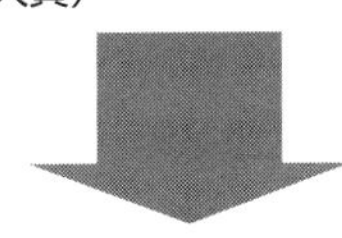

これらのデータを集計して、直接部門、間接部門の従業者数を算出する

産業別　直接・間接人員と直間比率

（単位：人）

	直接人員（a）			間接人員（b）			直間比率
	本社・現業	本社以外・現業	合計	本社機能	研究所	合計	（b／a）
製造業	101	219	320	50	13	63	19.8%
卸売業	60	158	218	37	4	40	18.5%
小売業	46	813	859	39	0	40	4.6%
飲食サービス業	50	1,778	1,828	33	0	33	1.8%
サービス業（その他のサービス業を除く）	142	555	697	27	0	27	3.8%

資料出所：経済産業省「2016年 企業活動基本調査確報－2015年度実績－」のデータを用いて著者が作成。
※上表の人数は、常時従業者数を企業数で割って算出した「1企業当たりの従業者数」である。
　なお、常時従業者数は、パートタイム従業者等の非正規社員の人数も含んでいる。

■演習3

Excelのピボットテーブルを使い、30ページのサンプルデータについて、年齢別・等級別従業員分布表（横軸［列］に年齢、縦軸［行］に等級を設定して、年齢・等級ごとの従業員数を表示した表）を作成してください（下図参照）。年齢別・等級別従業員分布表から、次の質問に回答してください。

[年齢別・等級別　従業員分布表]

（単位：人）

等級＼年齢	19	20	21	22	23	24	25	26	27	28	29	30	31	32	33	34	35	36	37	38
9																				
8																				
7																				1
6															2	1	2	2	2	1
5												2	1	1	1	2				
4									1	1	2	2	3	2						
3							1	2	3	1	1	1					1			
2		2	2	1	2	3	1													
1	2	1																		
総計	2	3	2	1	2	3	2	2	4	2	3	5	4	3	3	3	3	2	2	2

等級＼年齢	39	40	41	42	43	44	45	46	47	48	49	50	51	52	53	54	55	56	57	58	総計
9									1		1	1	1	1						1	6
8						1	1		1	1	1	3				2					10
7		1	2					1	1		1			1					1		9
6					1		2	2	2	1	1	1	1		2		1	3	2		29
5	1			1						1							1				11
4																					11
3																					10
2																					11
1																					3
総計	1	1	2	1	1	1	3	3	5	3	4	5	2	2	2	2	2	3	3	1	100

※年齢・等級が交差するセルの数字は、その年齢・等級に属する従業員数を示す。

問1　管理職クラスのうち最も若い人は、何歳ですか。また、その年齢で管理職クラスに昇格する比率（昇格対象者の中で、実際に昇格する人の割合）は何%ですか。ただし、管理職クラスは、7等級以上の従業員とします。

問2　管理職クラス（7級）に昇格するまで、等級ごとの在級年数は、それぞれ何年ですか。最も短い在級期間で昇格するパターンで考えてください。

問3　来年度も、管理職クラスの最も若い年齢については、今年度と同じにしたいと考えています。来年度の最も年齢が若い管理職クラスの昇格候補者は何人で、それは、具体的に言えば誰ですか（昇格候補者の「番号」で答えてください）。

【演習3の解答】

Excelを使って年齢別・等級別従業員分布表を作成するときには、データ範囲を指定した状態で［挿入］→［ピボットテーブル］を選択し、［ピボットテーブルのフィールド］のボックスで［列］＝年齢、［行］＝等級、［値］＝番号と設定する。なお、［値］は、［値フィールドの設定］→［集計方法/個数］に変更する。表示されたピボットテーブルの等級の並び方を変更するときには、ピボットテーブルの行ラベルを右クリックし、表示されたボックスの［並び替え］で［降順］にする。

[ピボットテーブルの作成]

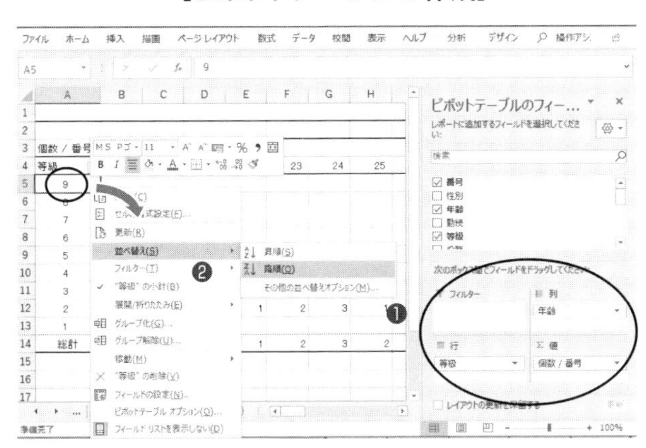

以上の操作で、次のような年齢別・等級別従業員分布表のピボットテーブルが表示される。

[表示された年齢別・等級別従業員分布表（ピボットテーブル）]

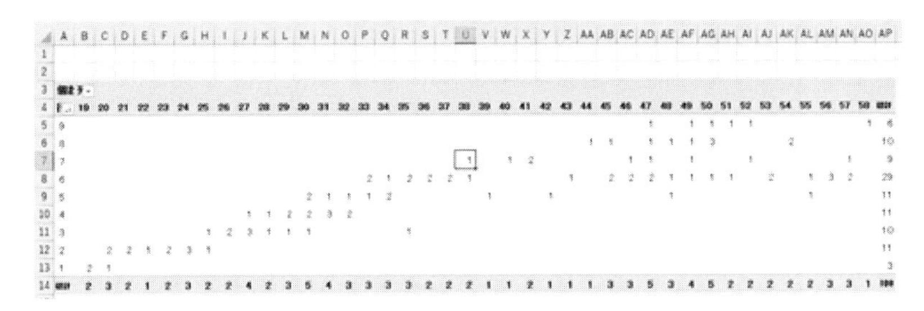

[illegible]	19	20	21	22	23	24	25	26	27	28	29	30	31	32	33	34	35	36	37	38
9																				
8																				
7																				1
6															2	1	2	2	2	1
5												2	1	1	1	2				
4									1	1	2	2	3	2						
3							1	2	3	1	1	1					1			
2		2	2	1	2	3	1													
1	2	1																		
[illegible]	2	3	2	1	2	3	2	2	4	2	3	5	4	3	3	3	3	2	2	2

[illegible]	39	40	41	42	43	44	45	46	47	48	49	50	51	52	53	54	55	56	57	58	[illegible]
9									1		1	1	1	1						1	6
8						1	1		1	1	1	3				2					10
7		1	2					1	1		1			1					1		9
6					1		2	2	2	1	1	1	1		2		1	3	2		29
5	1			1						1							1				11
4																					11
3																					10
2																					11
1																					3
[illegible]	1	1	2	1	1	1	3	3	5	3	4	5	2	2	2	2	2	3	3	1	###

問1　管理職クラス（7等級）のうち、最も左に位置するデータ（若い年齢）は「38歳」で、1人の従業員が存在する。そのセルを右クリックし、表示されたボックスから［計算の種類］→［列集計に対する比率］を選択すると、その年齢における各等級の構成比割合が算出される。38歳の従業員のうち7等級に昇格している従業員の割合は「50%」であり、この結果から、「37歳・6等級」の従業員のうち約50%が、1年後に7等級に昇格するものと推測できる。

[最も若い管理職のチェックと昇格率(同年齢における最上位等級の構成割合)の算出]

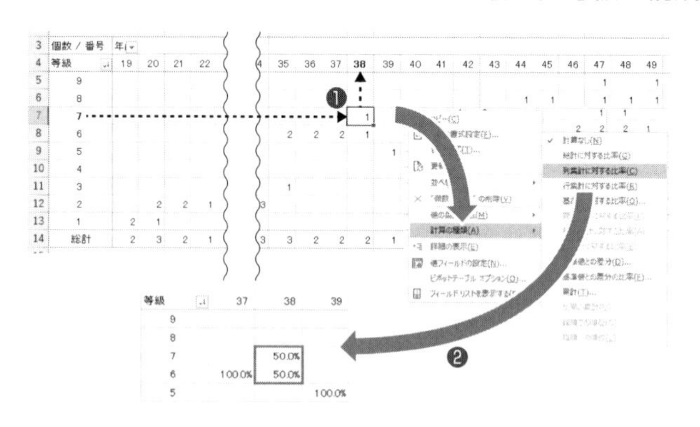

問2　各等級で最も若い年齢（短い在級年数で昇格するパターン）をチェックする。大卒新卒の入社年齢・等級の「22歳、2等級」を起点とすると、管理職クラス（7等級）に最も短い年数で昇格するパターンにおける各等級の在級年数は、次のとおりと考えられる。

2等級→3年間、3等級→2年間、4等級→3年間、5等級→3年間、6等級→5年間

[昇格パターン（各等級の在級年数）のチェック]

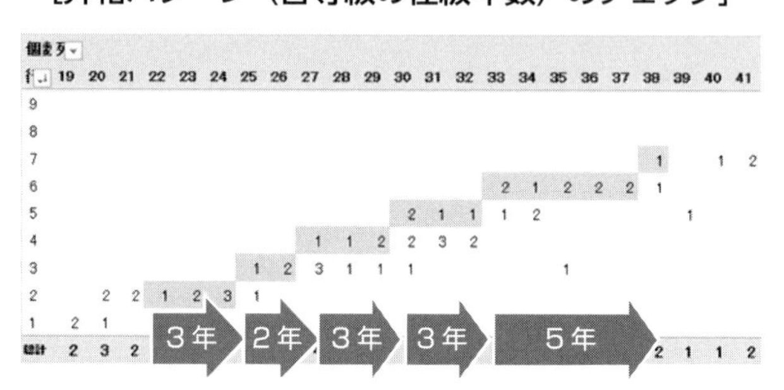

問3 来年度の「38歳、7等級」の昇格候補者をチェックするときには、一つ下の年齢・等級（37歳、6等級）を見る。ピボットテーブルの該当セルを見ると、そこには2人在籍している。

「37歳、6等級」のセルをダブルクリックすると、別のワークシートに、候補者2人のデータが表示される。来年度の最も若い管理職クラスの昇格候補者は、「番号51番の男性」と「50番の女性」であることが分かる。問1で分析したとおり、「38歳、7等級」に昇格する従業員割合は50％であるから、来年度は51番と50番のうち1人が昇格するものと推測される。

[昇格候補者のチェックと昇格候補者リストの表示]

個数 / 番号	年齢				
等級	19	36	37	38	39
9					
8					
7				1	
6		2	2	1	
5					1
4					
3					
2					
1	2				
総計	2	2			

	A	B	C	D	E	F	G	H
1	番号	性別	年齢	勤続	等級	役職	管理／一般	基本給
2	51	男	37	15	6		一般	335000
3	50	女	37	15	6	係長	一般	318000

【演習3の解説】

人事管理において労務構成の分析結果を活用しようとする場合、具体的な施策の提言（例えば、「どの部門の人員を削減するのか」や「誰を昇格させるのか」など）が必要になります。このように、データを使った分析と個別人事の検討を同時に行うときには、ピボットテーブルを使って「年齢別・等級別従業員分布表」を作成し、具体的な施策の検討に当たっては、ドリルダウン機能（「詳細の表示」）によって対象者の抽出、絞り込みなどを行うとよいでしょう。

なお、年齢・勤続年数に応じた昇格管理がまったく行われていない会社では、ここで紹介した「年齢別・等級別従業員分布表」による分析を行っても、昇格パターンのチェックや昇格候補者の選別ができない場合もあります。このような場合は、年齢の代わりに「職種」を軸に置いた分布表を作成し、職種ごとに等級分布のバランスを見たり、昇格候補者の選別を行ったりするとよいでしょう。

■演習4

下表は、飲食サービス業を営む二つの会社（A社とB社）の事業収支の状況（損益計算書の抜粋）および労務構成に関するデータをまとめたものです。

【事業収支の状況】

（単位：百万円）

		A社		B社	
		金額	構成比	金額	構成比
売上高		86,081	100%	12,528	100%
売上原価		29,077	34%	4,745	38%
	材料費	17,279	20%	3,232	26%
	労務費	1,295	2%	991	8%
売上総利益		57,004	66%	7,782	62%
販売費及び一般管理費		52,020	60%	4,651	37%
	役員報酬	259	0%	153	1%
	従業員給与手当	5,083	6%	1,393	11%
	賞与引当金繰入額	834	1%	0	0%
	退職給付費用	572	1%	0	0%
	雑給	18,155	21%	111	1%
	動産・不動産賃借料	8,941	10%	1,222	10%
	租税公課	3,000	3%	350	3%
	減価償却費	4,068	5%	266	2%
	上記以外の費用	11,108	13%	1,156	1%
営業利益		4,984	6%	3,131	25%

【労務構成】

	A社	B社
従業員数（正社員）	1,400 人	600 人
平均非正規従業員数	7,600 人	40 人
総従業員数（合計）	9,000 人	640 人

	A社	B社
平均年齢（正社員）	30.0 歳	36.0 歳
平均勤続（正社員）	5.0 年	9.0 年

※人件費＝労務費＋役員報酬＋従業員給与手当＋賞与引当金繰入額＋退職給付費用＋雑給
※付加価値＝人件費＋動産・不動産賃借料＋租税公課＋減価償却費＋営業利益

問1　A社とB社の労働生産性、および正社員比率を算出してください（なお、労働生産性は、臨時従業員を含む「総従業員数」を使って算出してください）。

問2　A社、B社のうち、一方は「全国展開をする、低価格な定食のチェーン店」、他方は「都市部に店舗を構える高級レストラングループ」のデータです。それぞれ、どちらのデータだと考えられますか。また、データにおいて、それぞれの会社の特徴が出ている点を述べてください。

【演習４の解答】

問１　Ａ社の労働生産性、正社員比率の算出

人件費＝労務費＋役員報酬＋従業員給与手当＋賞与引当金繰入額＋退職給付費用＋雑給

＝1,295＋259＋5,083＋834＋572＋18,155＝26,198（百万円）

付加価値＝人件費＋動産・不動産賃借料＋租税公課＋減価償却費＋営業利益

＝26,198＋8,941＋3,000＋4,068＋4,984＝47,191（百万円）

労働生産性＝付加価値÷総従業員数

＝47,191（百万円）÷9,000（人）＝5.24（百万円）

正社員比率＝正社員数÷総従業員数

＝1,400（人）÷9,000（人）×100＝15.6（％）

Ｂ社の労働生産性、正社員比率の算出

人件費＝991＋153＋1,393＋0＋0＋111＝2,648（百万円）

付加価値＝2,648＋1,222＋350＋266＋3,131＝7,617（百万円）

労働生産性＝7,617（百万円）÷640（人）＝11.90（百万円）

正社員比率＝600（人）÷640（人）×100＝93.8（％）

問２　労働生産性は、Ａ社が524万円であるのに対して、Ｂ社は1190万円であり、Ｂ社のほうが少ない従業員数で高い付加価値を上げていることが分かる。また、Ａ社は正社員が少ない（正社員比率が15.6％である）のに対して、Ｂ社は正社員が全体の93.8％である。

売上高で見ると、Ａ社は860億8100万円で、Ｂ社（125億2800万円）の約6.9倍となっている。しかし、営業利益で見ると、Ａ社（49億8400万円）はＢ社（31億3100万円）よりも若干多い程度で、売上高営業利益率（営業利益÷売上高×100）では、Ｂ社（25.0％）がＡ社（5.8％）を大幅に上回っている。

これらの点から、Ａ社は、多くの非正規社員を雇用し、多店舗展開により大量の製品を提供する事業を、一方、Ｂ社は、正社員を中心に、付加価値が高い製品、サービスを提供する事業を運営していると考えられる。

したがって、Ａ社が「全国展開をする、低価格な定食のチェーン店」、Ｂ社が「都市部に店舗を構える高級レストラングループ」である。

仮説として、Ａ社は徹底したコストダウンにより商品の低価格化を行い、「安さ・手軽さ」を強みにして、その製品を大量販売することにより、利益を出している。コストダウンと大量販売を実現するために、非正規社員を大量に雇用し、業務をマニュアル化して、多店舗展開を行っている。したがって、データにおいては「総従業員数が多いこと」「総従業員数が多いので、労働生産性が低くなること」に、Ａ社の事業の特徴が顕著に表れている。

一方、Ｂ社は、高付加価値な製品やサービスを提供するために、調理、接客など

の店内の主要業務は正社員が行い、販売量を限定している。したがって、「正社員比率が高いこと」「付加価値が高いので、労働生産性も高くなること」に、B社の事業の特徴が表れている。

【演習４の解説】

Ａ社とＢ社のデータを比較して、「Ａ社は労働生産性が低いので、各従業員が自分の仕事の質を高めるようにしなければならない」あるいは「Ｂ社は正社員比率が高いので、今後は非正規社員を積極的に採用するべきだ」などの結論を導き出すことは、正しい分析とはいえません。Ａ社とＢ社は、事業の基本的な形が異なるため労働生産性や正社員比率などの数値が違ってくるのは当然です。

この演習から分かるとおり、労働生産性や労務構成に関わる比率は、各社の事業の基本的な形（薄利多売型か、高付加価値提供型か）によって異なってきます。したがって、「労働生産性などが世間水準よりも低い」「自社の労働生産性が年々下がってきている」などの事実を把握するだけでは、大きな意味はありません。それらの事実を事業の基本的な形と照らし合わせて、「良し悪し（自社にとって望ましい状況かどうか)」を判断し、問題を洗い出すことが重要なのです。

データ分析においては、数値の高低や増減などの事実の把握だけで満足するのではなく、それらの事実と自社の事業運営との関係性を考えた上での価値判断までを行うように心掛けましょう。

賃金と人件費の分析

1 賃金の分析

1 「適正な賃金」とは

賃金は、経営者からすれば「事業を行う上での大きなコスト」として厳格に管理されるべきものであり、また、従業員からすれば「自分の働きに対する報酬、および生活するための収入」として労働条件の中でも特に関心が高いものです。ですから、会社は、定期的に（例えば、賃上げを検討するときに）、または必要に応じて（例えば、人事制度の見直しを行うときに）、賃金分析を行い、その結果に基づいて、従業員に適正な賃金を支払っていくことが必要です。

ところで、「適正な賃金」とは、どのような賃金をいうのでしょうか。このことは、むしろ「適正ではない賃金」について考えたほうが、理解が早そうです。

適正ではない賃金としては、まず「低すぎる賃金」を挙げることができます。賃金が低すぎると、従業員が高い賃金を求めて転職してしまう可能性が出てきます。転職した従業員の抜けた穴を補充しようとしても、賃金が低すぎると、優秀な人材を中途採用することは困難です。このように「低すぎる賃金」では、従業員の確保に支障を来して、事業の継続ができなくなります。

一方、「高すぎる賃金」では、人件費負担が重くなって業績を圧迫してしまいますので、やはり適正とはいえません。

また、従業員にとっては、自分の職務や能力発揮、成果などが的確に反映されているかどうかも、賃金が適正かどうかを判断する重要なポイントになります。例えば、支給額としては十分な水準を確保していても、それを受けた従業員が「自分の働きに見合った額ではない」「同僚よりも高い成果を上げたのに賃金に差がない」と感じてしまい、仕事に対するモチベーションが低下してしまうようであれば、賃金としては適正とはいえません。

ただし、業績向上に多大な貢献をした従業員に高額な賃金を支給すると、支給対象にならなかった多数の従業員から不公平感を抱かれたりするかもしれません。

このように考えると「適正な賃金」とは、人材確保に支障を来さず、かつ人件費の過重負担をもたらさないような「水準」にあり、また、従業員のモチベーション低下や不公平感を増幅させないように適度な「格差」が付いている賃金といえます。

2 賃金水準、賃金格差の決定要因、効果および捉え方

賃金の適正性とは、支給額の「水準」と「格差」という二つの視点から捉えられるものなので、賃金分析も、支給額の全体的な高さである「水準」と、支給額の上下幅を示す「格差」の二つの視点を持って行うことが必要です。統計学において、データの集合体の特徴は「代表値（平均値など）」と「散らばり（標準偏差など）」の二つの数値によって表

図表4−1　賃金の水準、格差を変えた場合に生じる変化

（単位：円）

水準＋5万円	
Aさん	250,000
Bさん	350,000
Cさん	450,000
賃金合計	1,050,000
水準(平均値)	350,000
格差(標準偏差)	81,650
格差(高低差)	200,000

← 全員の賃金を5万円引き上げる（格差は変えない）

基　準	
Aさん	200,000
Bさん	300,000
Cさん	400,000
賃金合計	900,000
水準(平均値)	300,000
格差(標準偏差)	81,650
格差(高低差)	200,000

→ 最大値と最小値の差を半分にする（平均は変えない）

格差×0.5	
Aさん	250,000
Bさん	300,000
Cさん	350,000
賃金合計	900,000
水準(平均値)	300,000
格差(標準偏差)	40,825
格差(高低差)	100,000

水準＋5万円 → 会社の人件費負担が増える

格差×0.5 → 優秀者のモチベーションが低下する（おそれ）

現されますが、これを賃金分析に当てはめると、「水準」が「代表値」に、「格差」が「散らばり」に対応します。

賃金の水準や格差を変えると、どのような変化が生じるのでしょうか。

［**図表4－1**］は、3人の従業員に賃金を支払っている会社において、「水準を変えた場合（全員の賃金を5万円引き上げた場合）」と「格差を変えた場合（最小値を5万円増、最大値を5万円減にして格差を小さくした場合）」の平均値や標準偏差などの変化を示したものです。

賃金を全員5万円引き上げた場合、3人の賃金格差（標準偏差や高低差）は変わりませんが、賃金水準（平均値）が上昇し、3人の賃金合計も増加します。賃金合計の増加は、会社にしてみれば、賃金支払いに必要なコスト（人件費）が増えることを意味します。

一方、賃金格差を小さくした場合、賃金の平均値や合計は変わらず、最大値と最小値の差が小さくなります。人件費負担は変わりませんが、やってもやらなくても賃金に差が付かないことを不満に思う従業員は、仕事に対するモチベーションを低下させてしまうかもしれません。

以上のことから、賃金の「水準」と「格差」は、決定要因と効果が異なることが分かります。

賃金水準は、人件費と連動するものであり、それを決定する要因は、会社の「賃金支払い能力（収益力、業績）」といえます。収益力が低い、または業績が悪い会社であれば、経営者は、従業員の賃金水準を引き上げることができません。

そして、賃金水準は、その会社の「人材確保競争力」と「コスト競争力」に影響を及ぼす効果があります。賃金水準を引き上げれば、より高い賃金を求める従業員の転職を防ぎ、他社から人材を引き抜くことも可能です。その一方で、賃金水準の引き上げにより人件費が増加すれば、会社のコスト競争力は弱まります。

賃金格差を決定する要因は、その会社の「人事制度（賃金体系、評価）」です。成果主義的な賃金体系を運用している会社では、ハイパフォーマー（高業績者）とローパフォーマー（低業績者）との間で大きな賃金格差が付き、一方、年功的な賃金体系を運用している会社では、同年齢であれば賃金の差は小さくなります。

そして、賃金格差は、その会社の「組織風土」や「従業員意識」に影響を及ぼします。成果主義に基づいて従業員間の賃金に大きな差を付けている会社では、競争を重視する組織風土が形成され、従業員の意識は個人の成果を高めることに向きます。一方、年功的な賃金体系の下では、家族主義的な組織風土になり、「のんびり」した従業員意識が形成されると考えられます。

賃金分析においては、年齢別賃金分布図を使って、賃金水準と格差を同時に捉えることがよく行われます。年齢別賃金分布図では、年齢ごとの賃金の平均値を結んだ線が「水準」を、賃金の散らばり方（最大値と最小値の間など）が「格差」を示します［**図表4−2**］。

分析者は、賃金分布図を見るときには、「今、自分は水準をチェックしているのか、それとも格差をチェックしているのか」ということを、はっきりと意識しておくことが必要です。

図表4−2　賃金水準・格差の決定要因と結果、および賃金分布図における捉え方

	決定要因	効果（影響を及ぼすもの）
賃金水準 （平均値）	賃金支払い能力 （会社の収益力、業績）	人材確保競争力 コスト競争力
賃金格差 （散らばり）	人事制度 （賃金体系、評価）	組織風土 従業員意識

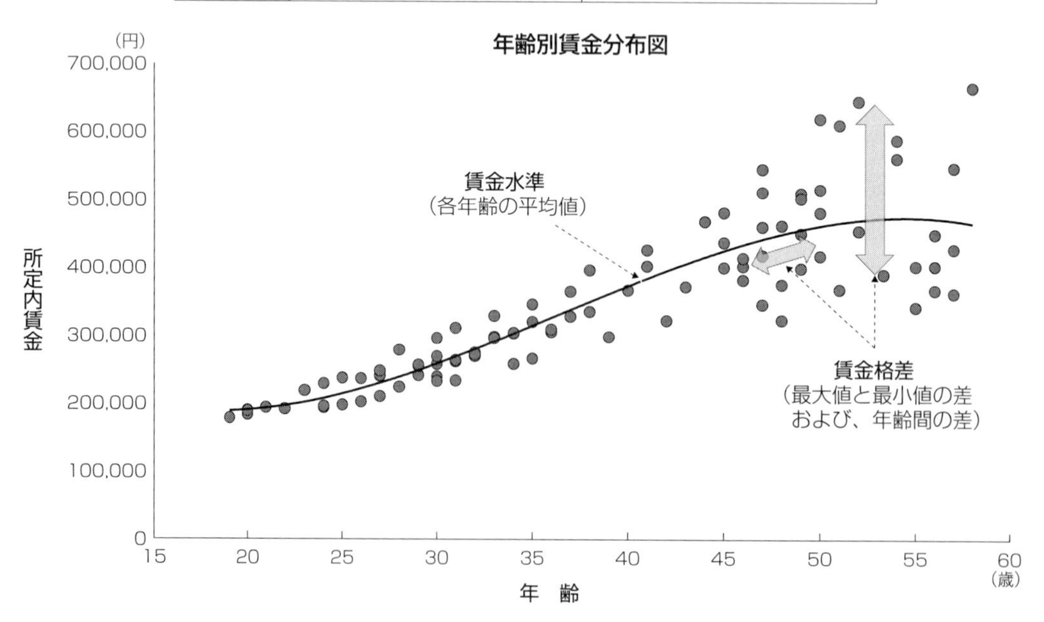

3 賃金水準の分析

賃金水準の適正性は、基本的に「人材確保に支障を来さないか」「人件費の過重負担をもたらさないか」という2点から判断されます。その分析は自社の賃金支給額を世間水準と比較することにより行われます。自社の賃金水準が世間水準よりも低ければ、退職者が増加したり中途採用者の獲得が難しくなったりすることにより、人材確保に支障を来すおそれがあります。逆に、自社の賃金水準が高ければ、同業他社に比べてコスト競争力が低下することにより、業績悪化をもたらすおそれがあります（なお、これらは、あくまでも「おそれがある」という仮説にすぎません。実際に人材確保や業績に影響が出ているかどうかは、退職者の状況や売上高、利益の推移などを多角的・複合的に確認することが必要となります）。

自社の賃金を世間水準と比較するときには、厚生労働省「賃金構造基本統計調査」のデータを使うとよいでしょう。この統計調査には「厚生労働省が実施していること、サンプル数が多いことなどから、データの信頼性が高い」「性別、年齢階級別、企業規模別および産業分類別など、さまざまな区分で集計されているため、属性を合わせたデータの比較を行いやすい」などの長所があり、賃金水準の分析を行うときには、まず、この統計データとの比較を行います。

賃金水準は、基本的に、次の三つの支給額について分析します［**図表4－3**］。

①**所定内賃金**：基本給、役職手当、家族手当などの合計額で、毎月固定的に支給されている支給額。「賃金構造基本統計調査」では、「所定内給与額」のデータと比較する。

②**月例賃金**：所定内賃金に残業手当や休日労働手当などを加えた、1カ月分の支給額。支給額が月によって変動するため、自社のデータを集計するときには、「所定労働日数や時間外労働時間が平均的な月」のデータを集計するとよい。「賃金構造基本統計調査」では、「きまって支給する現金給与額」のデータと比較する。

③**年収（年間賃金）**：月例賃金に年間賞与などを加えた1年間の支給額。自社の従業員の年収は、「源泉徴収票の『支払金額』の金額を使う」あるいは「月例賃金×12カ月＋年間賞与などを計算する」などの方法によりデータを収集する。「賃金構造基本統計調査」では、「きまって支給する現金給与額×12＋年間賞与その他特別給与額」によって算出した年収相当額と比較する。

なお、「賃金構造基本統計調査」の給与額には、現金で支給された「通勤手当」が含まれています。通勤手当を含めずに賃金水準を分析する場合は、「賃金構造基本統計調査」の所定内給与額やきまって支給する現金給与額から、通勤手当の平均支給額1万1462円（厚生労働省「就労条件総合調査」［2015年］）を差し引いた額を算出し、それとの比較を行ってください。

「賃金構造基本統計調査」の「年齢階級別きまって支給する現金給与額、所定内給与額及び年間賞与その他特別給与額」の統計表は、［**図表4－4**］のとおり表示されています。

図表4−3 賃金支給額の種類と「賃金構造基本統計調査」で対応するデータ

	一般的な定義	「賃金構造基本統計調査」で対応するデータ※1
所定内賃金	所定内労働時間を勤務した場合に支給される、1カ月分の賃金。基本給、各種手当（残業手当や休日勤務手当などは含まない）の合計額	所定内給与額
月例賃金	所定内賃金に残業手当や休日労働手当などを加えた、1カ月分の総支給額	きまって支給する現金給与額※2
年収（年間賃金）	1年分の月例賃金に年間賞与などを加えた、1年分の総支給額	きまって支給する現金給与額×12＋年間賞与その他特別給与額

※1：「賃金構造基本統計調査」のデータを用いる場合は、次の点に注意すること。
①税金や社会保険料を控除する前の「総支給額」を表示している。なお、現金給与のみで現物給与は含まれていない。
②給与額には「通勤手当」も含まれている。
③「所定内給与額」と「きまって支給する現金給与額」は調査年6月の支給実績、「年間賞与その他特別給与額」は、調査年の前年1年間の支給実績を、それぞれ集計している。
※2：労働契約、労働協約あるいは事業所の就業規則などによってあらかじめ定められている支給条件、算定方法によって6月分として支給された現金給与額をいう（「きまって支給する」とは、「毎月、固定的に支給される」という意味ではない）。

ここでは「全産業・企業規模計」のデータを掲載していますが、e−Statの「賃金構造基本統計調査」のウェブサイトからは、産業別（「大分類」よりも「中分類」のほうが細かな区分になっています）、企業規模別のデータが入手可能です。実際に賃金水準を比較するときには、自社が含まれる産業や規模のデータを使うようにしましょう。

（1）自社の賃金平均額と世間水準との比較

「賃金構造基本統計調査」では、5歳刻みの年齢階級でデータが集計されていますから、自社も同じ年齢階級で賃金の平均値を算出することが必要です。自社の年齢階級ごとの賃金の平均額の算出は、ピボットテーブルを使って［**図表4−5**］のように行います。

サンプルデータについて、ピボットテーブルで算出した性別・年齢階級別の賃金平均額および年齢別所定内賃金分布図は、［**図表4−6**］のとおりです。

この年齢別所定内賃金分布図では、自社の賃金の平均値を実線で、世間水準（「賃金構造基本統計調査」の所定内給与額のデータから通勤手当相当分として1万1462円を差し引いたもの）を点線で示しています。このように実在者のデータを点で、自社の賃金水準や世間水準を線で表示する散布図の作成方法は、前掲［**図表2−13**］を参照してください。この分布図の実線（自社の賃金平均値）と点線（世間水準）を比較することによって、賃金水準の分析が行えます。

ところで、サンプルデータの女性従業員については、40〜44歳の年齢階級に在籍者が存在しないため、賃金平均額を算出できません。このような場合は、前後の年齢階級（「35〜39歳」と「45〜49歳」の賃金の中間の額34万8250円（＝［31万6500円＋38万円］÷2））に40〜44歳の賃金平均額があることにして、自社の賃金水準を示す折れ線グラフを作成します。このようにデータの欠けている部分について、その前後にあるデータを直線で結んで補うことを「線形補間」といいます。

図表4−4　厚生労働省「賃金構造基本統計調査」に掲載されているデータ

区　分	企業規模計（10人以上）							
	年齢	勤続年数	所定内実労働時間数	超過実労働時間数	きまって支給する現金給与額	所定内給与額	年間賞与その他特別給与額	労働者数
	歳	年	時間	時間	千円	千円	千円	十人
男								
学　歴　計	43.3	13.5	166	16	371.3	335.5	1061.8	1 479 701
〜19歳	19.1	1.0	168	16	204.3	179.4	158.3	13 229
20〜24歳	23.0	2.3	167	18	242.3	210.5	407.2	88 168
25〜29歳	27.6	4.6	166	21	288.9	248.1	710.1	146 948
30〜34歳	32.5	7.4	166	20	333.9	289.0	902.2	168 378
35〜39歳	37.6	10.3	166	19	368.0	324.1	1036.9	182 961
40〜44歳	42.6	13.8	167	17	399.8	358.7	1184.8	217 455
45〜49歳	47.4	17.4	167	15	431.8	394.7	1381.5	205 771
50〜54歳	52.5	20.8	166	13	456.5	424.0	1536.7	170 247
55〜59歳	57.4	22.6	166	12	440.1	412.2	1415.1	142 551
60〜64歳	62.3	19.2	165	9	311.1	294.1	687.6	96 343
65〜69歳	67.2	14.8	167	8	274.7	261.0	351.5	36 964
70歳〜	73.3	17.2	165	6	280.5	270.8	246.5	10 685
女								
学　歴　計	41.1	9.4	163	8	263.6	246.1	615.0	792 495
〜19歳	19.1	0.9	169	9	181.0	169.0	94.1	8 118
20〜24歳	23.0	2.0	166	9	219.4	202.5	337.4	81 723
25〜29歳	27.4	4.1	164	11	247.2	225.9	571.7	103 255
30〜34歳	32.5	6.6	162	9	262.2	241.6	619.1	91 970
35〜39歳	37.6	8.7	162	8	272.1	254.0	660.6	89 477
40〜44歳	42.6	10.6	162	8	280.4	262.4	716.2	104 949
45〜49歳	47.5	12.1	163	8	286.4	268.2	736.1	103 714
50〜54歳	52.4	13.4	163	8	286.7	270.0	729.8	85 497
55〜59歳	57.4	15.6	163	7	277.6	262.9	699.5	68 504
60〜64歳	62.2	15.8	162	5	234.4	224.3	438.0	37 637
65〜69歳	67.2	16.1	163	5	227.7	220.1	309.0	13 247
70歳〜	73.3	20.0	161	3	234.8	229.9	353.3	4 405

資料出所：厚生労働省「賃金構造基本統計調査」（2017年）
※一般労働者のうち、産業計、企業規模計、学歴計のデータを表示している。

［**図表4−6**］の賃金分布図を見ると、サンプルデータの賃金の平均値は、男性従業員、女性従業員ともに、世間水準と同等か、それを上回っていることが分かります。したがって、人材確保に大きな支障は生じませんが、その一方で、50歳以上の男性従業員の賃金は世間水準を大幅に上回る者が多く、この部分について人件費負担が重くなっていることが懸念されます。

なお、「**第3章3労務構成の分析**」において、サンプルデータの会社は40歳前後の従業

図表4−5 ピボットテーブルを使った年齢階級別賃金平均値の算出

Step 1　年齢順に並べ、「年齢階級」を追加します

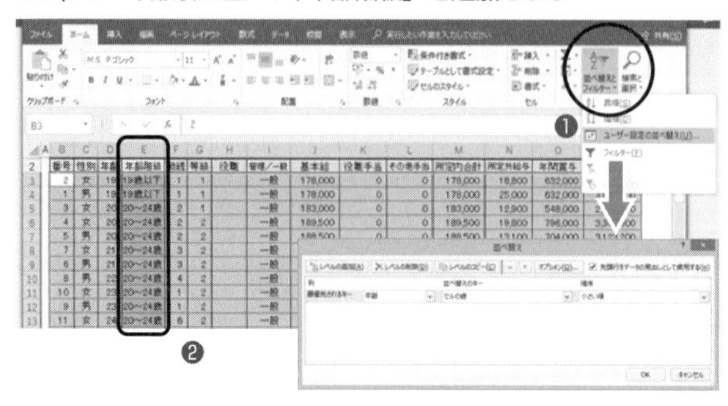

❶従業員の賃金データが入力されている範囲を指定し、［ホーム］タブ→［編集］→［並べ替えとフィルター］→［ユーザー設定の並べ替え］を選択して、データ全体を年齢順に並べ替えます。

❷次に、「年齢」が表示されている列の右隣に新たに列を挿入し、そこに5歳刻みの年齢階級（「20〜24歳」「25〜29歳」）を入力します。

Step 2　ピボットテーブルで賃金の平均値を算出します

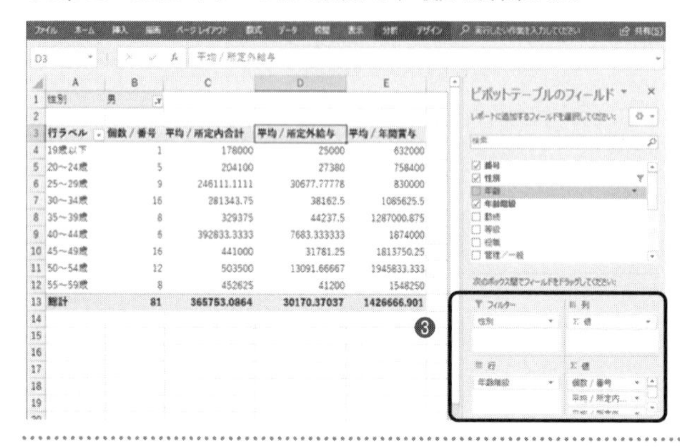

性別	男			
行ラベル	個数 / 番号	平均 / 所定内合計	平均 / 所定外給与	平均 / 年間賞与
19歳以下	1	178000	25000	632000
20〜24歳	5	204100	27380	758400
25〜29歳	9	246111.1111	30677.77778	830000
30〜34歳	16	281343.75	38162.5	1085625.5
35〜39歳	8	329375	44237.5	1287000.875
40〜44歳	6	392833.3333	7683.333333	1874000
45〜49歳	16	441000	31781.25	1813750.25
50〜54歳	12	503500	13091.66667	1945833.333
55〜59歳	8	452625	41200	1548250
総計	81	365753.0864	30170.37037	1426666.901

❸［挿入］タブ→［ピボットテーブル］を選択します。ピボットテーブルでは、［フィルター］を「性別」、［行］を（❷で挿入した）「年齢階級」とします。
［列］には、「所定内賃金」や「賞与」などを選択し、それらは［値の集計方法］を「平均」に修正します。
以上の操作で全従業員の所定内賃金や賞与などの平均値が算出されます。

Step 3　フィルターを、男性または女性にします

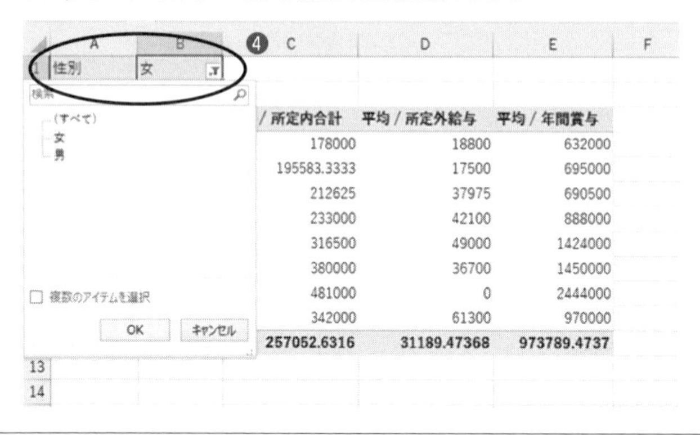

性別	女		
	/ 所定内合計	平均 / 所定外給与	平均 / 年間賞与
	178000	18800	632000
	195583.3333	17500	695000
	212625	37975	690500
	233000	42100	888000
	316500	49000	1424000
	380000	36700	1450000
	481000	0	2444000
	342000	61300	970000
	257052.6316	31189.47368	973789.4737

❹ピボットテーブルの左上に表示されている「性別」を、「男」または「女」に変えれば、性別に賃金の平均値を算出した表に修正されます。

員が少ないという事実を把握しましたが、賃金分布図を見る限りでは、40歳前後の賃金水準に問題は見当たりません。そうであるならば、40歳に到達する前の賃金水準に問題があり、40歳までに多くの従業員が退職しているのかもしれません。このような仮説を構築したら、分析者は、40歳までの従業員の退職率や退職事由を確認することが必要になります。

図表4−6　性別、年齢階級別賃金平均値と所定内賃金分布図

性別	男

行ラベル	個数 / 番号	平均 / 所定内合計	平均 / 所定外給与	平均 / 年間賞与	平均 / 年収
19歳以下	1	178,000	25,000	632,000	3,068,000
20〜24歳	5	204,100	27,380	758,400	3,536,160
25〜29歳	9	246,111	30,678	830,000	4,151,467
30〜34歳	16	281,344	38,163	1,085,626	4,919,701
35〜39歳	8	329,375	44,238	1,287,001	5,770,351
40〜44歳	6	392,833	7,683	1,874,000	6,680,200
45〜49歳	16	441,000	31,781	1,813,750	7,487,125
50〜54歳	12	503,500	13,092	1,945,833	8,144,933
55〜59歳	8	452,625	41,200	1,548,250	7,474,150
総計	**81**	**365,753**	**30,170**	**1,426,667**	**6,177,748**

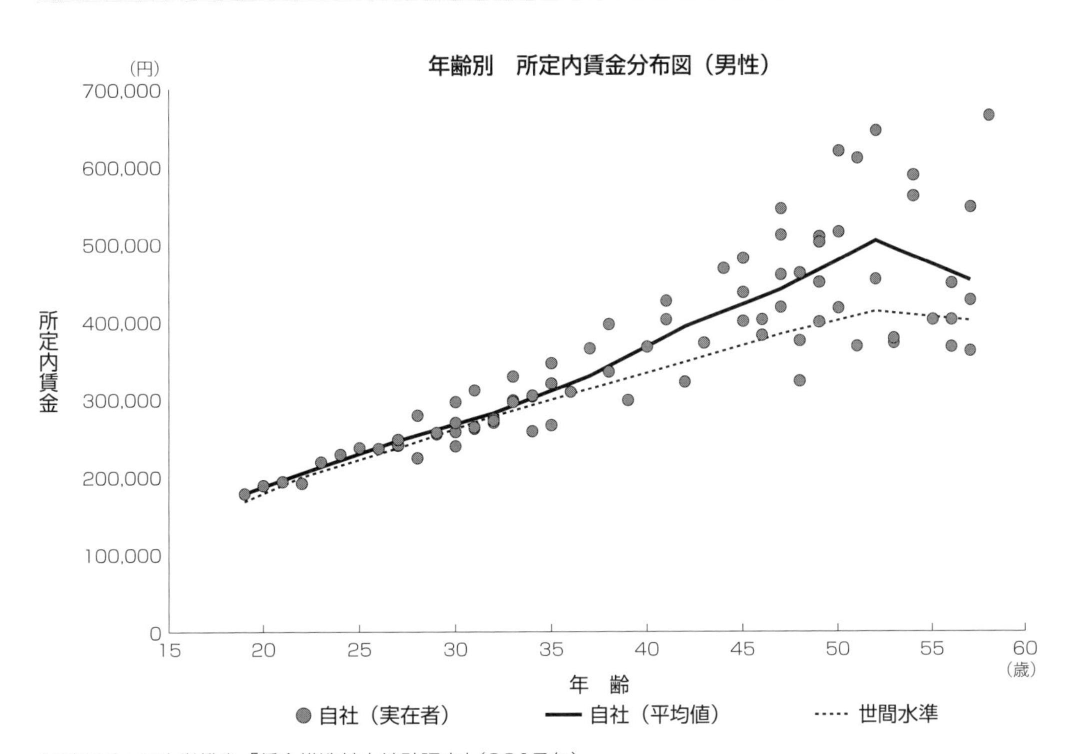

資料出所：厚生労働省「賃金構造基本統計調査」(2017年)

（女性のデータは次ページに続く）

性別	女

行ラベル	個数 / 番号	平均 / 所定内合計	平均 / 所定外給与	平均 / 年間賞与	平均 / 年収
19歳以下	1	178,000	18,800	632,000	2,993,600
20~24歳	6	195,583	17,500	695,000	3,252,000
25~29歳	4	212,625	37,975	690,500	3,697,700
30~34歳	2	233,000	42,100	888,000	4,189,200
35~39歳	2	316,500	49,000	1,424,000	5,810,000
40~44歳					
45~49歳	2	380,000	36,700	1,450,000	6,450,400
50~54歳	1	481,000	0	2,444,000	8,216,000
55~59歳	1	342,000	61,300	970,000	5,809,600
総計	**19**	**257,053**	**31,189**	**973,789**	**4,432,695**

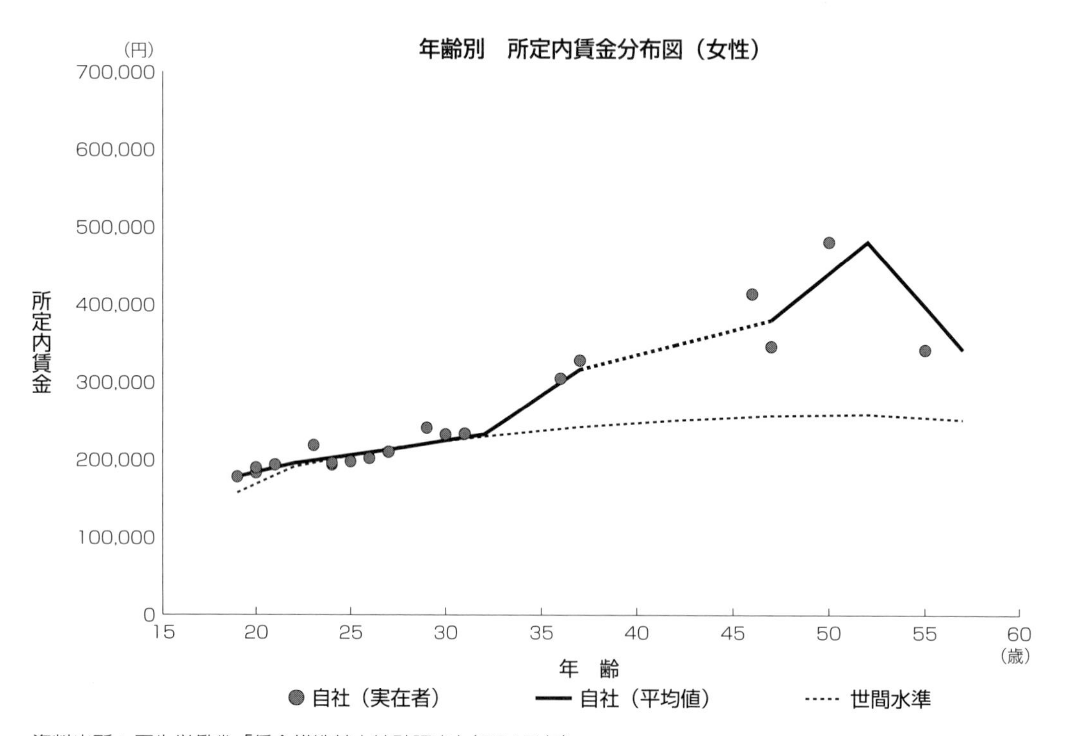

資料出所：厚生労働省「賃金構造基本統計調査」(2017年)

同じ要領で、残業手当などを含む月例賃金の分析（世間水準には「賃金構造基本統計調査」の「きまって支給する現金給与額」のデータを用いる）および年収の分析（世間水準には「賃金構造基本統計調査」の「きまって支給する現金給与額×12＋年間賞与その他特別給与額」のデータを用いる）を行ってみてください。

時間外労働が多い会社や賞与支給額が多い会社では、月例賃金や年収の分析を行うと、所定内賃金の分析では見えなかった、賃金の特徴や傾向が見えてくることがあります。賃金水準の分析は、「所定内賃金、月例賃金、年収」の三つの視点から行うことが原則です。

(2) モデル賃金（実在者、理論）による水準比較

［**図表4−6**］の男性従業員の賃金分布図を見ると、40歳以降になると賃金の格差が大きくなり、管理職と一般社員との間の賃金差が影響していることが分かります。また、同年齢と比較して賃金が極端に低いデータも見受けられますが、これは軽易な業務の担当者として中途採用で入社した従業員のものです。

このように、従業員に実際に支給している賃金の平均値は、管理職と一般社員の賃金が入り交じった数値になったり、極端に賃金が高い（低い）従業員の影響を受けてしまったりするので、賃金水準を示すものとして、必ずしもふさわしいものとはいえません。

それよりも、「22歳のときに大学卒・新卒で入社し、標準的な評価で昇給して、40歳で課長に、50歳で部長になった従業員の賃金の推移」というように、年齢ごとに一定の条件を満たす従業員の賃金を捉えていったほうが、自社の賃金水準として適切な分析ができそうです。このように、一定の条件の下で算定される賃金を「モデル賃金」といい、これを使って賃金水準の分析を行うことも可能です。

モデル賃金は、算出方法によって「実在者モデル賃金」と「理論モデル賃金」の2種類に分かれます［**図表4−7**］。

図表4−7 実在者モデル賃金と理論モデル賃金

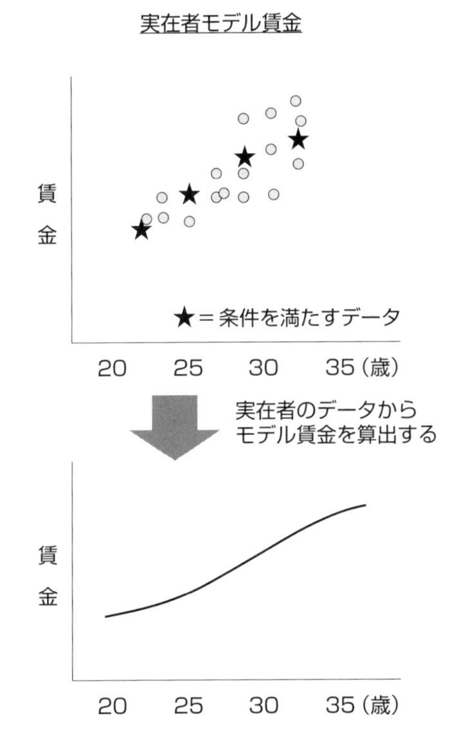

理論モデル賃金
（賃金表から算出する場合）

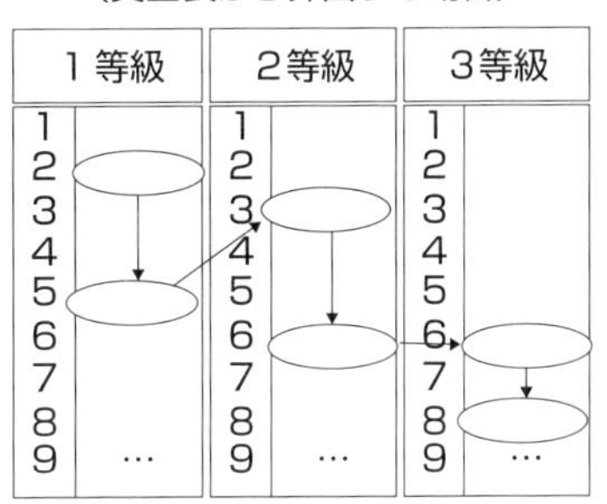

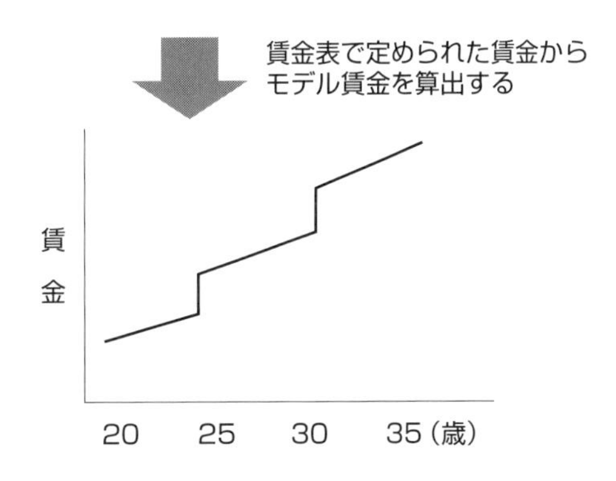

①実在者モデル賃金

実在者モデル賃金とは、「30歳、一般社員、扶養家族1人」「40歳、課長、扶養家族2人」…というように条件を設定し、その条件を満たす（あるいは、それに近い）従業員に実際に支給されている賃金を抽出していくものです。

一般的に、モデル賃金は、大学卒（または高校卒）の新卒入社者が標準的な評価を受けて昇格していった場合を想定して算出するものであるため、実在者モデル賃金の算出に当たっては、最初に自社の従業員を新卒入社者と中途入社者に分けなければなりません。自社の従業員のデータに、新卒・中途入社を見分けるデータが入力されていれば簡単に区分けできますが、もし、そのようなデータが入力されていなければ、入社時年齢（＝現在の年齢－勤続年数）が18、19歳の人は「高校卒・新卒」、20、21歳の人は「短大、専門学校卒・新卒」、22～26歳の人は「大学卒・新卒」として、そのデータを使ってモデル賃金を算出します。

各年齢における役職や扶養家族数などの条件は、モデル賃金を算定する者が、自社の標準的なパターンと思われるものを設定することができます。ただし、統計調査におけるモデル賃金との比較を行う場合は、その統計調査が設定した条件に見合った自社の従業員の賃金額を抽出していきます。

②理論モデル賃金

一方、理論モデル賃金とは、賃金表（等級と評価ごとの賃金支給額を定めた表）や標準昇給率などを使い、制度面から年齢ごとの賃金支給額を算出していくものです。

例えば、賃金表を運用している場合は、「22歳で入社したときは1等級1号で20万円、翌年に標準評価をとれば1等級4号になって20万4000円、その翌年に昇格すれば2等級1号になって23万円…」というように、賃金表から標準的に昇給・昇格していくパターンの賃金支給額を抽出して、モデル賃金を算出します。

また、標準昇給率（標準的な評価をとった場合の基本給の賃上げ率）を「2%」と定めている場合は、「22歳：20万円、23歳：20万40000円（＝20万円×1.02)、24歳：20万8080円（＝20.4万円×1.02）…」と前年の賃金に標準昇給率を乗じて、モデル賃金を算出します。

理論モデル賃金は、実際には従業員が存在していなくても、年齢ごとの賃金見込み額を示すことができますし、設定条件を変えることにより、さまざまなパターンの賃金カーブ(年齢ごとの賃金支給額を示した曲線）を描くことができます。例えば、賃金制度の設計において、「新制度の下で標準評価をとり続けた従業員と優秀な評価をとり続けた従業員とでは、40歳でどれくらいの賃金差が生じるか」などの検証を行うときに、理論モデル賃金が使われます。

③モデル賃金に関する統計データ

モデル賃金に関する統計データとしては、次のものがあります。

●厚生労働省「賃金構造基本統計調査」の「標準労働者」

「学校卒業後直ちに企業に就職し、同一企業に継続勤務しているとみなされる労働者」のデータのみを集計したものです。具体的には、最終学歴に応じてデータを分類したのち、年齢から勤続年数を差し引いた数が「15」の労働者を「中学卒」、「18」の労働者を「高校卒」、「20」の労働者を「高専・短大卒」、「22、23」の労働者を「大学卒」として、産業、年齢ごとに所定内給与額と年間賞与その他特別給与額が表示されています。

●中央労働委員会「賃金事情等総合調査」の「モデル所定内賃金、モデル一時金」

「学校を卒業後、直ちに（大学卒は22歳、短大・高専卒は20歳、高校卒は18歳）入社して同一企業に継続勤務し、標準的に昇進した者（モデル）のうち、設定されたモデル条件（事務・技術労働者または生産労働者、総合職または一般職など）に該当する者」の所定内賃金、年間賞与支給額を表示しています。

なお、この統計調査は、原則として「資本金5億円以上、労働者1000人以上」の企業の中から中央労働委員会が独自に選定した企業を集計対象としているため、表示されている賃金額は、大企業を中心とした高めの水準になっています。

●東京都産業労働局「中小企業の賃金事情」の「モデル賃金」

「学校を卒業してすぐに入社した者が普通の能力と成績で勤務した場合に、当該企業の賃金規定及び昇給事情の下で、通勤手当を除く所定時間内賃金の固定部分が、勤続年数に応じてどのように上昇するかを算出したもの」をいい、データは、産業別、モデル年齢ごとにモデル所定内賃金が表示されています。

なお、この統計調査は、都内の中小企業（建設業、製造業などは従業者数30～299人、卸売業、小売業、サービス業などは10～99人の会社）を集計対象としています。

④自社のモデル賃金（実在者モデル賃金）の算出方法

自社のモデル賃金（実在者モデル賃金）を算出するときには、次の要領で行います。

❶自社の賃金データから「新卒入社で、継続勤務している従業員のもの」のみを抽出します（大学卒であれば、年齢から勤続年数を差し引いた数が「22、23」となる者のデータのみを抽出します。そのデータを年齢順に並び替えておきます）。

❷現時点における昇格年齢や最も若い役職者の年齢などを基に、モデル年齢における等級、役職を設定します。その際に、最も早く昇進するモデル、平均的なスピードで昇進するモデルなど、いくつかのパターンを設定しておくとよいでしょう。

❸設定したモデル条件（年齢、役職）に該当する、または最も近い従業員の賃金のデータを抽出します。その際に、家族手当などの属人的手当は除いておきます。

❹参照する統計データで年齢ごとに扶養家族数が定められている場合、その条件に基づいて、自社のモデル賃金に家族手当などを加算します。

［**図表4－8**］は、サンプルデータの大学卒のモデル賃金（実在者モデル賃金）を算出して、世間水準（東京都の中小企業の水準）と比較したものです。これを見ると、自社の標準昇格者の所定内賃金が世間水準に近いこと、また、自社の従業員の賃金格差が40歳前後（昇格・昇進の個人差が顕著に表れてくる年齢層）から大きくなることなどが分かります。

図表4−8 モデル賃金（実在者モデル賃金）の算出例

（単位：円）

年齢（歳）	勤続年数（年）	扶養家族（人）	自社（優秀者モデル）40歳で課長、45歳で部長		自社（標準昇格者モデル）45歳で課長に昇進		自社（一般社員モデル）管理職昇進なし		東京都大学卒モデル賃金
			役職	所定内賃金	役職	所定内賃金	役職	所定内賃金	
22	0	0	−	191,500	−	191,500	−	191,500	208,223
25	3	0	−	237,000	−	237,000	−	237,000	230,264
30	8	2	−	279,000	−	266,000	−	257,500	270,278
35	13	3	係長	351,000	−	330,000	−	310,000	305,036
40	18	3	課長	410,000	係長	380,000	係長	350,000	348,541
45	23	3	部長	483,000	課長	410,000	係長	350,000	389,625
50	28	3	部長	619,000	課長	460,000	係長	370,000	420,175
55	33	2	部長	670,000	課長	490,000	係長	380,000	441,888

資料出所：東京都産業労働局「中小企業の賃金事情」（2017年版）
※自社のモデル賃金は、モデル年齢ごとに役職を設定した上で、その条件に近い実在者の賃金を基に算出した。
なお、東京都のモデル賃金で設定されていた扶養家族数を基に、自社のデータには家族手当を加算した。

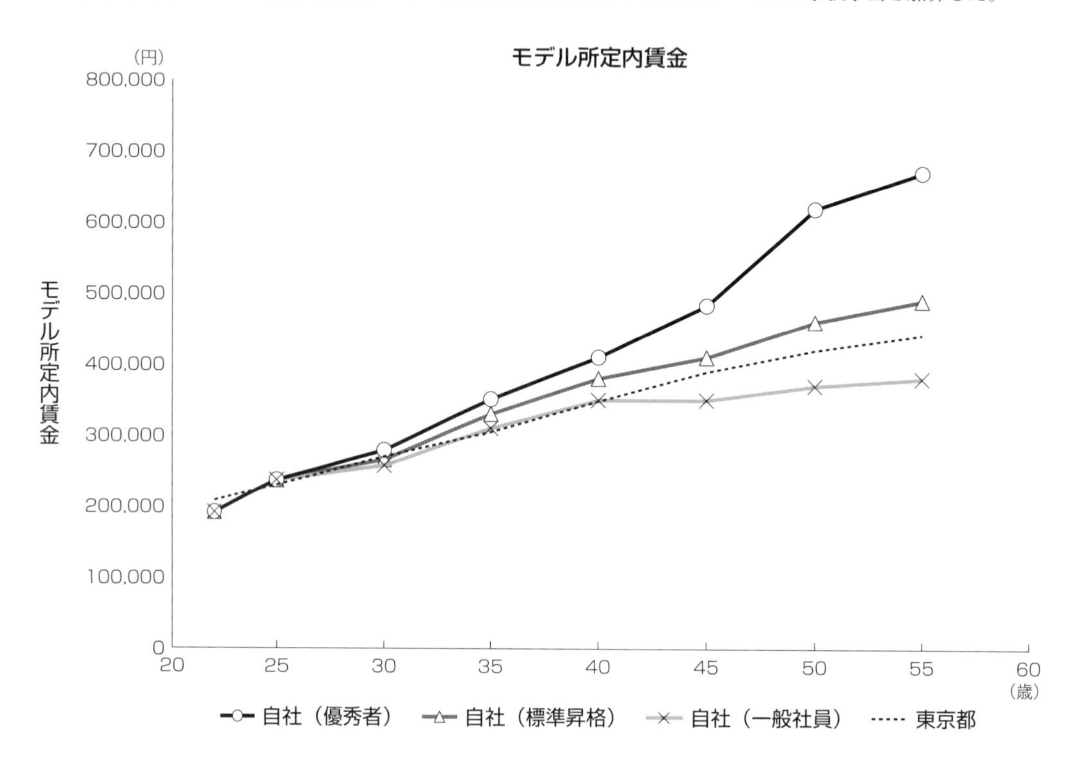

このように、賃金水準の分析は、自社の賃金の平均値やモデル賃金を算出し、世間水準などと比較することにより行われます。前述したとおり、自社の賃金を世間水準と比較して「高い、低い」という事実を把握するだけではなく、その事実が自社の人材確保競争力やコスト競争力に及ぼしている影響を見ることが、賃金水準の分析におけるポイントといえます。

4 賃金格差の分析

賃金格差の分析は、次の二つの視点から行います。
①賃金格差の根拠（基本給の決定基準、手当の支給基準など）
②賃金格差の大きさ（職務や査定によって生じる基本給、賞与の差、手当の金額）

この二つの視点については、「社内（経営者や従業員）が納得しているかどうか」ということがポイントになります。賃金水準は、人材確保やコストに関係するため他社との比較が欠かせませんが、賃金格差は、他社がどうであれ、自社内の格差の付き方（何を根拠に、いくらぐらいの金額差が付いているのか）とそれに対する経営者や従業員の捉え方（納得できる・できない、あるいは大きすぎる・小さすぎるなど）を把握することが重要です。

賃金格差の付き方を把握するには、まず賃金の構造（基本給、手当、賞与の平均額および所定内賃金、所定外賃金、賞与の年収に占める割合）を調べます。具体的には、ピボットテーブルを使って賃金構造表および各賃金項目が年収に占める割合を表すグラフを作成し、各賃金項目の平均額と年収に占める割合を見ます。［**図表4－9**］は、サンプルデータに基づいて賃金構造表とグラフを作成した例です。

［**図表4－9**］の賃金構造表は役職別に作成していますが、これは等級別でも構いません。また、基本給、諸手当が所定内賃金に占める割合、および所定内賃金、所定外賃金、賞与が年収に占める割合は、ピボットテーブルを別のワークシートにコピーした上で、行を挿入し、関数式を入力しています。

サンプルデータの場合、時間外手当が支給される係長と支給されない課長との賃金格差が月例賃金（所定内賃金と所定外賃金の合計額）で見ると、約1万5000円しかありません。平均額で見て、この程度の格差であれば、個々のデータを見ると、係長よりも課長のほうが月例賃金が低いケース、係長から課長に昇進すると月例賃金が減ってしまうケースなどがあるかもしれません。

係長の課長昇進に対する意欲を向上させたいのであれば、課長以上の役職手当を増額するなどして、係長と課長の月例賃金の格差を広げることを検討すべきでしょう。

賃金構造表を作成すると、諸手当の平均支給額も分析できます（サンプルデータの「その他手当」が、家族手当、住宅手当などに細分化されていれば、より細かく分析できます)。諸手当は、「扶養家族を有している」「家賃負担がある」などの特定の条件を満たす従業員に賃金を加算することによって、直接的に賃金格差を作り出す仕組みです。会社が「生活費がかかる従業員を支援したい」と考えれば、家族手当の支給額を高くするでしょうし、逆に「従業員は、職務に応じて決定された賃金の範囲内で生活するべき」と考えれば、家族手当を支給しないことにするでしょう。どういう手当が、いくら支給されているかを見ることによって、その会社の賃金に対する考え方（従業員の生活支援を重視した賃金にしたいのか、あるいは、職務や成果を重視した賃金にしたいのか）が分かります。

図表4–9 賃金構造表、および各賃金項目が年収に占める割合

（単位：円）

役職	対象者数	所定内賃金					所定外賃金	年間賞与	年収
		基本給	役職手当	その他手当	合計				
部長	10	498,200	50,000	24,500		572,700	0	2,640,200	9,512,600
		(87.0%)	(8.7%)	(4.3%)	(100.0%)	72.2%	0.0%	27.8%	100.0%
課長	15	409,400	30,000	18,333		457,733	0	2,090,133	7,582,933
		(89.4%)	(6.6%)	(4.0%)	(100.0%)	72.4%	0.0%	27.6%	100.0%
係長	6	351,167	10,000	16,667		377,833	64,933	1,431,667	6,744,867
		(92.9%)	(2.6%)	(4.4%)	(100.0%)	67.2%	11.6%	21.2%	100.0%
班長	12	320,917	5,000	25,000		350,917	44,742	1,234,501	5,982,401
		(91.5%)	(1.4%)	(7.1%)	(100.0%)	70.4%	9.0%	20.6%	100.0%
一般社員	57	262,263	0	8,596		270,860	37,016	928,141	4,622,646
		(96.8%)	(0.0%)	(3.2%)	(100.0%)	70.3%	9.6%	20.1%	100.0%
総計	100	320,300	10,700	14,100		345,100	30,364	1,340,620	5,846,188
		(92.8%)	(3.1%)	(4.1%)	(100.0%)	70.8%	6.2%	22.9%	100.0%

※各役職の下段は、年収に占める各項目の割合。ただし、（　）内は所定内賃金に占める基本給、各手当の割合。

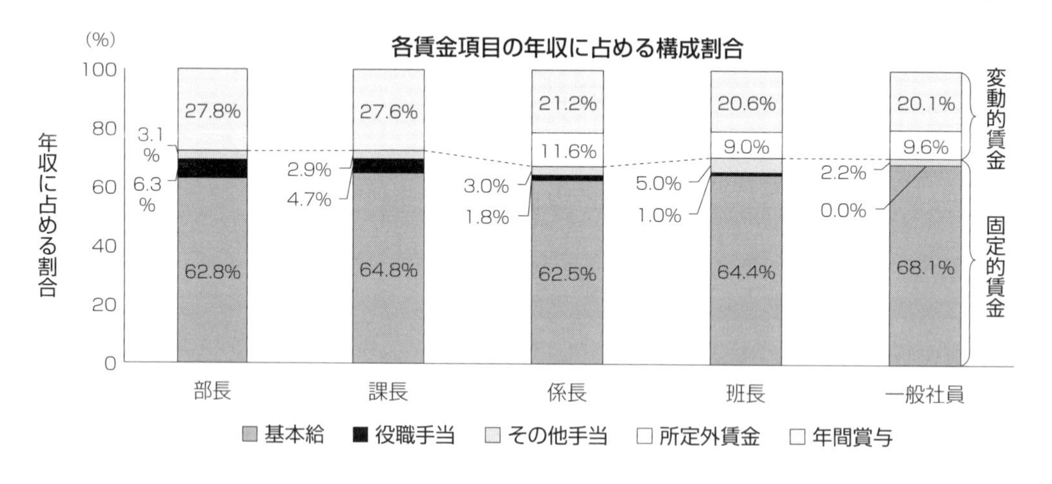

なお、［**図表4－10**］には厚生労働省「就労条件総合調査」（2015年）のデータを掲載していますが、これは「支給した労働者1人平均支給額」を示しています（手当を支給していない者も含めた「従業員全員を対象とした平均額」ではありません）。このデータを用いて自社の手当の支給額を算出するときは、支給していない従業員を含めないように注意してください。

さて、所定内賃金、所定外賃金および賞与は、主に次の要素によって支給額が決まります。

①所定内賃金（基本給）：年齢、能力、あるいは職務、役割（各社が決める）
②所定内賃金（家族手当、住宅手当など）：従業員の扶養家族数や家賃負担などの生活要素
③所定内賃金（役職手当、職務手当など）：従業員の役職などの仕事要素
④所定外賃金（時間外手当など）：時間外労働、休日労働の時間数

図表4−10 手当の種類別 支給した労働者1人平均支給額（2014年11月分）

産業・企業規模	業績手当など（個人、部門・グループ、会社別）	勤務手当				精皆勤手当、出勤手当など	通勤手当など（1カ月分に換算）
		役付手当など	特殊作業手当など	特殊勤務手当など	技能手当、技術（資格）手当など		
支給企業割合（複数回答：%）	13.7	87.7	11.5	24.0	47.7	29.3	91.7
支給した労働者1人平均支給額（円）	57,125	38,769	13,970	25,464	20,299	10,506	11,462

産業・企業規模	生活手当					調整手当など	左記のいずれにも該当しないもの
	家族手当、扶養手当、育児支援手当など	地域手当、勤務地手当など	住宅手当など	単身赴任手当、別居手当など	左記以外の生活手当（寒冷地手当、食事手当など）		
支給企業割合（複数回答：%）	66.9	12.5	45.8	13.8	16.2	32.5	10.8
支給した労働者1人平均支給額（円）	17,282	22,776	17,000	46,065	9,280	26,100	30,542

資料出所：厚生労働省「就労条件総合調査」（2015年）

⑤賞与：会社の業績や個人の成果

基本給が年功（年齢）を重視する賃金体系の場合、同年齢の従業員間の基本給の差はない（あるいは小さい）状態になるため、賃金格差は、時間外労働時間数に応じた所定外賃金、および個人の成果などに応じた賞与の支給額の違いにより生じます。また、基本給が各自の職務によって決まる賃金体系の場合は、職務の違いによる所定内賃金の差、時間外労働時間数に応じた所定外賃金の差、および個人の成果などに応じた賞与の差が組み合わされて賃金格差が形成されます。

［**図表4−9**］の賃金構造表で、基本給、手当が所定内賃金に占める割合、および所定内賃金、所定外賃金、年間賞与が年収に占める割合を見ることによって、何の要素で、どのような賃金格差が付くのかが大まかに把握できます。

ところで、賃金格差を厳密に捉えようとすると、賃金の最大値と最小値の差（範囲）を見ることが必要になります。例えば、能力による賃金格差は、同年齢・同職務の賃金の最大値と最小値の差として捉えられます。そこで賃金格差を細かく分析するときには、ピボットテーブルを使って役職や年齢階級ごとに賃金の平均値、最大値および最小値を求め、さらに、それぞれの格差（＝最大値−最小値）と格差割合（＝格差÷平均値×100）を算出した一覧表を作成するとよいでしょう［**図表4−11**］。

最大値と最小値の真ん中あたりに平均値があるとすれば、平均値を中心にして格差の2分の1（比率では格差割合の2分の1）の上下幅があると考えられます。例えば、平均値が20万円、賃金格差が8万円、格差割合が40%であれば、賃金の上下幅は、平均値を中心に

図表4−11 役職別・年齢階級別　所定内賃金、年間賞与の格差と格差割合

			19歳以下	20〜24歳	25〜29歳	30〜34歳	35〜39歳	40〜44歳	45〜49歳	50〜54歳	55〜59歳	総計
部長	対象者数								4	5	1	10
	所定内賃金	平均額							509,750	604,600	665,000	572,700
		最大値							545,000	645,000	665,000	665,000
		最小値							481,000	561,000	665,000	481,000
		格差							64,000	84,000	0	184,000
		格差割合							12.6%	13.9%	0.0%	32.1%
	年間賞与	平均額							2,581,500	2,375,200	4,200,000	2,640,200
		最大値							4,002,000	3,138,000	4,200,000	4,200,000
		最小値							1,854,000	1,558,000	4,200,000	1,558,000
		格差							2,148,000	1,580,000	0	2,642,000
		格差割合							83.2%	66.5%	0.0%	100.1%
	理論年収	平均額							8,698,500	9,630,400	12,180,000	9,512,600
		格差							2,916,000	2,588,000	0	4,850,000
		格差割合							33.5%	26.9%	0.0%	51.0%
課長	対象者数						1	4	5	4	1	15
	所定内賃金	平均額					396,000	415,750	459,000	491,250	547,000	457,733
		最大値					396,000	468,000	509,000	515,000	547,000	547,000
		最小値					396,000	367,000	414,000	454,000	547,000	367,000
		格差					0	101,000	95,000	61,000	0	180,000
		格差割合					0.0%	24.3%	20.7%	12.4%	0.0%	39.3%
	年間賞与	平均額					2,170,000	2,240,500	2,019,600	2,096,000	1,738,000	2,090,133
		最大値					2,170,000	2,668,000	2,422,000	2,444,000	1,738,000	2,668,000
		最小値					2,170,000	1,846,000	1,608,000	1,446,000	1,738,000	1,446,000
		格差					0	822,000	814,000	998,000	0	1,222,000
		格差割合					0.0%	36.7%	40.3%	47.6%	0.0%	58.5%
	理論年収	平均額					6,922,000	7,229,500	7,527,600	7,991,000	8,302,000	7,582,933
		格差					0	2,034,000	1,954,000	1,730,000	0	3,382,000
		格差割合					0.0%	28.1%	26.0%	21.6%	0.0%	44.6%
一般社員（係長、班長を含む）	対象者数		2	11	13	18	9	2	9	4	7	75
	所定内賃金	平均額	178,000	199,455	235,808	275,972	319,111	347,000	386,889	383,750	393,000	292,227
		最大値	178,000	228,500	278,500	329,000	365,000	372,000	437,000	417,000	449,000	449,000
		最小値	178,000	183,000	197,500	232,500	266,000	322,000	323,000	368,000	342,000	178,000
		格差	0	45,500	81,000	96,500	99,000	50,000	114,000	49,000	107,000	271,000
		格差割合	0.0%	22.8%	34.4%	35.0%	31.0%	14.4%	29.5%	12.8%	27.2%	92.7%
	年間賞与	平均額	632,000	723,818	787,077	1,063,667	1,219,334	1,141,000	1,277,334	1,383,500	1,059,714	1,017,440
		最大値	632,000	932,000	934,000	1,704,000	1,760,000	1,408,000	1,868,000	1,554,000	1,188,000	1,868,000
		最小値	632,000	548,000	636,000	790,000	848,003	874,000	1,034,004	1,302,000	940,000	548,000
		格差	0	384,000	298,000	914,000	911,997	534,000	833,996	252,000	248,000	1,320,000
		格差割合	0.0%	53.1%	37.9%	85.9%	74.8%	46.8%	65.3%	18.2%	23.4%	129.7%
	理論年収	平均額	2,768,000	3,117,273	3,616,769	4,375,334	5,048,667	5,305,000	5,920,000	5,988,500	5,775,714	4,524,160
		格差	0	930,000	1,270,000	2,072,000	2,099,997	1,134,000	2,201,996	840,000	1,532,000	4,572,000
		格差割合	0.0%	29.8%	35.1%	47.4%	41.6%	21.4%	37.2%	14.0%	26.5%	101.1%

（次ページに続く）

			19歳以下	20〜24歳	25〜29歳	30〜34歳	35〜39歳	40〜44歳	45〜49歳	50〜54歳	55〜59歳	総計
全体	対象者数		2	11	13	18	10	6	18	13	9	100
	所定内賃金	平均額	178,000	199,455	235,808	275,972	326,800	392,833	434,222	501,769	440,333	345,100
		最大値	178,000	228,500	278,500	329,000	396,000	468,000	545,000	645,000	665,000	665,000
		最小値	178,000	183,000	197,500	232,500	266,000	322,000	323,000	368,000	342,000	178,000
		格差	0	45,500	81,000	96,500	130,000	146,000	222,000	277,000	323,000	487,000
		格差割合	0.0%	22.8%	34.4%	35.0%	39.8%	37.2%	51.1%	55.2%	73.4%	141.1%
	年間賞与	平均額	632,000	723,818	787,077	1,063,667	1,314,401	1,874,000	1,773,334	1,984,154	1,484,000	1,340,620
		最大値	632,000	932,000	934,000	1,704,000	2,170,000	2,668,000	4,002,000	3,138,000	4,200,000	4,200,000
		最小値	632,000	548,000	636,000	790,000	848,003	874,000	1,034,004	1,302,000	940,000	548,000
		格差	0	384,000	298,000	914,000	1,321,997	1,794,000	2,967,996	1,836,000	3,260,000	3,652,000
		格差割合	0.0%	53.1%	37.9%	85.9%	100.6%	95.7%	167.4%	92.5%	219.7%	272.4%
	理論年収	平均額	2,768,000	3,117,273	3,616,769	4,375,334	5,236,001	6,588,000	6,984,000	8,005,385	6,768,000	5,481,820
		格差	0	930,000	1,270,000	2,072,000	2,881,997	3,546,000	5,631,996	5,160,000	7,136,000	9,496,000
		格差割合	0.0%	29.8%	35.1%	47.4%	55.0%	53.8%	80.6%	64.5%	105.4%	173.2%

※「格差」は、所定内賃金、年間賞与の最大値と最小値の差。「格差割合」は、格差÷平均額×100（%）で算出した。
※理論年収は、所定外賃金を含まない年間賃金（所定内賃金平均額12カ月分と年間賞与平均額の合計）を示す。なお、理論年収の格差は、「所定内賃金の格差×12＋年間賞与の格差」で算出した。

図表4−12 年齢階級別 理論年収の平均値、および最大値・最小値

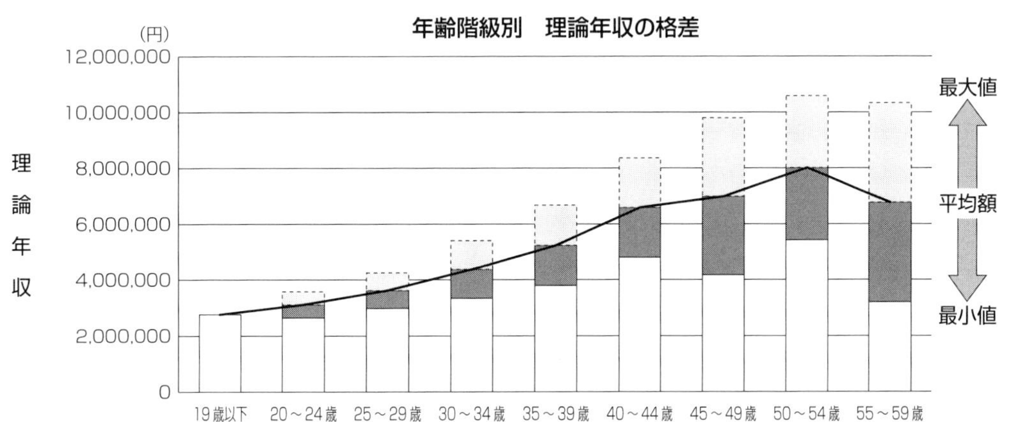

※上図で「平均額」は、各年齢階級の理論年収の平均値、「最大値、最小値」は、「平均額±格差×0.5」で算出した数値。この図を見ると、年齢が上昇するごとに年収平均額も増えるが、その一方で年収格差が大きくなっていくことが分かる。
なお、[図表4−11] で見る限り、40歳未満の年齢階級の年収格差は主に所定内賃金の差により生み出されるが、40歳以上（特に45歳以上）は、それに役職や賞与の違いが加わるため、年収格差が大きくなる。

して、額は±4万円（16万〜24万円）、率は±20%（80〜120%）となります。

なお、[**図表4−11**] の年齢階級ごとの年収の平均額、最大値および最小値を可視化すると [**図表4−12**] の棒グラフとなります。

[**図表4−11**] の役職ごとの理論年収の格差割合を見ると、部長が51.0%、課長が44.6%、一般社員（係長、班長を含む）が101.1%となっており、役職者の賃金格差が一般

社員に比べて小さいように見えます。しかし、一般的に、対象者数が少ないほど、また対象者の年齢層が限られているほど、賃金格差は小さくなることを考えれば、一般社員に比べて役職者の賃金格差が小さすぎるとは、一概に言い切れません。

部長の所定内賃金の格差割合は32.1%、年間賞与のそれは100.1%、同じく課長は、それぞれ39.3%と58.5%になっており、役職者の賃金格差は主に賞与支給額の差から生じているものと考えられます。

全体の理論年収の格差割合を年齢階級ごとに見ていくと、部長が出現する「45〜49歳」で80.6%となり、それまでの年齢階級と比べて大幅に上昇します。一方、一般社員の理論年収の格差割合を見ていくと、課長が出現する前の「30〜34歳」が47.4%と最も高く、それ以降は格差が縮小する傾向が見られます。つまり、この会社では、課長が出現する30歳代後半までは主に基本給を中心とした所定内賃金の差で賃金格差が生み出され、それ以降は、所定内賃金が高かった者が課長や部長に昇進することにより、役職の違いによって賃金格差が生み出されていると考えられます。

［**図表4－9**］と［**図表4－11**］を見る限りでは、この会社の場合、一般社員（係長、班長を含む）と課長との賃金格差が小さすぎると考えられます。このことを明確にするために、［**図表2－17**］の要領で、役職別に年収（所定外労働を含む）の箱ひげ図を作成しました［**図表4－13**］。

図表4－13　役職別に見た年収（所定外賃金、賞与を含む）の箱ひげ図

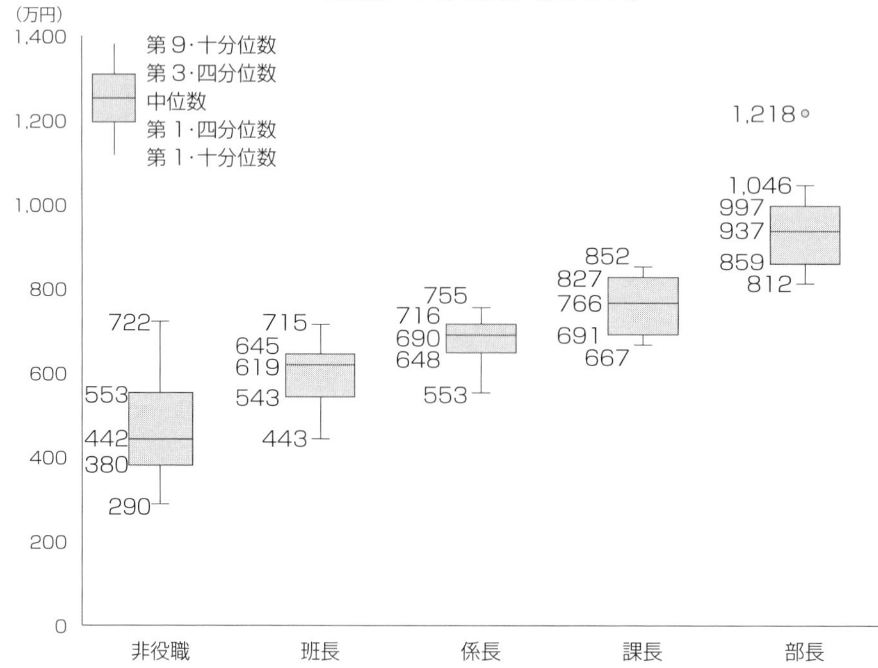

箱ひげ図を見ると、一般社員の最上位である係長と課長との年収の重なり部分が大きいことが一目瞭然となっています（係長の年収の中位数690万円と課長の年収の第1・四分位数691万円がほぼ同じになっています）。この部分の格差を広げること、具体的に言えば、役職手当の増額により課長の年収を引き上げることを検討すべきと考えられます。

サンプルデータの役職間、年齢階級間の賃金格差を「賃金構造基本統計調査」の「役職別」のデータと比較しながら分析してみましょう。

［**図表4－14**］では、サンプルデータの役職別、年齢階級別の所定内賃金の平均額を、ピボットテーブルを使って算出しました。さらに、各役職の最も若い年齢階級の所定内賃

図表4－14　役職別・年齢階級別所定内賃金の統計データとの比較

サンプルデータの役職別、年齢階級別　所定内賃金と賃金指数

（単位：円）

	年齢（歳）	勤続年数（年）	労働者数（人）	19歳以下	20～24歳	25～29歳	30～34歳	35～39歳	40～44歳	45～49歳	50～54歳	55～59歳	全年齢
部長	50.7	29.6	10							509,750	604,600	665,000	572,700
課長	46.8	25.6	15					396,000	415,750	459,000	491,250	547,000	457,733
係長	43.2	23.8	6					324,000		404,750			377,833
非役職	34.5	12.5	69	178,000	199,455	235,808	275,972	317,714	347,000	372,600	383,750	393,000	284,783
部長	各役職の最も若い年齢階級の所定内賃金を100とした場合の各年齢階級の賃金指数									100.0	118.6	130.5	112.3
課長								100.0	105.0	115.9	124.1	138.1	115.6
係長								100.0		124.9			116.6
非役職				100.0	112.1	132.5	155.0	178.5	194.9	209.3	215.6	220.8	160.0
部長	「非役職」の所定内賃金を100とした場合の各役職の賃金指数									136.8	157.6	169.2	201.1
課長								124.6	119.8	123.2	128.0	139.2	160.7
係長								102.0		108.6			132.7
非役職				100.0	100.0	100.0	100.0	100.0	100.0	100.0	100.0	100.0	100.0

※「非役職」には、班長を含む。

「賃金構造基本統計調査」による役職別、年齢階級別　所定内賃金と賃金指数

（単位：円）

	年齢（歳）	勤続年数（年）	労働者数（人）	19歳以下	20～24歳	25～29歳	30～34歳	35～39歳	40～44歳	45～49歳	50～54歳	55～59歳	全年齢
部長	52.2	23.8	387,350	－	385,700	408,900	541,700	543,900	620,500	644,200	680,500	656,400	651,900
課長	48.3	21.9	989,880	180,500	212,900	360,500	446,700	467,100	504,900	535,100	547,800	520,800	520,400
係長	44.8	19.0	883,730	－	231,900	304,900	344,000	370,300	383,300	409,700	429,800	417,100	392,300
非役職	39.0	11.2	10,392,590	177,400	213,200	248,400	280,600	303,700	320,800	333,900	350,500	348,700	293,700
部長	各役職について、上表と同じ年齢階級の所定内賃金を100とした場合の各年齢階級の賃金指数				59.9	63.5	84.1	84.4	96.3	100.0	105.6	101.9	101.2
課長				38.6	45.6	77.2	95.6	100.0	108.1	114.6	117.3	111.5	111.4
係長					62.6	82.3	92.9	100.0	103.5	110.6	116.1	112.6	105.9
非役職				100.0	120.2	140.0	158.2	171.2	180.8	188.2	197.6	196.6	165.6
部長	「非役職」の所定内賃金を100とした場合の各役職の賃金指数				180.9	164.6	193.1	179.1	193.4	192.9	194.2	188.2	222.0
課長				101.7	99.9	145.1	159.2	153.8	157.4	160.3	156.3	149.4	177.2
係長					108.8	122.7	122.6	121.9	119.5	122.7	122.6	119.6	133.6
非役職				100.0	100.0	100.0	100.0	100.0	100.0	100.0	100.0	100.0	100.0

資料出所：厚生労働省「賃金構造基本統計調査」（2017年）

※役職別、産業計、企業規模100人以上、男女計の所定内給与額のデータ。なお、指数部分は、著者が算出、追加した。

金を「100」として、各年齢階級の賃金指数（＝該当する年齢階級の賃金÷最も若い年齢階級の賃金×100）を表示しました。

このように、あるデータを基準値（100）として、その他のデータを基準値対比の値（＝データの値÷基準値×100）で示す方法を「指数化」といいます。データの指数化を行うと、すべてのデータが100を基準とした数値に置き換えられるため、データ間の格差や変動が見やすくなります。ここでは、各役職の年齢による賃金格差を見るために「各役職の最も若い年齢階級の所定内賃金を100とした指数化」および各年齢階級の役職による賃金格差を見るために「各年齢階級で非役職の所定内賃金を100とした指数化」を行いました。

［**図表4－14**］から、サンプルデータの賃金格差の特徴として、次の点が分かります。

①統計データでは、役職の出現年齢（課長は「35～39歳」、部長は「45～49歳」）以降、年齢の上昇に伴う所定内賃金の増加率は、最大でも課長で17.3％、部長で5.6％であるが、サンプルデータは課長、部長ともに30％以上増加している。すなわち、一般的には、役職に昇進した後は年齢上昇に伴う昇給は抑えられるが、サンプルデータの会社では、役職に昇進した後も、年齢上昇に伴う昇給が続き、その結果、同じ役職でも、年齢による賃金格差が生じている。

②統計データでは、非役職者を100とした場合、部長の賃金指数は222.0、課長は177.2、係長は133.6となるが、サンプルデータの会社は、部長が201.1、課長が160.7、係長が132.7であり、部長、課長と非役職との賃金格差が小さいことが分かる。

この分析結果を見る限り、サンプルデータの会社は、部長、課長の賃金について、年齢上昇に伴う昇給を抑える一方で、一般社員との賃金格差を大きくするほうがよいと考えられます。

5 「賃金構造基本統計調査」の分布特性値の使い方

前項では、「賃金構造基本統計調査」のデータを使って、役職間、年齢階級間の賃金格差を指数で捉える方法を説明しました。それでは、同じ役職あるいは同じ年齢階級の従業員の間での賃金格差を知りたいときには、どうすればよいでしょうか。

このようなときは、「賃金構造基本統計調査」の産業大分類、役職別といった各データセットの一番下に表示される「所定内給与額の分布特性値」のデータを見ます。

分布特性値には、所定内給与額の度数分布表（賃金階級ごとの労働者数を示した表）や分位数などが示されています。これらを見れば、例えば「自社の賃金の平均値を世間の課長の賃金の上位25％の額（第3・四分位数）に近づける」、あるいは「自社の賃金の最大値は第3・四分位数を、最小値は第1・四分位数を基準に設定する」など、世間の賃金別労働者の分布を参考にして、自社の賃金水準や格差が設定できます。

なお、分布特性値の分位数（ここでは、四分位数、十分位数が示されています）を使えば、［**図表4－15**］の下図のような箱ひげ図を作成することもできます。

この箱ひげ図を見て、「第9・十分位数と第1・十分位数との間に示された範囲が、一般

図表4−15　分布特性値を使った、所定内賃金のヒストグラム（課長級）と箱ひげ図

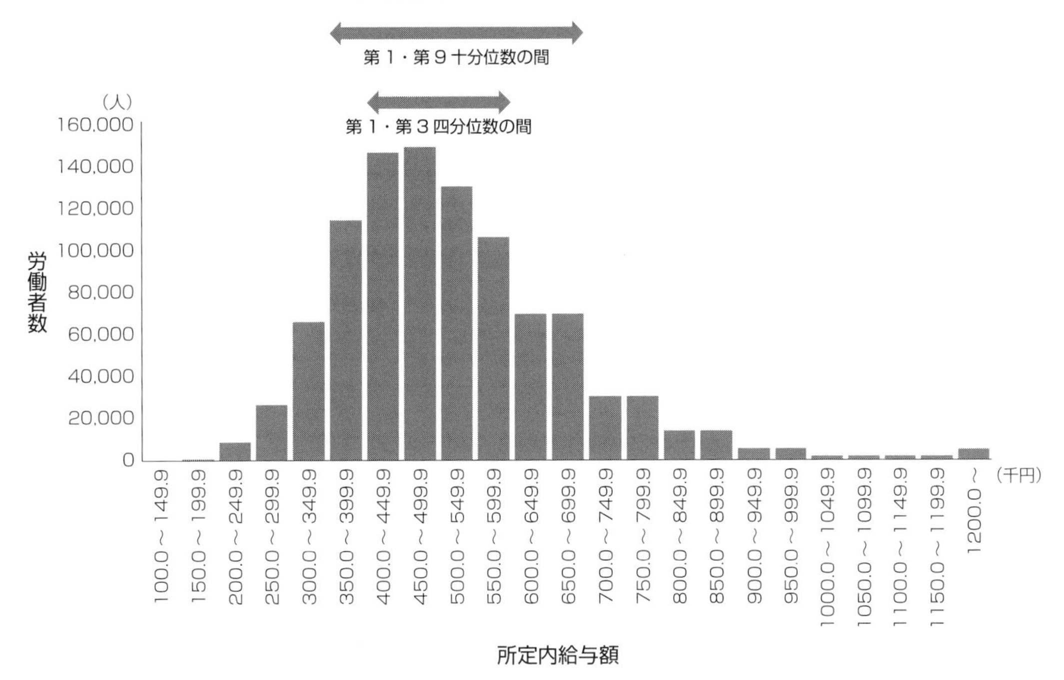

※元の統計データにおいて、所定内給与60万円以上は10万円刻みで労働者数が表示されている。上のヒストグラムでは、年齢階級の刻みをそろえるため、「600.0～699.9千円」の労働者数の半数を「600.0～649.9」「650.0～699.9」にそれぞれ表示している。

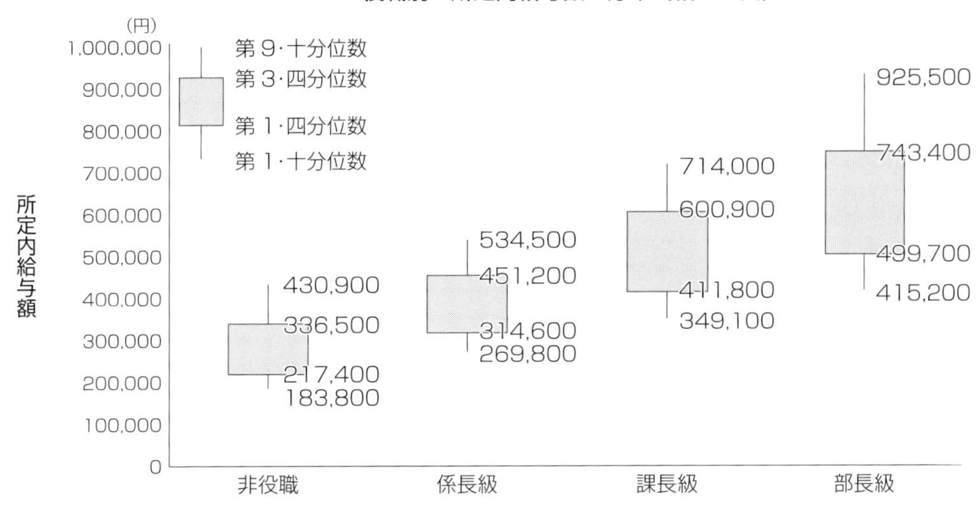

資料出所：厚生労働省「賃金構造基本統計調査」（2017年）
※役職別、企業規模計（100人以上）、男女計、学歴計のデータを加工。

的な会社の賃金の上下幅（最大値と最小値の差）である」と捉えることは誤りです。「賃金構造基本統計調査」の分布特性値は、さまざまな会社の賃金のデータを集計したものなので、第9・十分位数は賃金水準が高い会社、第1・十分位数は水準が低い会社のデータが強く反映されています。したがって、この統計データの第9・十分位数、第1・十分位数に合わせて自社の賃金の最大値、最小値を設定すると、賃金の上下幅が極端に広がってしまいます。

「分布特性値は、それぞれの会社の分位数などを集計したものではなく、あくまでも労働者全体の賃金の分布を示すものである」ことに注意して、このデータを活用するようにしましょう。

6 賃金格差の分析のまとめ

前述したとおり、賃金格差の分析では、賃金構造表や箱ひげ図などを作成して、「賃金格差の根拠」と「賃金格差の大きさ」という二つの視点から現状を把握します。ただし、重要なことは、賃金格差の現状そのものよりも、この現状を「社内（経営者や従業員）が納得しているかどうか」ということになります。

例えば、［**図表4－13**］の箱ひげ図から「係長と課長の賃金格差が小さすぎる」という現状が把握できたら、その現状を社内（特に係長や課長）が納得しているかどうかを調べることが必要になります。現状に対する社内の納得や捉え方を調べるためには、アンケート調査などの方法もありますが、最も早く、確実な方法は「当事者たちに直接聞いてみる」ということです。係長から「賃金が増えないので課長に昇進したくない」、あるいは課長から「係長時代と賃金が変わらないためモチベーションが上がらない」などの声が聞かれるようであれば、「係長と課長との間の賃金格差が小さいことに対する社内の納得性が低い」ということになります。このように、社内の納得や捉え方を調べることによって現状抱える問題が明確になりますので、そこで解決策を検討することもできるようになります。

なお、実際には、過去のアンケートや従業員・退職予定者の意見などから、賃金格差に対する社内の納得や捉え方についての情報が得られており、そこから「このような現状になっているのではないか」という仮説を構築した上で、分析を行う場合が多いと考えられます。このような場合は、構築された仮説を基に賃金構造表や箱ひげ図を作成して、「従業員が納得しないのも当然だ」という根拠を示していくように、賃金格差の分析を進めていくと効率的です。

2 人件費の分析

1 「人件費」とは

「人件費」とは、会社が「人（経営者、従業員）」に関して支払うすべてのコストを指します。具体的に言えば、賃金、福利厚生にかかる費用、募集・採用費や教育研修費などの合計額です。

会社の財務諸表には、通常、「人件費」という科目は計上されません（なお、学校法人や医療法人などの収支計算書には「人件費支出」として計上されます）。したがって、人件費の分析を行う場合は、まず、次の方法で人件費を算出することが必要になります［**図表4－16**］。

（1）財務諸表から算出する方法

財務諸表から次の科目を抽出し、それらの合計額を算出します。

●「販売費及び一般管理費」に計上される人件費（財務諸表の「注記事項　販売費及び一般管理費の内訳」などに表示されるもの）

図表4－16　人件費の算出方法

① 財務諸表から算出する方法

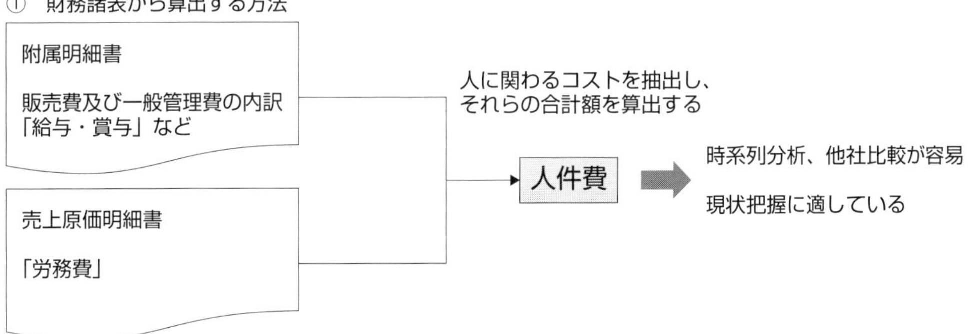

② 賃金データなどから算出する方法

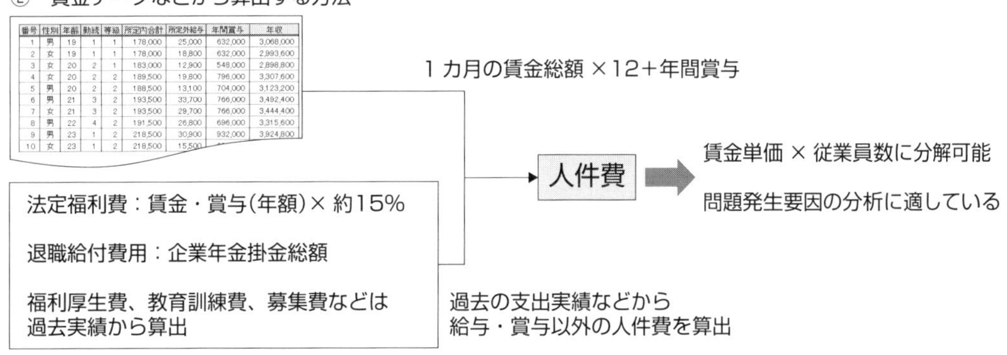

番号	性別	年齢	勤続	等級	所定内合計	所定外給与	年間賞与	年収
1	男	19	1	1	178,000	25,000	632,000	3,068,000
2	女	19	1	1	178,000	18,800	632,000	2,993,600
3	女	20	2	1	183,000	12,900	548,000	2,898,800
4	女	20	2	2	189,500	19,800	796,000	3,307,600
5	男	20	2	2	188,500	13,100	704,000	3,123,200
6	男	21	3	2	193,500	33,700	766,000	3,492,400
7	女	21	3	2	193,500	29,700	766,000	3,444,400
8	男	22	4	2	191,500	26,800	696,000	3,315,600
9	男	23	1	2	218,500	30,900	932,000	3,924,800
10	女	23	1	2	218,500	15,500		

①従業員給料手当：当該事業年度（通常は1年間）に、従業員に支払った給与（時間外手当や休日労働手当を含む）や賞与の総額
②退職給付費用：従業員に支払った退職金や企業年金の掛け金など、退職給付にかかった費用
③法定福利費：法令により定められている労働・社会保険料の事業主負担分。具体的には、雇用保険、健康保険・介護保険、厚生年金保険の事業主負担分の保険料、および労働者災害補償保険の保険料、子ども・子育て拠出金の合計額
④福利厚生費：法令による定めがなく、会社が独自に負担している福利厚生関係の費用。例えば、社宅や独身寮の維持管理費、食事代の補助、レクリエーションの補助、従業員の慶弔見舞いに関する費用など
⑤教育訓練費：従業員の教育訓練、研修などに関する費用
⑥募集費：従業員の募集、採用に関する費用。具体的には、募集に関する広告費や業者への委託料など
⑦雑給：販売、管理部門などの非正規社員に支払った賃金など
⑧役員報酬、慰労金：役員に支払った報酬や退職慰労金など。なお、企業における人件費は、従業員（雇用される者）に関するコストのみを指し、役員の報酬などは含まないことが多い

●売上原価（製造原価、サービス原価）に計上される人件費（財務諸表の「売上原価明細書」などに表示されるもの）

労務費：製造部門やサービス提供部門などに勤務する従業員の給与や法定福利費などの総額。いわゆる直接部門の人件費は、製造原価に含むべきコストとして、販売費及び一般管理費に含まれる人件費とは、別個に計上される

（2）賃金データなどから算出する方法

賃金台帳、または給与計算システムから、ある1カ月間（例えば6月）について、全従業員（非正規社員を含む）に支払った賃金のデータを、基本給、手当などの項目別に集計します。また、それらの従業員に対して前年1年間に支払った賞与も集計します。

この賃金（月額）、賞与のデータなどから、次の①、②を算出し、それらに③を加えたものが人件費（推定額）となります。

①賃金・賞与（年額）：「1カ月間の賃金総額×12カ月＋年間賞与」で算出する
②法定福利費：①賃金・賞与（年額）の15％相当額を法定福利費とする。なお、「15％」は、会社が負担する労働保険料率と社会保険料率（子ども・子育て拠出金を含む）を合計した率
③その他人件費：前年の財務諸表などから、退職給付費用、福利厚生費、教育訓練費、募集費を算出し、それを従業員数で割って「従業員1人当たりのその他人件費」を算出した上で、次のように算出する

その他人件費＝1人当たりのその他人件費×現在の従業員数

前記「**(1) 財務諸表から算出する方法**」は、財務諸表があれば算出できるため、自社の人件費の時系列推移を見たり、他社との比較を行ったりするときに適しています。また、財務諸表を見れば売上高や付加価値の額も分かるため、それらと人件費の比率を算出することも簡単にできます。

一方、「**(2) 賃金データなどから算出する方法**」は、例えば、賃金・賞与を「1人当たりの賃金・賞与×従業員数」に分解し、さらに、従業員数を「一般社員数と管理職数」に分解していくことによって、人件費に関する問題点の発生要因を分析したり、具体的な改善策を検討したりできます。

財務諸表と賃金データの両方が入手できる場合は、まず財務諸表から算出した人件費による時系列分析や他社比較などを行って現状を大まかに把握し、次に賃金データから算出した人件費を賃金単価や従業員数に分解していくことによって問題の発生要因を分析していくとよいでしょう。

2 「適正な人件費」とは

人件費を算出することができたら、次に、その適正性を判断することが必要になります。ところで、人件費の適正性は、どのように捉えればよいのでしょうか。

人件費を売上高や利益との関係性から捉えると、次のような式で表されます。

営業利益＝売上高－コスト
　　　　＝売上高－（人件費以外のコスト＋人件費）
　　　　＝（売上高－人件費以外のコスト）－人件費…①式

①式から、売上高と人件費以外のコストが一定であれば、人件費が多くなるほど営業利益が少なくなる（すなわち、営業利益を多くしたいのであれば、人件費を少なくすればよい）ということが分かります。

また、人件費は、次の算式で示すことができます。

人件費＝従業員1人当たりの人件費単価×従業員数

「従業員1人当たりの人件費単価」の大部分は、従業員に支払う賃金・賞与で占められていますから、上の算式は、次のように読み替えることもできます。

人件費＝賃金・賞与の平均額×従業員数＋α…②式

（ただし、αは福利厚生費、教育訓練費など、賃金・賞与以外の人件費）

②式から、人件費を少なくしたいのであれば、基本的には、賃金・賞与の平均額を減らす（賃金水準を引き下げる）か、または従業員数を減らすことが必要になることが分かります。もっとも、賃金・賞与の平均額を減らす（賃金水準を引き下げる）と、従業員の大量退職が発生したり、採用が困難になったりして、結局のところ、従業員数も減少するおそれがあります。つまり、人件費の増減と従業員数の増減は、直接的、あるいは間接的に、結び付いていると考えられます。

さて、会社が事業を継続するためには、「一定額以上の利益を出すこと」と「事業活動を行うために必要な従業員数を確保すること」が必要です。ここで、利益を出すためには、①式が示すとおり、人件費を一定額以下に抑えること、その一方で、従業員数を確保するためには、②式が示すとおり、人件費を一定額以上にすることが、それぞれ必要になります。

このように考えると、「適正な人件費」とは、「一定額の利益を出しつつ、事業活動に必要な従業員数を確保できる金額」ということができます。適正な人件費の額を超えてしまうと利益が出せなくなり、また、適正な人件費を下回ってしまうと従業員数を確保できなくなり、いずれにせよ、会社は事業を継続できなくなってしまうのです。

したがって、人件費の適正性を検証するときには、次の二つの点をチェックします。

❶その人件費の額で、一定額以上の利益を見込めるかどうか

❷その人件費の額で、事業活動に必要な従業員数を確保できるかどうか

❶については、事業計画上の売上高（目標値）に対して、人件費以外のコストと人件費の推測値を算出して、そこから営業利益の額を試算してみるとよいでしょう。これについては、「**第６章　要員計画、人件費予算の策定**」で説明します。

❷については、今後の必要人員の見込み、雇用情勢（人材を採用しやすい状況かどうか）および自社の賃金水準（人材を採用できる賃金水準にあるか）などを考えて、分析者が総合的に判断することになります。

このように、人件費の適正性は、利益の見込みと従業員数の確保という二つの点からチェックしますが、その検証のために、今後の営業利益を試算したり、必要人員の見込みを算出したりすることは手間がかかります。

まずは、人件費に関する指標について、自社の数値を統計データと比較したり、時系列分析を行ったりすることにより人件費の適正性を大まかにつかみ、そこで問題が見つかったら、上記❶や❷のチェックを行いながら解決策を検討するというパターンにしたほうが、効率的に分析を進めることができます。

人件費の適正性をつかむための指標としては、「労働分配率」が広く用いられています。そこで次項では、労働分配率を使った人件費の分析について説明します。

3 労働分配率を使った人件費分析の基本的な考え方

労働分配率は、次の式で算出されます［**図表４−17**］。

労働分配率(%)＝人件費 ÷ 付加価値×100

付加価値とは、「**第３章2労働生産性の分析**」で説明したとおり、会社の儲けであり、「売上高−外部購入価値」で算出されます。会社は、付加価値を「人件費（労働力）」または「資本（設備投資や内部留保など）」に配分しますが、このうち人件費への配分割合が「労働分配率」、資本への配分割合が「資本分配率」になります。

一般的に、労働分配率が低ければ、付加価値のうち人件費に回される部分が少ない（逆

図表4−17　労働分配率と資本分配率

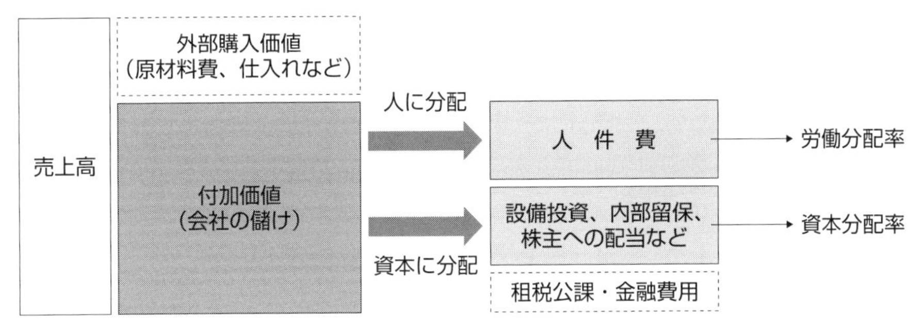

に、設備投資や内部留保に配分できる資金が多い）ということになりますから、資金的に余裕ができて、事業運営が安定します。

ただし、これは、あくまでも「一般論」であって、労働分配率が低くても、事業運営が厳しい状態に陥ることがあります。例えば、付加価値を人件費に適正に配分しなければ、賃金が一向に上がらないことに不満を持った従業員がモチベーションを低下させたり、従業員が常に不足する状態になったりして、長期的に見れば事業運営に支障が生じます。

ですから、分析者は、労働分配率について「高い（低い）」あるいは「上昇している（下降している）」という事実を捉えたら、それが自社の経営に与えている影響を考えて、その良し悪しを判断しなければなりません。

また、分数で算出される指標に広く当てはまることですが、労働分配率を見るときにも、分母（付加価値）と分子（人件費）を分けて、それぞれの特徴や傾向を分析することが必要です。

例えば、労働分配率の上昇が付加価値の減少によって生じている場合、労働分配率を低下させるために人件費を引き下げると、従業員数の減少などにより付加価値のさらなる減少が生じて、かえって労働分配率の上昇傾向を助長することになってしまいます。

労働分配率の状況・傾向から経営改善策を企画する場合、原則として、付加価値の低下によって生じている問題は付加価値を増やす対策を、人件費の上昇によって生じている問題は人件費増加を抑制する対策を考えることが必要です。

労働分配率の分析により、人件費に何らかの問題があるという結果が導き出された場合、その問題を生じさせている要因が、賃金水準にあるのか、あるいは従業員数にあるのかを掘り下げて考えていくことが必要になります［**図表4−18**］。

賃金データから算出していれば、人件費を「賃金・賞与の平均額×従業員数」に分解できますので、それぞれを統計データと比較したり、時系列推移を見たりすることによって、人件費に関する問題を生じさせる要因がないかどうかを調べることができます。なお、賃金水準の分析方法は「**本章1 3賃金水準の分析**」を、従業員数の分析方法は「**第3章2労働生産性の分析**」を参照してください。

図表4−18　労働分配率の状況と発生要因、経営への影響

労働分配率	発生要因	経営への影響（懸念される問題）
他社よりも高い または 上昇傾向にある	①人件費が多い（増加している） ・賃金水準が高い ・従業員数が多い ・正社員比率が高い ・管理職比率が高い ②付加価値が少ない（減少している） ・売上高が少ない ・人件費以外のコストが多い	・利益が確保できず、財務状況が悪化している ・設備や開発に資金が回らず、事業が先細りになる ・従業員がダブついて、組織が活性化していない ・商品力、販売力の低下が見られ、売上高が減少している
他社よりも低い または 下降傾向にある	①人件費が少ない（減少している） ・賃金水準が低い ・従業員数が少ない ・正社員比率が低い ・管理職比率が低い ②付加価値が多い（増加している） ・売上高が多い ・人件費以外のコストが少ない	・低賃金のため、従業員の定着率が悪く、人材の採用も難しい ・慢性的な人手不足のため、従業員が過重労働に陥り、疲弊している ・賃金が増えないため、従業員のモチベーションが低下している ・優秀人材が退職してしまうため、サービスの質や技術力が低下する

4　労働分配率の統計データとの比較

労働分配率の産業別の平均値は、次の統計データを使って算出できます。

●財務省「法人企業統計調査」

人件費と付加価値（＝人件費＋支払利息等＋動産・不動産賃借料＋租税公課＋営業利益）が表示されているので、そこから労働分配率を算出することができます。

●経済産業省「企業活動基本調査」

速報、確報とも「概況」の「付表7　産業別、1企業当たり付加価値額、付加価値率、労働分配率、労働生産性」を見れば、労働分配率が表示されています。

なお、この統計では、付加価値額および労働分配率を次のとおり算出しています。

付加価値額＝営業利益＋減価償却費＋給与総額＋福利厚生費＋動産・不動産賃借料＋租税公課

労働分配率＝給与総額÷付加価値額×100

給与総額＝売上原価（人件費、製造原価に含まれる労務費）＋販売費及び一般管理費（給料＋賞与＋役員報酬・賞与＋引当金等）

なお、企業活動基本調査の労働分配率の分子（人件費）は、従業員に支払った賃金・賞与と役員に支払った役員報酬・賞与となっており、退職給与支払額（退職給付費用を含む）、法定福利費、厚生費などは含まれていません（企業活動基本調査では、これらの費用の合計額を「福利厚生費」として表示しています）。

図表4－19 産業別、1企業当たり付加価値額、労働分配率および給与総額（2016年度実績）

	付加価値額（百万円）	労働分配率（%）	給与総額※（百万円）	従業員数※（人）	1人当たり給与総額※（万円）
合計	4,310.0	48.8	2,103.3	499.3	421
鉱業、採石業、砂利採取業	7,727.0	16.2	1,251.8	187.8	667
製造業	4,647.3	47.7	2,216.8	408.8	542
電気・ガス業	46,434.5	20.6	9,565.5	1,292.8	740
情報通信業	4,006.8	56.7	2,271.9	403.5	563
卸売業	2,691.0	50.9	1,369.7	268.7	510
小売業	4,638.3	49.7	2,305.2	932.1	247
クレジットカード業、割賦金融業	10,866.1	30.1	3,270.7	704.5	464
物品賃貸業	6,097.0	24.6	1,499.9	327.3	458
学術研究、専門・技術サービス業	4,160.0	60.8	2,529.3	415.5	609
飲食サービス業	4,052.3	61.9	2,508.4	1,731.8	145
生活関連サービス業、娯楽業	2,183.8	46.3	1,011.1	423.4	239
個人教授所	2,386.5	64.4	1,536.9	786.8	195
サービス業	3,826.2	70.3	2,689.8	856.0	314

資料出所：経済産業省「2017年 企業活動基本調査速報－2016年度実績－」のデータを用いて著者が加筆、修正。
この調査における労働分配率は「給与総額÷付加価値額×100」で算出している。
※給与総額は「付加価値額÷労働分配率」、従業員数は同調査の「付加価値額÷労働生産性」、1人当たり給与総額は「給与総額÷従業員数」で算出した。

統計データによって人件費や付加価値の算出方法が異なりますから、分析者は、どのデータを比較に使うかを決めた上で、その統計調査の算出方法に基づいて、自社の人件費や付加価値を算出することが必要です（あるいは、企業活動基本調査の労働分配率の分子を「給与総額＋福利厚生費」にして再計算してから使用します）。

なお、各統計調査の人件費や付加価値の算出方法などは、各報告書の冒頭に掲げられた「調査の概要」に記載されていますので、それを参照してください。

［**図表4－19**］では、経済産業省「企業活動基本調査」から入手した産業別の労働分配率（分子に給与総額を用いたもの）、およびこの統計データから算出した給与総額、従業員数、1人当たり給与総額を表示しました。自社の労働分配率とこのデータとを比較して、人件費の状況を分析してみてください。

5 労働分配率の時系列分析

労働分配率の分析においても、労働生産性と同様に、過去数年度分の自社のデータを時系列で見ることにより、人件費の傾向や管理上の問題を把握することが重要です。

労働分配率が年々上昇していたら、人件費が増えているか、あるいは付加価値が減少しているものと考えられます。どちらの理由であっても、その傾向が長く続くと、会社は利益を出せなくなってしまうため、問題があるといえます。

図表4−20　労働分配率の時系列分析ワークシート

（単位：百万円）

				5年前 （　年度）	4年前 （　年度）	3年前 （　年度）	2年前 （　年度）	1年前 （　年度）	現在 （　年度）
人件費	売上原価	労務費	①						
	販売費及び一般管理費	役員報酬・賞与	②						
		従業員給料手当							
		賞与引当金繰入額							
		退職給付費用							
		法定福利費							
		福利厚生費							
		募集・採用費							
		教育訓練費							
		雑給							
人件費合計			③＝①＋②	0	0	0	0	0	0
減価償却費			④						
動産・不動産賃借料			⑤						
租税公課			⑥						
営業利益			⑦						
付加価値額			⑧＝③〜⑦の合計	0	0	0	0	0	0
従業員数			⑨						

労働分配率	③÷⑧×100						
労働生産性	⑧÷⑨						
従業員1人当たり人件費	③÷⑨						
人件費対前年増減率	(当年③÷前年③)−1						
付加価値対前年増減率	(当年⑧÷前年⑧)−1						

※自社の財務諸表などから上記の項目を転記する。

ただし、事業拡大のために人員を大量採用する場合など、あらかじめ計画されていた労働分配率の上昇であれば、特に問題はありません。

分析者は、労働分配率が上昇している（下降している）という事実をつかんだら、それが生じる要因を考えて、経営にとっての良し悪しを判断することが必要です。

労働分配率の時系列分析は、［**図表4−20**］に示すようなシートを使って行います。

労働分配率の上昇・下降傾向が見られるのであれば、人件費の変動（人件費対前年増減率）と付加価値の変動（付加価値対前年増減率）をチェックして、それがどちらの要因によって生じているのか明らかにします。また、人件費の変動が見られる場合は、従業員1人当たり人件費や労働生産性の動きをチェックして、それが賃金・賞与、従業員数のどちらの要因により引き起こされているのか明確にします。

以上のように、労働分配率の上昇・下降傾向とそれが発生する要因、およびその傾向が経

図表4－21　労働分配率と人件費、付加価値の推移（組み合わせグラフ）

	2013年度	2014年度	2015年度	2016年度	2017年度	2018年度
人件費（億円）	100	105	110	110	105	118
付加価値（億円）	200	210	210	215	200	220
労働分配率（%）	50.0	50.0	52.4	51.2	52.5	53.6
人件費対前年増減率		0.05	0.05	0.00	－0.05	0.12
付加価値対前年増減率		0.05	0.00	0.02	－0.07	0.10

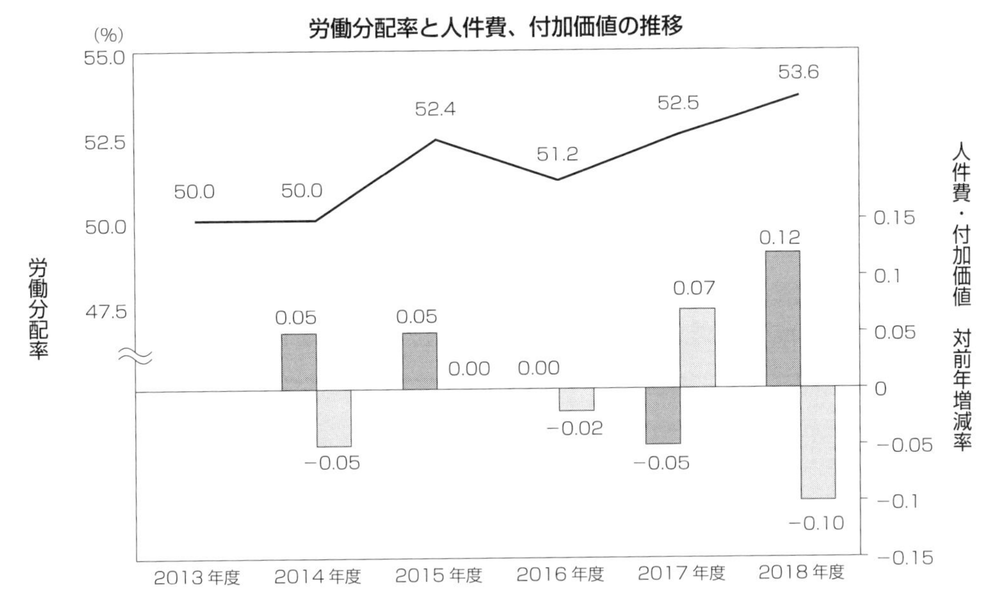

※付加価値対前年増減率は、「－1」を乗じて表示している（付加価値の増加は、労働分配率の下降要因となるため）。

営に与えている影響を分析して、その結果に基づいて、取り組むべき課題を明確化します。

労働分配率の変動に対して、人件費と付加価値の変動がどのように影響しているのかを調べるときには、［**図表4－21**］の下図のような「組み合わせグラフ（労働分配率を折れ線グラフで、人件費対前年増減率と付加価値対前年増減率を棒グラフで示した図）」を作成するとよいでしょう。

この組み合わせグラフは、Excelの［挿入］タブ→［複合グラフ］（または、［グラフの挿入］→［すべてのグラフ］タブ→［組み合わせグラフ］）を選択し、労働分配率のデータを「折れ線グラフ」に、人件費対前年増減率と付加価値対前年増減率を「棒グラフ・第2軸」に設定すれば、自動的に作成できます［**図表4－22**］。

なお、付加価値対前年増減率は、増加が労働分配率の下降要因に、減少が上昇要因になるため、プラスマイナスを反転させて（「－1」を乗じて）表示しています。

図表4−22 組み合わせグラフの作成

Step 1　データを入力し、［組み合わせグラフ］を選択します

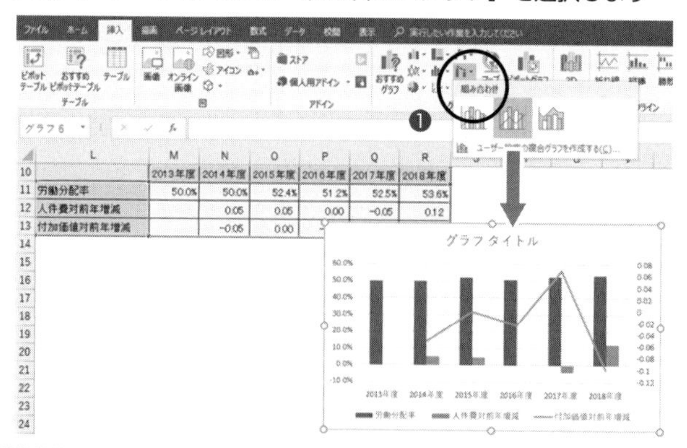

❶グラフ作成に必要なデータを入力し、そのデータ範囲を指定した状態で、［挿入］タブ→［組み合わせグラフ］（または［複合グラフ］）を選択します。
棒グラフと折れ線グラフが一つのグラフに表された「組み合わせグラフ」が表示されます。

Step 2　各データのグラフ種類と縦軸を選択します

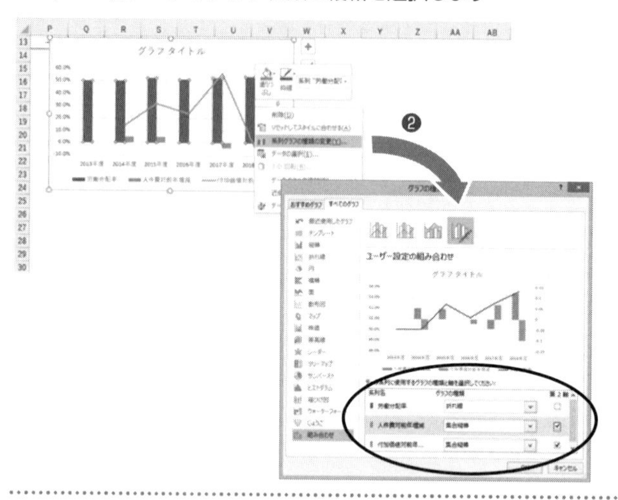

❷組み合わせグラフ上の任意のデータを右クリックし、表示されたボックスから［系列グラフの種類の変更］を選択します。「グラフの種類の変更」から、各データのグラフの種類を選択し、また第2軸（グラフの右側の縦軸）を使って表示するデータを選択します。

Step 3　軸の書式設定でグラフを見やすく調整します

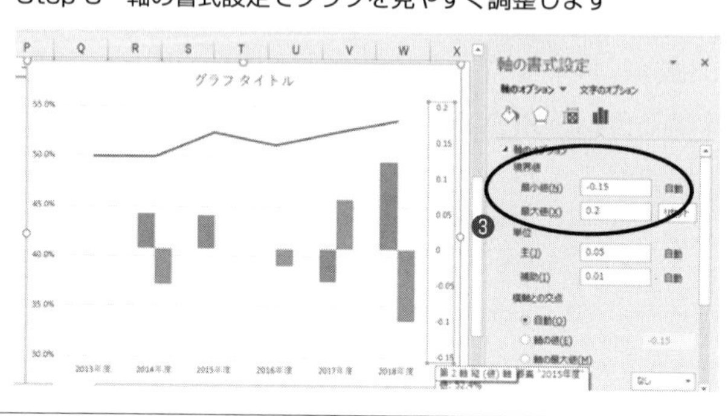

❸折れ線グラフと棒グラフが重なって表示されないように、第1軸、第2軸の［軸の書式設定］→［軸のオプション］の「最大値、最小値」を修正して、グラフを見やすく調整します。

［**図表4−21**］の組み合わせグラフを見ると、各年度の労働分配率の変動は、次の要因により生じていることが分かります。

・2015年度は、人件費が増加したが、付加価値は変化しなかったため、労働分配率が上昇した

・2016年度は、人件費が変化なし、付加価値が増加であったため、労働分配利率が下降した
・2017年度は、人件費、付加価値ともに減少したが、人件費の減少率が付加価値のそれよりも小さかったため、労働分配率が上昇した
・2018年度は、人件費、付加価値ともに増加したが、人件費の増加率が付加価値のそれよりも大きかったため、労働分配率が上昇した

労働分配率の上昇・下降は、人件費と付加価値の増減が組み合わされることにより発生するので、その組み合わせのパターンによって対処法を変えることが必要になります。労働分配率の時系列分析を通じて、人件費と付加価値の変動をしっかりと捉え、自社の状況に応じた人事施策を実施していくようにしましょう。

3 賃金、人件費分析のまとめ

本章では、賃金分析（賃金水準の分析、賃金格差の分析）、および人件費分析（労働分配率の統計データとの比較や時系列分析）について説明しました［**図表4－23**］。

賃金分析は、賃上げを検討するときに必要なデータを収集して、毎年定期的に行うべきものです。「自社の賃金データをどのように収集するか」「水準比較にはどの統計データを使うか」などを決めておいて、毎年、同じパターンで賃金分析を行うようにすれば、分析が効率的に進められ、また、過去の分析結果との比較もできるようになります。

なお、前章で説明した労働生産性や労務構成の分析も、要員計画や人材配置の基礎資料になりますので、毎年定期的に実施すべきものです。これらの分析も、分析のパターンを決めておくとよいでしょう。

人件費分析は、経営計画や人事戦略の策定時など、必要に応じて（不定期に）行われる

図表4−23 人件費分析と賃金分析・労働生産性・労務構成分析

人件費の分析
経営計画や人事戦略の策定時に行う（必要に応じて実施）
人件費 ＝ 賃金・賞与の平均額 × 従業員数 ＋ 共通人件費

賃金の分析
賃上げの検討、賃金制度の見直し時などに行う（定期的に実施）
● 賃金水準の分析
● 賃金格差の分析

労働生産性の分析
労務構成の分析
要員計画の策定、人材配置の見直し時などに行う（定期的に実施）

毎年、定期的に実施

ものです。ここでは、労働分配率の統計データとの比較や時系列分析などが行われますが、これを実施する上で、付加価値や人件費を理解することが必要になります。分析者は、人事管理以外にも財務分析に関する基礎知識も習得するようにしましょう。

なお、人件費は、「賃金・賞与の平均額×従業員数＋共通人件費」に分解できますので、それを分析していく過程では、賃金分析や労働生産性の分析の結果を必ず用いることになります。人件費分析を効率的に行うためには、賃金分析や労働生産性の分析を定期的に実施しておくことが必要です。

■演習5

下表は、小売業を営むC社とD社（ともに従業員10人）の年齢、役職、所定内賃金のデータです。

C社

年齢（歳）	役職	所定内賃金（円）
25	一般	200,000
30	一般	250,000
30	主任	275,000
35	一般	300,000
35	主任	325,000
35	店長	350,000
40	主任	375,000
40	店長	400,000
50	エリア長	550,000
50	主任	475,000

D社

年齢（歳）	役職	所定内賃金（円）
25	一般	200,000
30	一般	200,000
30	主任	300,000
35	一般	200,000
35	主任	300,000
35	店長	500,000
40	主任	300,000
40	店長	500,000
50	エリア長	700,000
50	主任	300,000

問1　Excelを使って、C社、D社の年齢別所定内賃金分布図を作成してください（なお、役職ごとにプロットする点の種類を異なるものとすること）。賃金分布図から、各社の賃金制度について説明してください。

問2　現時点において1カ月の賃金総額（人件費）が高いのは、C社、D社のどちらですか。ただし、C社、D社ともに、時間外労働や休日労働は行われないものとします。

問3　C社、D社それぞれの賃金制度に関する問題として、どのようなものが考えられますか。「このような問題が発生し得る」という仮説を構築してください。

【演習5の解答】

問1　年齢別所定内賃金分布図は、次図のとおり。

[年齢別所定内賃金分布図]

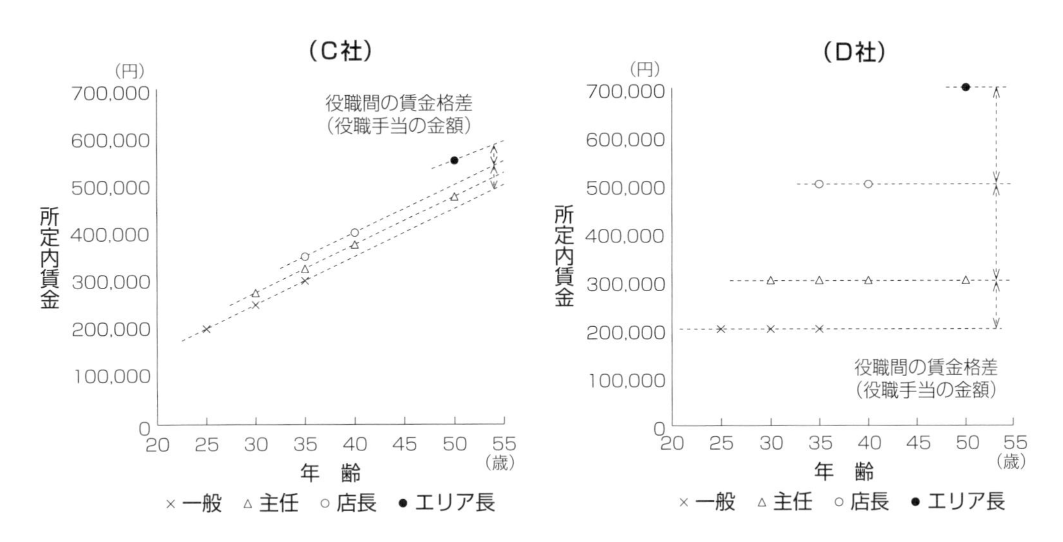

C社：基本給は、25歳で20万円、1歳につき1万円ずつ昇給する仕組みになっている。役職手当として、主任2.5万円、店長5万円、エリア長10万円が基本給に加算される。

D社：一般20万円、主任30万円、店長50万円、エリア長70万円と、役職ごとに一定額の基本給が支給される仕組みになっている。

C社の賃金分布図上の点を役職ごとに線で結んでみると、年齢ごとに上昇していく直線が見えてきます。この直線の傾きが、1歳ごとに増えていく基本給の額（昇給額）を、役職ごとの直線の間隔が役職手当の額を示します。

D社も同様の線を引くと、役職ごとに水平な直線が見えてきます。したがって、年齢にかかわらず、役職ごとに一定額の基本給（職務給）になっていることが分かります。

問2 現時点における1カ月の賃金総額（人件費）は、C社、D社ともに350万円で同額。

「C社は、年齢上昇に伴い賃金も増加していく仕組み（年功賃金）だから、職務給を採用しているD社よりも賃金総額が高くなる」と決めつけないように注意しましょう。1カ月の賃金総額（人件費）は、あくまでも、その月に支払った賃金の合計額となります。

なお、1年後は、C社の従業員の基本給が1万円ずつ昇給し、1カ月の賃金総額が360万円になることが見込まれるため、役職昇進・解任がなければ、D社よりも賃金総額が高くなると考えられます。

問3 C社の問題：

従業員の加齢に伴う賃金の上昇により、毎年、人件費も増加していくことが見込まれ、利益を圧迫しかねない。毎年、賃金が安定的に増加していく一方で、上の役職に昇進しても賃金があまり増えないため、従業員の昇進に対するモチベーションが低下している。

D社の問題：

上の役職に昇進できそうにない一般社員や主任が、賃金が上昇しないことに対して不満を持ち、仕事に対するモチベーションが低下している。従業員間での役職の奪い合いが発生し、職場内でチームワークが行われなくなる、上司が部下を育てようとしなくなるなどの弊害が現れる。

【演習５の解説】

C社は、従業員の加齢に伴い賃金も上昇していく仕組みであること、一方、D社は、上の役職に昇進しない限り賃金が増えないことから、上記の問題が発生するものと考えられます。ただし、これらの問題は、C社、D社の賃金制度の特徴から考えた「仮説」にすぎません。

「従業員のモチベーションが低下している」という仮説を検証するためには、分析者が、実際に職場に出向いて、従業員の声を聞くことが必要になります。例えば、C社の主任の中から「仕事がきつくなるのに賃金がほとんど増えない」という声が広く聞かれれば、「従業員のモチベーションが低下している」という仮説は、ほぼ正しいと捉えることができます。

分析者は、データだけですべてを判断しようとするのではなく、当事者の生の声を聞くなどして、事実を的確に捉えていくことが必要です。

■演習6

下表は、演習4のA社（全国展開をする、低価格な定食のチェーン店）の直近年度およびその前5年度分の人件費および付加価値に関するデータをまとめたものです。

A社の労働分配率の時系列分析を行い、現状の問題と今後の人事戦略をまとめてください。

（単位：百万円）

				5年前 (2013年度)	4年前 (2014年度)	3年前 (2015年度)	2年前 (2016年度)	1年前 (2017年度)	現在 (2018年度)
人件費	売上原価	労務費	①	1,240	1,248	1,250	1,260	1,280	1,295
	販売費及び一般管理費	役員報酬・賞与	②	259	259	259	259	259	259
		従業員給料手当		4,800	4,900	4,950	5,000	5,030	5,083
		賞与引当金繰入額		834	834	834	834	834	834
		退職給付費用		572	572	572	572	572	572
		法定福利費							
		福利厚生費							
		募集・採用費							
		教育訓練費							
		雑給		16,760	17,100	17,450	17,750	18,000	18,155
人件費合計			③=①+②	24,465	24,913	25,315	25,675	25,975	26,198
減価償却費			④	4,068	4,068	4,068	4,068	4,068	4,068
動産・不動産賃借料			⑤	8,941	8,941	8,941	8,941	8,941	8,941
租税公課			⑥	3,000	3,000	3,000	3,000	3,000	3,000
営業利益			⑦	6,000	6,350	6,300	6,200	6,000	4,984
付加価値額			⑧=③～⑦の合計	46,474	47,272	47,624	47,884	47,984	47,191
従業員数			⑨	8,500	8,650	8,800	8,900	8,980	9,000

労働分配率	③÷⑧×100	52.6	52.7	53.2	53.6	54.1	55.5
労働生産性	⑧÷⑨	5.47	5.46	5.41	5.38	5.34	5.24
従業員1人当たり人件費	③÷⑨	2.88	2.88	2.88	2.88	2.89	2.91
人件費対前年増減率	(当年③÷前年③)－1		0.018	0.016	0.014	0.012	0.009
付加価値対前年増減率	(当年⑧÷前年⑧)－1		0.017	0.007	0.005	0.002	−0.017

【演習6の解答】

2015年度以降、A社の営業利益は年々減少しており、経営状況は悪化している。

一方、人件費は、2014年度以降、増加し続けており、それが営業利益減少の一因になっていると考えられる。労働分配率を見ると、過去5年度連続で上昇しており、特に2018年度は前年度1.4ポイント増の大幅な上昇となっている。

労働分配率および人件費、付加価値の対前年増減の推移は、次図のとおりとなる。

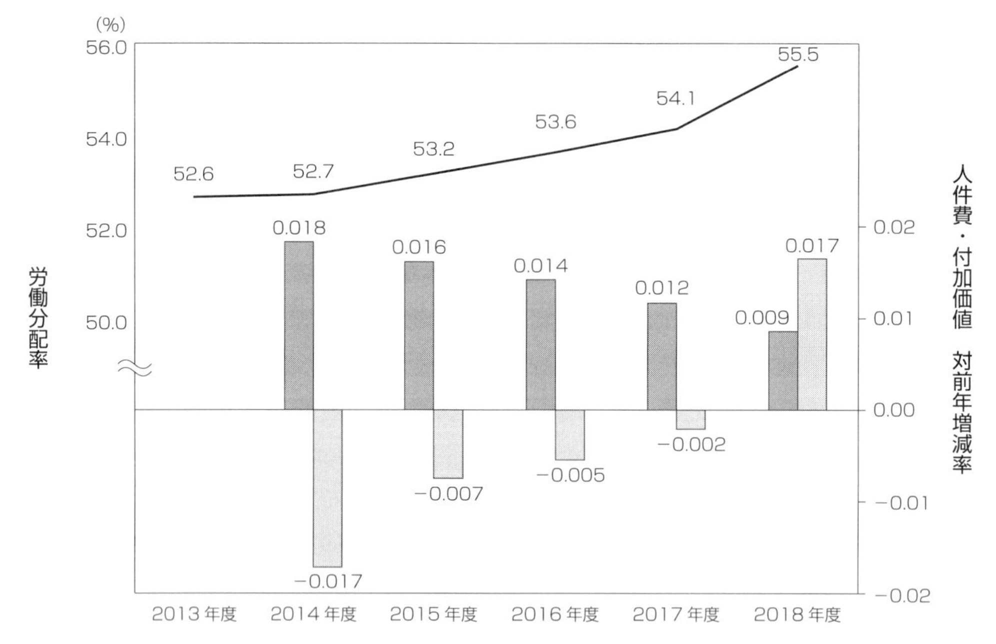

※付加価値対前年増減率は、「−1」を乗じて表示している（付加価値の増加は、労働分配率の下降要因となるため）。

2014年度から2017年度までは、人件費が増加傾向にあるものの付加価値も増えていたために、労働分配率の急上昇は抑えられていたが、2018年度は、人件費増加は小さかったものの付加価値が前年よりも減少したため、労働分配率が大幅に上昇したと考えられる。

従業員1人当たり人件費を見ると、ほぼ横ばいで推移しているが、従業員数は増加し続けており、2018年度の労働生産性は、2013年度よりも4.1%低下している。人件費増加の要因としては、賃金上昇よりも従業員数の増加の影響が大きいと考えられる。

なお、人件費の内訳を見ると、雑給（管理、販売部門の非正規社員の人件費）の増加が大きく、2018年度は2013年度と比べて8.3%増加している。店舗のパートタイム従業員やアルバイトを増やしているものの、店舗が稼ぎ出す付加価値が伸びず、労働生産性の低下と労働分配率の上昇を招いたと考えられる。

これらのことから、現状の問題を整理すると次のとおりとなる。

(1) 店舗の採算の悪化

店舗が稼ぎ出す付加価値（売上高から仕入れ額を控除した粗利益）が低下している一方で、人件費は増加傾向にある。このような現状を生み出している要因として、「赤字の店舗を継続している」「採算が悪い時間帯（深夜）に営業している」「余分なパート、アルバイトを抱えている店舗がある」などの問題があると考えられる。

(2) 商品の付加価値の低下

商品の付加価値が低下している可能性がある。「商品単価が低すぎて、儲けが出せない」

「顧客が現在の商品に飽きてしまっており、（出店数のわりには）販売量が伸びない」などの問題があると考えられる。

したがって、今後の人事戦略は、次のとおりとなる。

①労働生産性の向上（限られた従業員数で、付加価値を稼ぐ事業モデルへの転換）

従業員数を若干減らしつつ、（少なくとも）現在の付加価値を維持できるようにして、労働生産性を高める。具体的には、「不採算店の閉店や深夜営業の停止などを行い、その分の従業員数を削減する」「店舗間でのパートやアルバイトの異動を行い、従業員の増加を抑える」などの施策を実施する。

今後、少子高齢化に伴い、「パートやアルバイトなどの従業員数をどんどん増やして、事業を拡大する」という従来の事業モデルを継続することが困難になると考えられる。この機会に、「労働生産性を高めて、限られた従業員数で、付加価値を稼ぎ出す」という事業モデルへの転換を図るべきであろう。

②マーケティング、商品開発を行う本部人材の強化

商品の付加価値を高めるため、顧客ニーズの分析や新メニューの開発など、本部のマーケティング要員、商品開発要員を強化する必要がある。社内人材の能力や適性を把握して開発業務に抜てきする、社外から優秀な商品開発要員を採用するなどの施策を講じることが必要である。

【演習６の解説】

ここでは、人件費や従業員などのデータから捉えられる範囲で、A社が抱える問題や人事戦略について考えてみました。その意味では、ここで挙げた問題などは、データから捉えられる「仮説」にすぎません。

A社の問題として挙げた「店舗の採算の悪化」については、店舗別収益のデータを見て実態を確認すること、また、「商品の付加価値の低下」については、マーケティング担当者や店長から意見を聴取することなどを行って、人件費などのデータから導き出された仮説を検証していくことが必要になります。

賃金や人件費に関する分析者は、その分析結果から仮説を構築して満足するのではなく、そこから一歩踏み込んで、財務や営業活動に関する情報やデータもチェックする、あるいは経営者や現場の声を聞いてみるなどの仮説の検証までを行い、その上で、今後の戦略や施策を考えていくようにしましょう。

第5章

相関と回帰分析

1 相関

「**第1章2 2統計的手法を使ってできること、できないこと**」において、統計的手法を使ってできることとして次の3点を挙げました。

①他社との違いや時系列変化を客観的に捉えて、問題点の抽出などができる

②複数の事柄の関係性を捉えて、人事施策の検討に役立てることができる

③過去の傾向から今後の動きを推測して、戦略・計画を策定することができる

本書ではこれまで、労務構成や賃金に関わるデータの平均値や標準偏差などを算出し、それを統計データと比較したり、時系列で変化を見たりすることによって、自社の人事管理の特徴や傾向を捉えること、つまり上記の①について説明してきました。

ここからは、上記の②③について説明していきますが、これらを行うためには、「複数の事柄の関係性を分析する手法」や「過去の傾向から今後の動きを推測する手法」を学ぶことが必要です。そこで、本章では、②③を行う上で必要とされる「相関」と「回帰分析」という統計的手法について説明します。

1 「相関」とは

「相関」とは、二つのデータが相互に関係していること、お互いに影響を及ぼし合っていることをいいます。例えば、年齢と賃金という二つのデータについて、年齢の上昇に応じて賃金も増えていく関係性が見られれば、「年齢と賃金との間には相関が見られる」ということになります。一方、年齢が低くても賃金が高い人、逆に年齢が高くても賃金が低い人が混在している場合は、「年齢と賃金との間には相関が見られない」ということになります。

二つのデータの間に相関が見られるとき、一方のデータが増加したときに他方のデータも増加する関係性を「正の相関」、逆に一方のデータが増加したときに他方のデータが減少する関係性を「負の相関」といいます。年齢の上昇に応じて賃金も増えていくのであれば、「年齢と賃金との間には正の相関が認められる」ということになります。

相関の強さは、一般的に「相関係数（ピアソンの積率相関係数）」という指標で示されます。相関係数は、−1から1までの数値をとり、「−1」に近いほど負の相関が強く、逆に「1」に近いほど正の相関が強いことを示します。また、相関係数が0ならば、二つのデータの間には関係がないということになります。

なお、［**図表5−1**］では、「±0.7」を相関が強いかどうか、また「±0.2」を相関があるかどうかの境目としていますが、これらはあくまでも目安と考えてください。年齢と賃金のように、もともと二つのデータの間に関係性があることが見込まれる場合は、相関係数0.7でも「強い相関」とは捉えないこともあります。一方、従業員満足度と退職率のように関係性の有無が分からない場合は、相関係数0.2でも「相関がある」と捉えることもあります。

図表5−1 二つのデータの関係性と相関係数

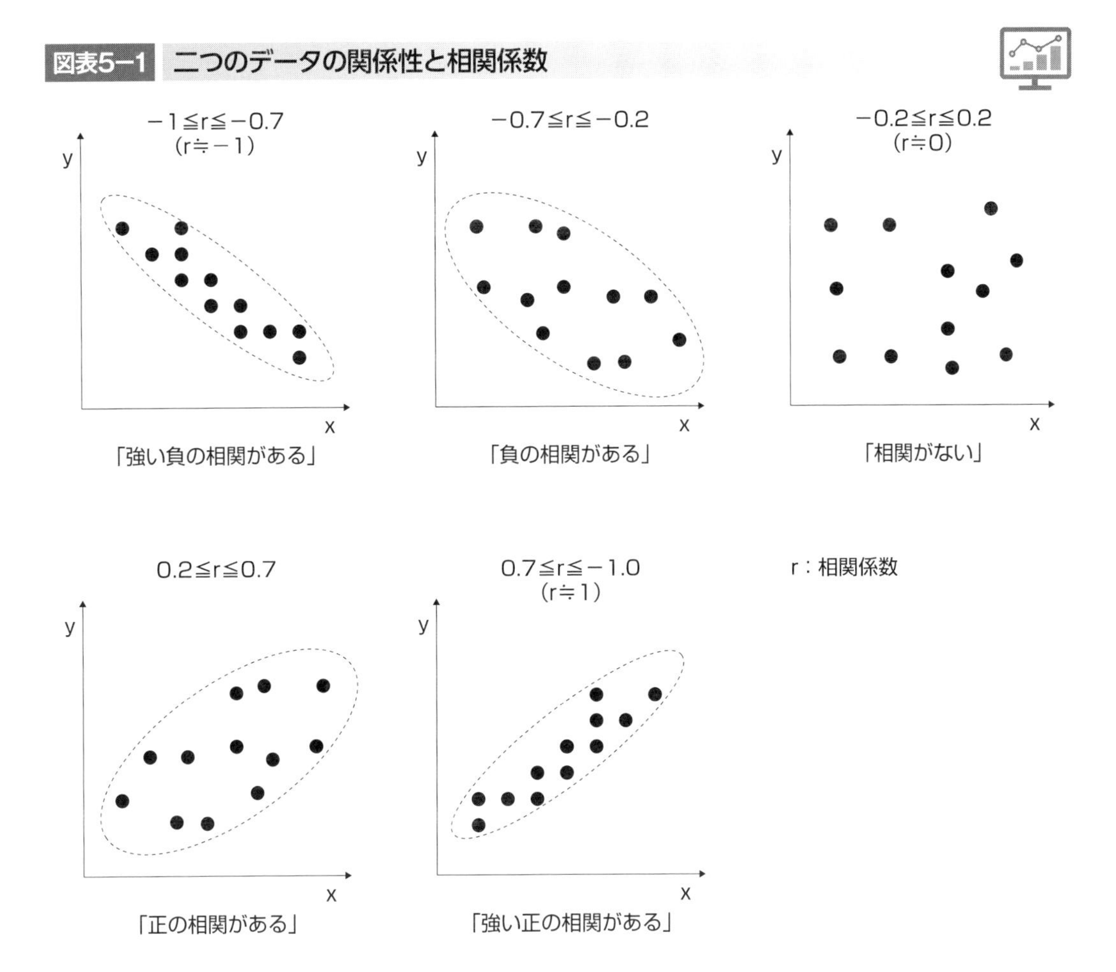

相関係数と合わせて、散布図におけるデータの散らばり方も見た上で、相関の有無や強弱について判断するようにしましょう。

2 相関係数の算出方法

相関係数を求めるときには、次の算式を使います。

$$\text{相関係数}:r=\frac{\sum_{i=1}^{n}(x_i-\bar{x})(y_i-\bar{y})}{\sqrt{\sum_{i=1}^{n}(x_i-\bar{x})^2}\sqrt{\sum_{i=1}^{n}(y_i-\bar{y})^2}}$$

Σ：xi、yi の「i」に1からnまでを入れたときの合計値
$\bar{x}$：x の平均値
$\bar{y}$：y の平均値

相関係数は、Excelの関数式を使えば、簡単に算出できます。

相関係数を求めるExcelの関数式
＝CORREL（配列1,配列2）　または＝PEARSON（配列1,配列2）
なお、「配列1」には一方のデータ（x）が入力されているセルの範囲を、「配列2」には他方のデータ（y）が入力されているセルの範囲を入力する。

例えば、30ページのサンプルデータについて、年齢と所定内賃金の相関係数を求めるときには、相関係数を表示させたいセルに「＝CORREL（D3:D102,L3:L102）」と入力します（「D3:D102」は年齢のデータが入力されているセルの範囲、「L3:L102」は所定内賃金のデータが入力されているセルの範囲です。なお、関数式「CORREL」の代わりに「PEARSON」を使っても同じ結果になります）。関数式を入力したセルに「0.862296」という数値が表示されますが、これが年齢と所定内賃金の相関係数です。相関係数が「1」に近い値になっているので、年齢と所定内賃金との間に「強い正の相関」があること（年齢上昇に伴い賃金が高くなる傾向が強いこと）が分かります。

3 相関行列の表示と使い方

相関係数は、二つのデータの関係性を示すものです。これまで説明してきた「年齢と賃金の関係性の強さを調べたい」のであれば、算出する相関係数は一つで済みますが、分析対象となるデータが多数あると、計算が大変になります。例えば、［**図表5−2**］のような5人の営業部員の売上高や担当顧客数、労働時間など7項目のデータがあるとき、「売上高と相関が強い項目は何か？」「各項目間の関係性はどうなっているのか？」などの分析を行うには、分析対象となる項目を二つずつ組み合わせて、全部で21個の相関係数のチェックを行うことが必要になります。

Excelには、分析対象となるデータを2項目ずつ組み合わせて、それぞれの相関係数を自動計算する機能が装備されています。この機能を使うと、［**図表5−2**］の7項目間の相関係数は、［**図表5−3**］のように表示されます。

図表5−2　営業部員5人の売上高、担当顧客数などに関するデータ

	Aさん	Bさん	Cさん	Dさん	Eさん
売上高　（百万円）	120	110	100	90	80
新製品売上高比率	50%	40%	35%	20%	20%
担当顧客数	50	45	50	55	45
1日平均顧客訪問件数	6	6	8	10	10
月平均残業時間　（時間）	20	22	25	25	30
製品説明会参加回数	12	10	6	4	0
職場満足度（5点満点）※	4	4	3	3	2

※職場満足度は、「5点：非常に満足、4点：満足、3点：どちらともいえない、2点：不満足、1点：大いに不満足」の5段階評価となっている。

図表5－3 売上高、担当観客数、労働時間などの相関行列

	売上高 (百万円)	新製品売上高比率	担当顧客数	1日平均顧客訪問件数	月平均残業時間 (時間)	製品説明会参加回数	職場満足度 (5点満点)
売上高 (百万円)	1.00						
新製品売上高比率	0.97	1.00					
担当顧客数	0.00	−0.16	1.00				
1日平均顧客訪問件数	−0.95	−0.96	0.30	1.00			
月平均残業時間 (時間)	−0.96	−0.87	−0.21	0.86	1.00		
製品説明会参加回数	0.99	0.94	0.03	−0.94	−0.98	1.00	
職場満足度（5点満点）	0.94	0.85	0.07	−0.90	−0.98	0.98	1.00

※　　　は、相関係数が0.8よりも大きく、　　　は相関係数が－0.8よりも小さい場合。
横軸と縦軸が同じ項目の場合は、相関係数は当然に「1.00」となるため、セルと数値の色を薄くした。

このように、多数のデータ間の相関係数を表示する一覧表を「相関行列」といいます。

相関行列では、横軸と縦軸の交点のセルに、それらの項目間の相関係数が表示されます。例えば、横軸が「売上高」、縦軸が「新製品売上高比率」の交点となるセルには、「0.97」という相関係数が表示されているので、これら二つのデータには強い正の相関が認められます。また、「売上高」と強い正の相関を示しているデータは「新製品売上高比率」「製品説明会参加回数」「職場満足度」であり、逆に強い負の相関を示しているデータは「1日平均顧客訪問件数」や「月平均残業時間」となっています。また、「担当顧客数」と「売上高」の相関係数は「0」であり、両者の間には関係性が認められません。

この分析結果を見る限り、担当顧客数を増やして時間を掛けてそれらの顧客を訪問するよりも、限られた時間の中で効率的に顧客を訪問し、新製品のアピールをしたほうが、売上高アップに結び付くことが分かります。

相関行列を表示するときには、Excelの「データ分析」（[**図表2－7**] でアドインした機能）を使います [**図表5－4**]。

4 相関を使うときの注意点

相関係数をチェックすることは、二つのデータの関係性を分析するときの基本的な手法です。Excelを使えば、相関係数の算出や相関行列の表示も簡単にできますから、さまざまなデータ分析の場面で、この手法を積極的に活用していくとよいでしょう。

ただし、相関を使うときに、分析者は、次の点に注意してください。

図表5−4 Excelのデータ分析による相関行列の表示

Step 1　データを入力し、[データ分析] を選択します

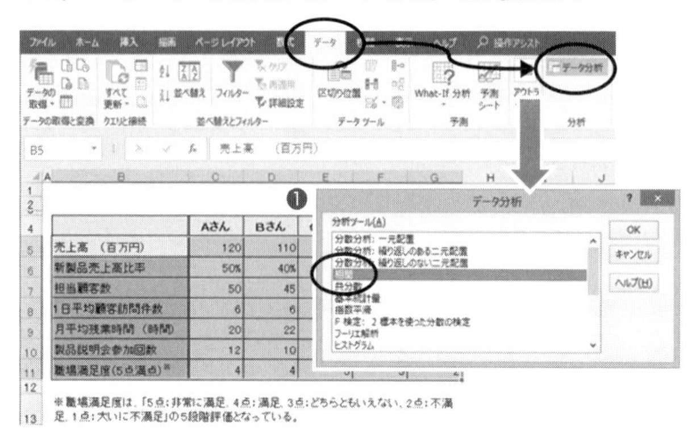

❶分析対象となるデータを入力し、[データ] タブ→ [分析] → [データ分析] を選択し、表示されたボックス（データ分析の種類）から [相関] を選択します。

Step 2　[相関] の入力範囲などを指定します

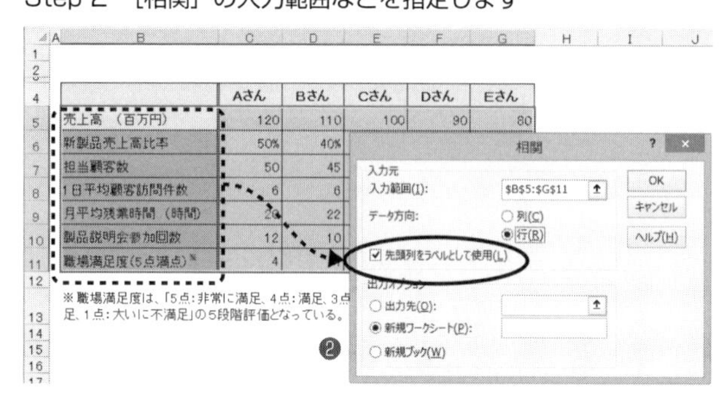

❷[相関] のボックスの入力範囲を指定します。その際、先頭列の項目名も含めて範囲指定してください。

なお、[**図表5−2**] のように分析項目が縦に並んでいる場合は、「データ方向」は「行」を選択します。データの項目を表示させるため「先頭列をラベルとして使用」にチェックを入れます。ここで「OK」ボタンをクリックします。

Step 3　相関行列を見やすく調整します

❸相関行列が表示されました。見やすくするために、[セルの書式設定] を使って相関係数の小数点以下の桁数を2桁にそろえます。

また、マイナスの数値（負の相関）を赤字で表示して、正の相関との区別を明確にします。

また、項目が表示されている列の幅と行の高さを、読みやすくなるように調整します。

Step 4 相関係数が高い、低いセルを色分けします

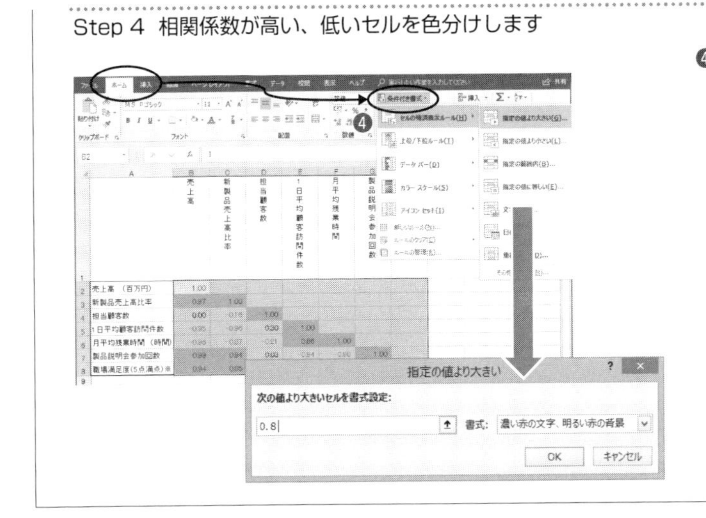

❹[ホーム]タブ→[スタイル]→[条件付き書式]を使うと、指定した数値よりも高い(または低い)数値が表示されているセルを色分けすることができます。ここでは、相関係数が「0.8」よりも高いセルと「－0.8」よりも低いセルを色分けしました。また、「指定の値に等しい」で「1.0」を指定すれば、同じ項目の交点を目立たせないように、色を薄くすることもできます。

(1) 相関が認められたとしても、二つのデータの間に因果関係があるとは限らない

例えば、「アイスクリームの出荷高」と「海水浴中の事故件数」との間には、強い正の相関があります。だからといって、「アイスクリームが海水浴中の事故の原因になっている」とは考えられません。アイスクリームの出荷高の増加と海水浴中の事故の増加との間には、「猛暑」という共通の要因があります。猛暑なので、アイスクリームの出荷が増えて、また、海水浴に行く人が多くなるために事故件数も増加するのであって、アイスクリームと海水浴中の事故件数との間に因果関係はありません。

このように二つのデータの間に因果関係がないのに、別の要素によって相関が強くなり、あたかも関係性があるように見えることを「疑似相関」といいます。

また、スポーツの世界では「ある選手が活躍すると、チームは試合に負ける」などの、いわゆるジンクスがあり、データをとってみると、そのとおりになっていることもあります。これについても、両者のデータには相関はあるものの、因果関係はないことになります。この場合は、相関係数が「1」に近くなったとしても、それは単なる「偶然」にすぎません。したがって、試合数が多くなり、さまざまなデータが収集できるようになると、ジンクスは偶然の産物にすぎなかったことがおのずと明らかになります。

これらの例が示すように「相関があること＝因果関係があること」とは限りません。

なお、二つのデータの間に因果関係があることを証明する場合は、「相関が認められること(一方のデータが変化すると他方のデータも変化すること)」と合わせて、次の点を明らかにすることが必要です。

①一方のデータ(原因)の動きが、他方のデータ(結果)の動きに時間的に先行していること

②原因から結果が生じる、論理的なプロセスが存在すること

したがって、相関がある二つのデータの因果関係を調べる場合、分析者は、これらの2

点について考えることが必要となります。

(2) 数値で大きさを示せないデータは、基本的に相関係数を算出できない

相関係数（ピアソンの積率相関係数）は、二つのデータの変化の大きさや散らばりから算出されるものなので、分析対象となるデータは、数値で大きさを示すことができるものでなければなりません。

［**図表5－2**］では、「売上高、新製品売上高比率、担当顧客数、1日平均顧客訪問件数、月平均残業時間、製品説明会参加回数、職場満足度」の7項目を組み合わせて相関係数を算出していますが、このうち「職場満足度」は、もともと数値で示されるデータではないため、相関係数を算出することはできません（満足度は「5、4、3、2、1」などの数字を使って表記されていますが、この数字は「非常に満足、満足、どちらともいえない、不満足、大いに不満足」といった回答を置き換えた記号にすぎません)。したがって、［**図表5－3**］で示した相関行列において「職場満足度」が組み込まれていることは、厳密に言えば、正しい分析とはいえません。

ただし、人事分野で取り扱うデータのうち、職場満足度、モチベーション、能力、成果などに関するものは、基本的には「定性的な情報を数字に置き換えたデータ」であり、それらのデータについて関係性を捉えられないとなると、分析できる範囲が大幅に狭まってしまいます。そこで、これらの置き換えられた数字も満足度の大きさや能力の高さを示すものとして、それらのデータも含めて相関係数を算出し、データ間の関係性について考察したほうが、効果的な分析ができます（なお、「定性的な情報を数字に置き換えたデータ」の関係性を分析する場合、順位相関係数を使う方法もありますが、この方法にも一長一短があるため、ここでは説明を割愛します)。

人事分野のデータ分析においては、従業員アンケートの結果や人事考課における評価点など定性的な情報も多く取り扱います。このような場合、それらの情報を数字に置き換えて、定量的なデータと同様に分析してみるとよいでしょう。ただし、厳密に言えば、その分析方法は正しいものとはいえません。ですから、導き出された結果については、分析者が、あらためて論理的に考察し、「二つのデータの間には関係性がありそうだ」という検証を行ってから使うようにしましょう。

2 回帰分析

1 「回帰分析」とは

「回帰分析」とは、（x_1、y_1）、（x_2、y_2）…のように組になった複数のデータについて、「xによってyがどのように説明できるか」を分析することです。前述した「相関」は、xとyの関係性の有無や強さを分析するものですが、回帰分析は、xとyの関係性を方程式などで具体的に示すことを目的としています。

図表5−5　最小二乗法の考え方

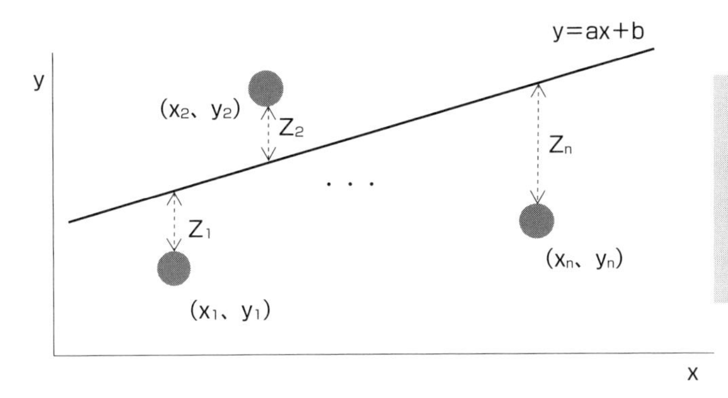

<最小二乗法>

実際のｙと回帰式（y=ax+b）から算出した推計値との差の２乗の合計値（$Z_1^2+Z_2^2+\cdots+Z_n^2$）が最も小さくなるように「y=ax+b」を設定する

例えば、20歳の従業員には基本給20万円、21歳には基本給21万円…を支給している場合、相関は「年齢と賃金との間には強い関係性が見られる」という結論になりますが、回帰分析では「年齢×1万円＝基本給」というように両者の関係性を具体的に示すことになります。

回帰分析は、一般的に「最小二乗法」という方法によって行われます。

最小二乗法とは、xとyの関係性を方程式（回帰式）で示すとき、各データと回帰式により求めた推計値との差の2乗の和が最小になるようにする方法です。

例えば、［**図表5−5**］において、xとyの関係性を示す回帰式「y＝ax＋b」を設定します。ここでx_1、x_2…について回帰式から算出したyの推計値は、ax_1+b、ax_2+b…となります。したがって、実際のyと回帰式から算出した推計値との差、つまり「$y_1-(ax_1+b)$、$y_2-(ax_2+b)$…」の合計値ができるだけ小さくなるように「y＝ax＋b」のaとbを設定すれば、xとyの関係性を最も適切に示す回帰式になります。ただし、実際のデータと回帰式から算出した推計値との差を単純に合計すると、プラスマイナスが相殺されてしまう不都合が生じます。そこで、その差を二乗し、すべてをプラスにした上で合計値を算出し、それが最も小さい値になるように回帰式「y＝ax＋b」を設定します。そこで、この方法に「最小二乗法」という名前が付けられたのです。

2　回帰分析の進め方

回帰分析では、最小二乗法によってxとyの関係性を示す回帰式「y＝ax＋b」を求めます。回帰式「y＝ax＋b」のaとbは、次の式から算出されます。

$$a=\frac{n\sum_{i=1}^{n}x_iy_i-\left(\sum_{i=1}^{n}x_i\right)\left(\sum_{i=1}^{n}y_i\right)}{n\sum_{i=1}^{n}x_i^2-\left(\sum_{i=1}^{n}x_i\right)^2}$$

$$b = \bar{y} - a\bar{x} = \frac{\sum_{i=1}^{n} y_i - a\sum_{i=1}^{n} x_i}{n}$$

Excelを使えば、この式を計算しなくても、回帰式を簡単に算出できます。第4章 演習5のC社の年齢と所定内賃金について回帰分析を行ってみましょう［**図表5−6**］。

［**図表5−7**］のExcel操作によって、散布図上に「y＝12500x－112500」という回帰式が表示されました。この式のxは年齢、yは所定内賃金を示します。したがって、xに25、30…などの数値を入れれば、その年齢の所定内賃金（全体の傾向から導き出した推計値）を算出できます。

C社の場合、xが25のとき、yは200,000（＝12,500×25－112,500）、xが30のとき、yは262,500（＝12,500×30－112,500）となり、実際に支給されている所定内賃金と同じ、または近い値になっていることが分かります。

ここでxに55（歳）を代入すると、yは575,000円（＝12,500×55－112,500）になります。もし、C社に55歳の従業員が存在するとすれば、あるいは55歳の者を中途採用するのであれば、所定内賃金は575,000円になるものと推計されます。

この回帰式「y＝12,500x－112,500」の「x」の部分を「x－22」にすると、式は次のようになります。

y＝12,500x－112,500
　＝12,500（x－22）＋12,500×22－112,500
　＝12,500（x－22）＋162,500

この式は、xが22歳（大卒新卒が入社する年齢）のときはyが162,500円になり、xが一つ増える（つまり、年齢が1歳上昇する）ごとにyが12,500円ずつ増加していくことを示しています。つまり、C社の賃金体系は、大卒新卒の初任給が162,500円で、1年ごとに12,500円ずつ昇給していく傾向があると考えられます。

以上のとおり、回帰分析を行ってxとyの関係を回帰式で表すと、xが特定の値になったときのyの値を推計したり、yの傾向を示したりできます。Excelで回帰式を簡単に算出できるようになったことも功を奏して、近年は、一定の売上高（x）を達成するために必要となる従業員数（y）を推計するとき、従業員の高齢化（x）に伴う賃金総額（y）の上昇を推計するときなど、主に将来予測や計画策定などを行う場面において、回帰分析が広く使われるようになっています。

図表5−6 C社（従業員数10人）の賃金データ

役職	年齢（歳）	所定内賃金（円）
一般	25	200,000
一般	30	250,000
主任	30	275,000
一般	35	300,000
主任	35	325,000
店長	35	350,000
主任	40	375,000
店長	40	400,000
エリア長	50	550,000
主任	50	475,000

図表5−7 Excelによる回帰分析

Step 1　データを入力し、散布図を作成します

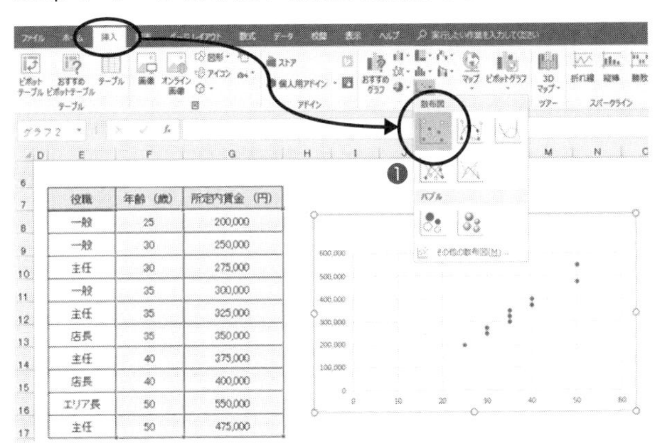

❶分析対象となるデータを入力した上で、［挿入］タブ→［グラフ］→［散布図］を選択し、横軸（x）に年齢、縦軸（y）に所定内賃金を設定した散布図を作成します。

Step 2　［近似曲線の追加］を選択します

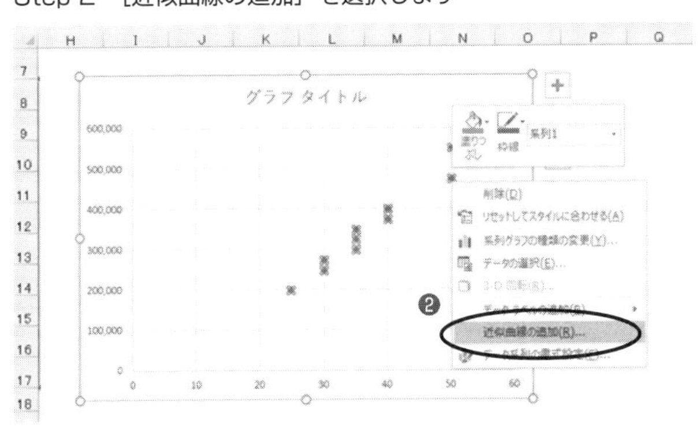

❷散布図上の任意のデータを右クリックして、表示されたボックスから、［近似曲線の追加］を選択します。
なお、「近似曲線」とは、xの値が変化したときのyの値を示した傾向線です。

Step 3　近似曲線の数式とR-2乗値を表示します

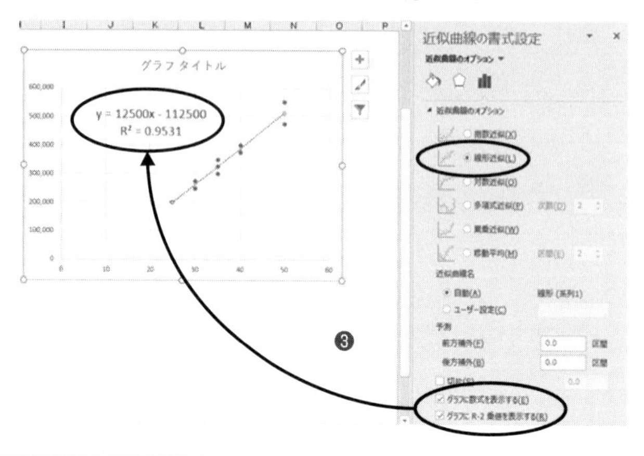

❸［近似曲線の書式設定］→［近似曲線のオプション］で「線形近似」を選択し、ボックス下方の「グラフに数式を表示する」および「グラフにR-2乗値を表示する」のボックスにチェックを入れます。
これにより散布図上に、年齢と賃金の関係性を示す傾向線と回帰式およびR-2乗値（後述）が表示されます。

3 「R-2乗値」とは

［**図表5−7**］では、回帰式と一緒にR-2乗値も表示しました。

「R-2乗値」とは、「決定係数」とも呼ばれるもので、回帰分析によって求めた回帰式が実際のデータにどれくらい当てはまっているのかを示す数値です。0から1までの範囲の値となり、1に近いほど回帰式が実際のデータに当てはまっていることを示します。

R-2乗値は、次の式で算出されます。

$$R^2 = 1 - \frac{\sum_{i=1}^{n} (y_i - f_i)^2}{\sum_{i=1}^{n} (y_i - \bar{y})^2}$$

f_i：回帰式「y=ax+b」に x_i を代入したときのyの値

線形近似の場合（回帰式がxの一次方程式「y＝ax＋b」で示される場合）、R-2乗値は、相関係数の2乗と等しくなります。

例えば、［**図表5−7**］においては、R-2乗値が「0.9531」となったので、ここで求めた回帰式が実際のx、yのデータにうまく当てはまっていることが分かります。また、0.9531の平方根である「0.9762」が相関係数となりますから、x（年齢）とy（賃金）の間に極めて強い正の相関があることが分かります。

二つのデータの相関が高いと判断する目安とした相関係数0.7以上、または－0.7以下を基準に考えれば、R-2乗値が「0.49（相関係数0.7または－0.7を2乗した値）」以上であれば、回帰式が実際のデータにうまく当てはまっていると捉えることができます。回帰式がデータにうまく当てはまっているのであれば、回帰式のxに特定の値を入れて算出したyの値（推計値）も、ほぼ当たっている（妥当な数値になっている）と考えられます。したがって、yの値を推計するときに、回帰式を使ってもよいと判断できます（逆に、R-2乗値が低い場合は、yを推計するときに回帰式を使わないほうがよいということになります）。

4 散布図を作成しない回帰分析の方法

［**図表5－7**］では、散布図を作成し、そこから「近似曲線の追加」を選択して回帰式やR-2乗値を算出する方法を説明しました。これ以外にも、次の方法で回帰分析を行うことができます。

(1) 関数式を使う方法

回帰式「y＝ax＋b」のa（傾き）とb（切片）、およびR-2乗値は、それぞれ次の関数式によって算出することができます。

a（傾き）を求める関数式：＝SLOPE（スロープ）（yのセル、xのセル）

b（切片）を求める関数式：＝INTERCEPT（インターセプト）（yのセル、xのセル）

R-2乗値を求める関数式：＝RSQ（スクエア・オブ・コリレーション）（yのセル、xのセル）

また、xが特定の値になったときのyの推計値を求めたいときには、次の関数式で算出できます。

特定のxに対するyの推計値：＝TREND（トレンド）（yのセル、xのセル、特定のxの値）

または＝FORECAST.LINEAR（フォーキャスト リニア）（特定のxの値、yのセル、xのセル）

(2)「データ分析」機能を用いる方法

第2章でアドインした「分析ツール」には、回帰分析を行う機能も装備されています。［データ］タブ→［分析］→［データ分析］→［回帰分析］を選択し、xとyのセル範囲を指定すると、［**図表5－8**］のような分析結果が表示されます。

ここで、「切片」が回帰式「y＝ax＋b」のb、「X値1」がa、また「重決定R2」がR-2乗値を示しています。

図表5－8 「データ分析」機能による回帰分析の結果の表示

概要

回帰統計	
重相関 R	0.97628121
重決定 R2	0.953125
補正 R2	0.94726563
標準誤差	24206.1459
観測数	10

分散分析表

	自由度	変動	分散	観測された分散比	有意 F
回帰	1	9.5313E＋10	9.5313E＋10	162.666667	1.3457E－06
残差	8	4687500000	585937500		
合計	9	1E＋11			

	係数	標準誤差	t	P－値	下限 95%	上限 95%	下限 95.0%	上限 95.0%
切片	－112500	37061.9912	－3.0354548	0.01617467	－197965.1	－27034.895	－197965.1	－27034.895
X 値 1	12500	980.0782	12.7540843	1.3457E－06	10239.9356	14760.0644	10239.9356	14760.0644

このように関数式やデータ分析機能を使って回帰分析を行う方法はありますが、できる限り、［**図表5－7**］で説明したとおり、散布図を作成して、実際のデータの分布と傾向線の当てはまりを見ながら進めていくようにしましょう。

5 データの分布に応じた回帰分析の方法

年齢（x）と賃金（y）の回帰分析を例に挙げると、［**図表5－9**］の①～③のような場合は、そのまま分析を行っても適切な結果を導き出すことはできません。

①yに上限値が設定されている場合

例えば、「35歳未満は毎年昇給を行い、35歳以降は賃金を一定額（上限値）にする」という賃金体系を採用している場合、そのまま回帰分析を行っても、データにうまく当てはまる傾向線が描けません。この場合は、35歳未満（上限値に達する前）のデータのみで回帰分析を行ったほうが、適切な分析を行うことができます。

②データの属性によりyが2分される場合

例えば、一般社員と管理職との間で賃金が大幅に異なる場合、両者を分けずに回帰分析を行うと、一般社員と管理職の間のデータがほとんど存在しないところに傾向線が描かれてしまい、適切な分析とはいえません。この場合は、データを一般社員と管理職とに分けた上で、それぞれについて回帰分析を行ったほうが適切な分析になります。

③yが「S字カーブ」を描く場合

例えば、「賃金の上り方が、30歳未満と50歳以上は小さく、30歳以上50歳未満は大きい」という賃金体系を採用している場合、賃金（y）は、いわゆるS字カーブを描きます。このようなデータ分布に直線（1次方程式）の傾向線を当てはめると、若年層と高齢層（xの両端）で実際のデータと傾向線との乖離（かいり）が大きくなります。この場合は、データと傾向線の当てはまりがよい部分（中間層）に限って分析結果を用いる、あるいはS字カーブとの当てはまりがよい曲線（3次方程式）を使って回帰分析を行うなどの工夫が必要です。

3次方程式（y＝ax3＋bx2＋cx＋d）を使って回帰分析を行うときは、［**図表5－7**］のStep3で［近似曲線の書式設定］のオプションメニューから「多項式近似」を選択して「次数」を「3」と設定してください。このようにすると、S字カーブの傾向線が描かれますので、実際のデータとうまく当てはまるようになります。

このように、回帰分析においては、実際のデータと傾向線がうまく当てはまらないことがあり、その場合は分析対象とするデータの絞り込みなどの工夫を施すことが必要になります。［**図表5－9**］で示した例は、いずれも散布図を見れば、実際のデータと傾向線がうまく当てはまっていないことに気が付いて、適切な分析にするために施すべき工夫もおのずと明らかになります。したがって、回帰分析を行うときには、関数式をあえて使わずに、散布図を作成した上で「近似曲線の追加」を選択し、実際のデータと傾向線の当ては

図表5－9 適切な回帰分析（線形近似）を行うことができないデータ分布

① y に上限値が設定されている

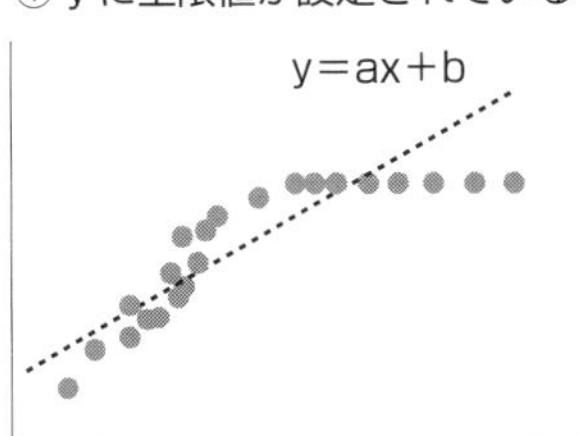

② データの属性により y が 2 分される

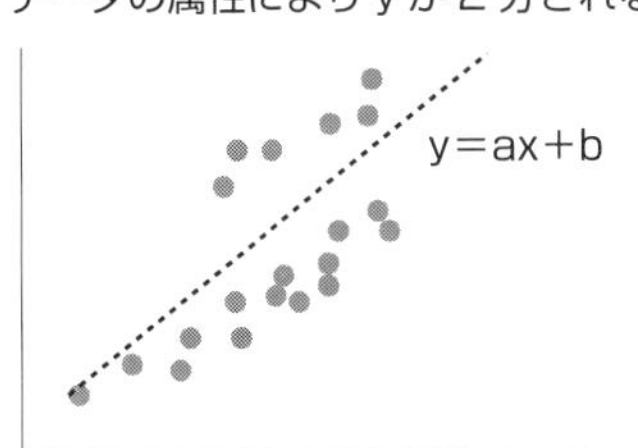

③ y が「S 字カーブ」を描く

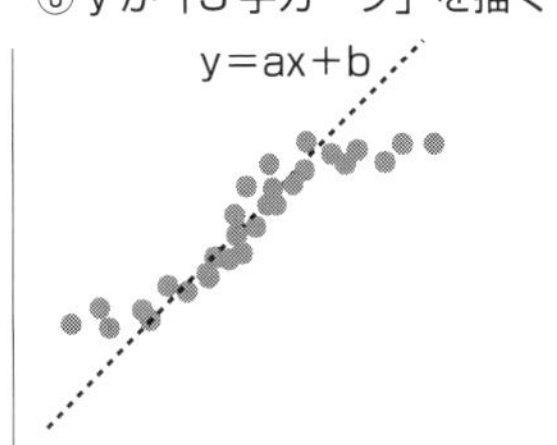

まりを確認しながら進めていくほうがよいのです。

6 データ「x」が複数ある場合の回帰分析（重回帰分析）

ここまでは、年齢（x）と賃金（y）のように、xが一つの場合の回帰分析を説明してきました。それでは、年齢（x_1）、勤続年数（x_2）と賃金（y）の関係性を捉えるときのように、xが複数ある場合の回帰分析は、どのように行えばよいでしょうか。

xが複数ある場合の回帰分析を「重回帰分析」といいます。このような複雑な分析も、Excelの「データ分析」機能を使えば簡単に行うことができます。

ここでは、［**図表5－10**］の賃金データについて、年齢（x_1）、勤続年数（x_2）と所定内賃金（y）との重回帰分析を行ってみます。

なお、重回帰分析を行おうとするときには、まず、149ページにあるように、①x_1（年齢）とx_2（勤続年数）の回帰分析、②x_1（年齢）とy（所定内賃金）の回帰分析、③x_2（勤続年数）とy（所定内賃金）の回帰分析を行ってみて、x_1、x_2、yの相関が強くないことを確認してください。x_1とx_2の相関が強ければ実質的には「x」は一つの状態と同じですし、x_1あるいはx_2のどちらか一方でyを説明できるのであれば、わざわざ重回帰分析を行うまでもありません（［**図表5－10**］の場合は、勤続年数と所定内賃金との間に相関が認められますが、分析方法を示すため、このまま重回帰分析を行います）。

［**図表5－11**］の操作で、「切片：182439.2、年齢：1477.4、勤続年数：3169.5」という係数が得られました。したがって、年齢、勤続年数と所定内賃金は、次の算式で表すことができます。

$y = 1477.4x_1 + 3169.5x_2 + 182439.2$（ただし、$x_1$：年齢、$x_2$：勤続年数、y：所定内賃金）

この重回帰分析の結果から、年齢、勤続年数別の所定内賃金の表を作成すると、［**図表5－12**］のようになります（年齢と勤続年数の交点となるセルに、重回帰分析で求めた算式を入力しています）。この表を見れば分かるとおり、E社は、同じ勤続年数であれば年齢が高いほど、また、同じ年齢であれば勤続年数が長いほど、所定内賃金が高くなるような賃金体系を運用していることが分かります。

図表5−10 E社（従業員60人）の賃金データ、および年齢、勤続年数、賃金の分布

番号	年齢（歳）	勤続年数（年）	所定内賃金（円）
1	22	1	200,500
2	23	1	205,000
3	24	2	211,000
4	24	4	216,000
5	25	3	218,500
6	26	3	223,000
7	27	2	224,500
8	27	5	252,000
9	28	6	244,000
10	29	3	236,500
11	29	6	248,500
12	30	5	235,000
13	30	3	226,000
14	30	6	238,000
15	30	8	280,000
16	31	4	232,000
17	31	7	240,000
18	31	5	239,000
19	32	4	236,000
20	32	8	252,000
21	33	7	300,000
22	34	5	251,000
23	34	1	237,500
24	35	5	255,000
25	35	13	292,000
26	35	6	258,000
27	36	10	284,000
28	37	9	275,000
29	38	1	253,500
30	39	17	341,000

番号	年齢（歳）	勤続年数（年）	所定内賃金（円）
31	40	15	295,000
32	41	18	313,000
33	41	3	229,000
34	42	18	316,000
35	44	8	256,000
36	45	1	270,000
37	45	20	295,000
38	45	10	275,000
39	46	24	300,000
40	46	1	270,000
41	46	10	300,000
42	47	25	316,000
43	47	9	300,000
44	47	25	350,000
45	48	24	316,000
46	48	15	250,000
47	48	20	304,000
48	49	2	280,000
49	49	15	322,000
50	50	20	285,000
51	50	1	300,000
52	50	10	240,000
53	51	8	280,000
54	52	2	280,000
55	53	3	238,500
56	55	20	400,000
57	55	5	280,000
58	56	10	250,000
59	57	4	240,000
60	58	2	300,000

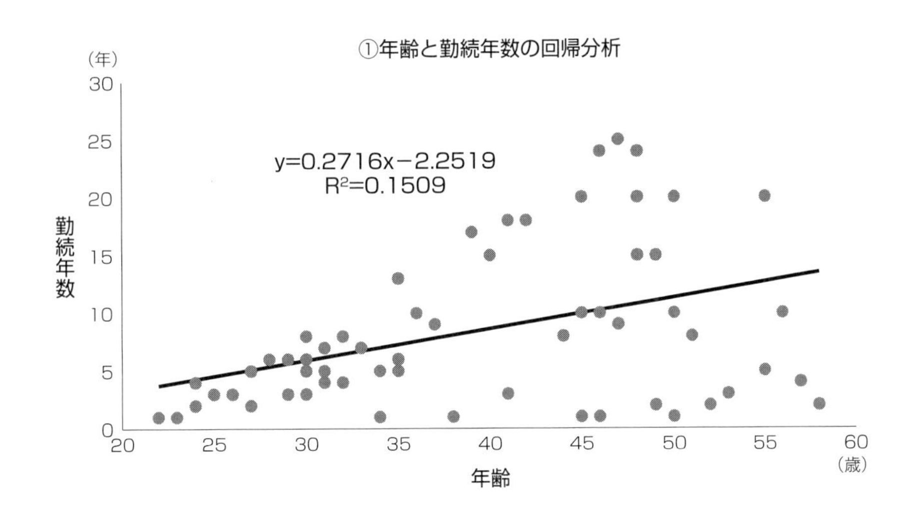
①年齢と勤続年数の回帰分析
（年）
30
25
20
15
10
5
0
勤続年数
y=0.2716x−2.2519
R²=0.1509
20
25
30
35
40
45
50
55
60
（歳）
年齢

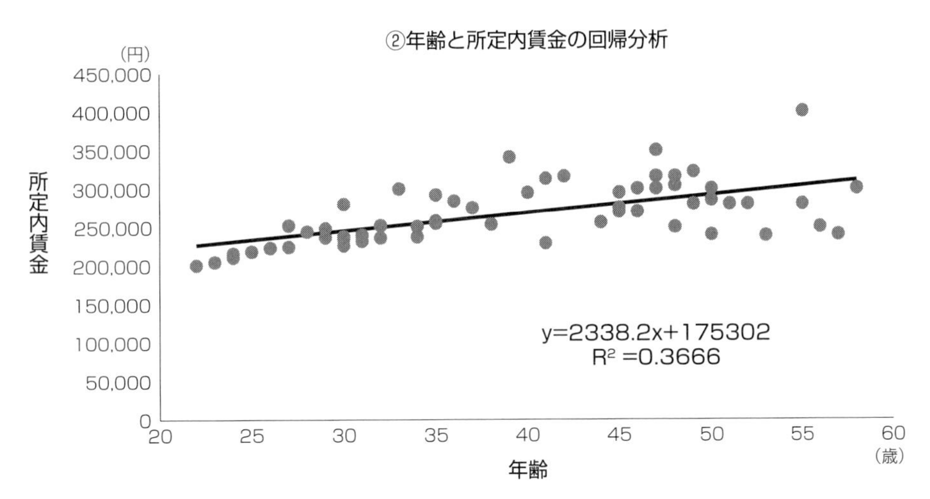
②年齢と所定内賃金の回帰分析
（円）
450,000
400,000
350,000
300,000
250,000
200,000
150,000
100,000
50,000
0
所定内賃金
y=2338.2x+175302
R² =0.3666
20
25
30
35
40
45
50
55
60
（歳）
年齢

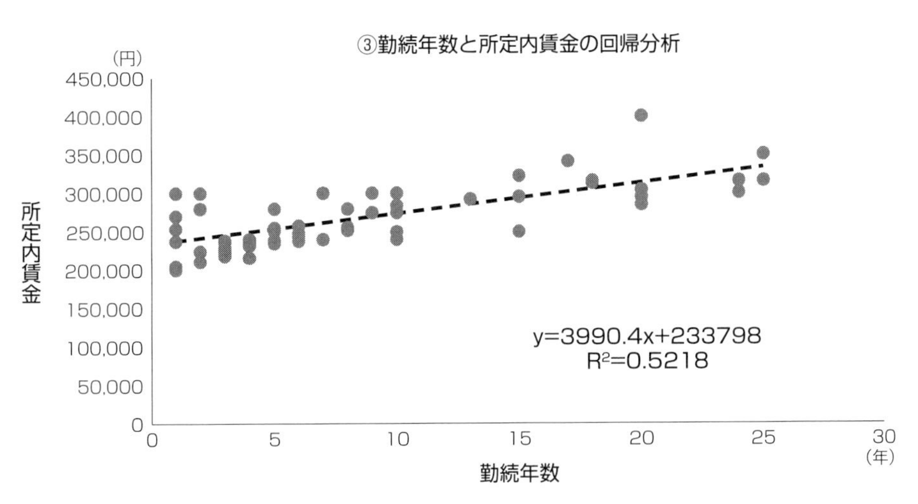
③勤続年数と所定内賃金の回帰分析
（円）
450,000
400,000
350,000
300,000
250,000
200,000
150,000
100,000
50,000
0
所定内賃金
y=3990.4x+233798
R²=0.5218
0
5
10
15
20
25
30
（年）
勤続年数

図表5−11　Excelによる重回帰分析

Step 1　［データ分析］の［回帰分析］を選択します

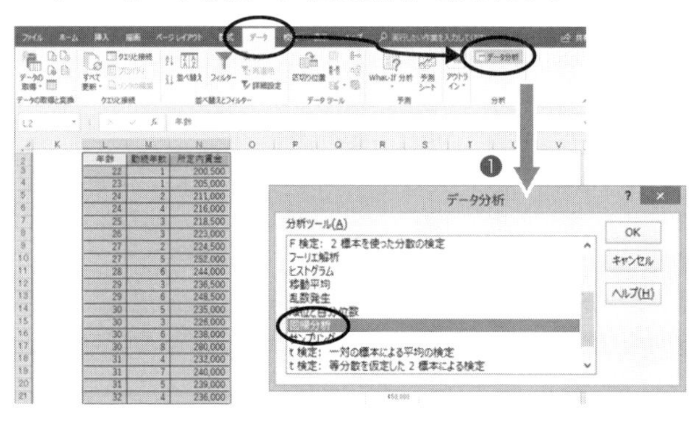

❶分析対象となるデータを入力した上で、［データ］タブ→［分析］→［データ分析］を選択します（なお、［データ分析］がリボンに表示されない場合は、**［図表2−7］**の要領でアドインしてください）。
表示されたメニューから［回帰分析］を選択します。

Step 2　［回帰分析］の設定をします

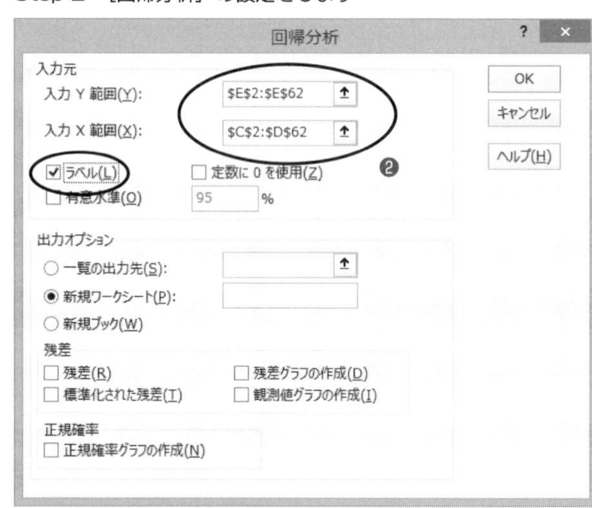

❷表示されたボックスの「入力Y範囲」に所定内賃金のデータが入力されているセル範囲を、「入力X範囲」に年齢と勤続年数のデータが入力されているセル範囲を、それぞれ指定します。なお、セル範囲の指定において項目行も含めた場合は、「ラベル」にチェックを入れておきます。
設定が終わったら「OK」ボタンをクリックします。

Step 3　回帰分析の結果を見ます

概要

回帰統計	
重相関 R	0.80381
重決定 R2	0.646111
補正 R2	0.633694
標準誤差	23588.22
観測数	60

分散分析表

	自由度	変動	分散	観測された分散比	有意 F
回帰	2	57903550953	28951775477	52.03372276	1.38903E-13
残差	57	31715032380	556404076.8		
合計	59	89618583333			

❸

	係数	標準誤差	t	P-値	下限 95%	上限 95%	下限 95.0%	上限 95.0%
切片	182439.2	12435.20155	14.67118581	5.21577E-21	157538.091	207340.2141	157538.091	207340.2141
年齢（歳）	1477.4	330.23202	4.473904111	3.72099E-05	816.1481784	2138.704606	816.1481784	2138.704606
勤続年数	3169.5	472.3575157	6.709956385	9.6677E-09	2223.618719	4115.377938	2223.618719	4115.377938

❸別シートに回帰分析の結果が表示されます。結果の下方に表示されている「切片、年齢、勤続年数」の「係数」を見ます。なお「重相関R」と「重決定R2」が、それぞれ相関係数、決定係数に相当するものなので、「1」に近いかどうかで、回帰分析が適正かどうかを判断します。

図表5−12 重回帰分析の結果を用いて作成した年齢・勤続年数別賃金表

（単位：円）

x_2 / x_1		勤続年数 （年）									
		0	1	2	3	5	10	15	20	25	30
年齢（歳）	22	214,900									
	27	222,300	225,500	228,700	231,800	238,200					
	32	229,700	232,900	236,100	239,200	245,600	261,400				
	37	237,100	240,300	243,400	246,600	253,000	268,800	284,600			
	42	244,500	247,700	250,800	254,000	260,300	276,200	292,000	307,900		
	47	251,900	255,000	258,200	261,400	267,700	283,600	299,400	315,300	331,100	
	52	259,300	262,400	265,600	268,800	275,100	291,000	306,800	322,700	338,500	354,400
	57	266,700	269,800	273,000	276,200	282,500	298,300	314,200	330,000	345,900	361,700

本章では、基礎的な統計的手法である「相関と回帰分析」について解説しました。

相関と回帰分析は、人事分野に限らず、マーケティングや生産管理などさまざまな分野のデータ分析で使われています。したがって、データ分析においては、まずは、相関と回帰分析を使いこなせるようになることが重要といえます。

次章以降は、計画策定やアンケート分析などの具体的な場面を想定し、相関や回帰分析などの統計的手法をどのように活用するのか、見ていきたいと思います。

■演習7

F社では、新卒入社の「入社後3年間の退職率」を30%未満にしたいと考えています。そこで、退職に影響を及ぼす因子として次の5点があるものと考え、それぞれに関するデータを収集することにしました。

①**対象期間（入社後3年間）の転職のしやすさ**：対象期間の有効求人倍率の平均値（この数値が低いほど就職しにくい労働市場であることから、転職による退職者が少なくなる）

②**就職活動時の苦労**：入社年度の就職率（就職率が低いほど、就職活動時に苦労を味わっているので、入社後の転職活動を避ける）

③**会社の安定性**：営業利益（営業利益が多ければ安心して働くことができるので、自己都合退職者が少なくなる）

④**報酬の状況**：対象者の年間賃金（年間賃金が多ければ、退職者は少なくなる）

⑤**忙しさの度合い**：年間時間外労働時間（時間外労働が少ないほど退職者も少なくなる）

収集したデータは、次表のとおりです。このデータから、どのような仮説が構築できるでしょうか。

[F社の入社後3年間退職率と退職に影響を及ぼす因子]

		転職のしやすさ	就職活動時の苦労	会社の安定性	報酬の状況	忙しさの度合い
	3年間退職率	有効求人倍率	入社時の就職率	営業利益（百万円）	年間賃金（千円）	年間時間外労働（時間）
2008年度入社	30.0%	0.62	96.9%	4,233	3,500	237
2009年度入社	31.8%	0.55	95.7%	4,300	3,533	240
2010年度入社	33.0%	0.66	91.8%	4,467	3,583	250
2011年度入社	34.0%	0.79	91.0%	4,467	3,583	260
2012年度入社	33.5%	0.94	93.6%	4,667	3,650	268
2013年度入社	33.2%	1.07	93.9%	4,733	3,683	275
2014年度入社	33.0%	1.22	94.4%	4,867	3,733	277
2015年度入社	32.0%	1.35	96.7%	4,933	3,767	275

※3年間退職率：入社後3年間以内に自己都合退職した者の数÷該当年の新卒入社者数×100（%）
※有効求人倍率、営業利益、年間賃金、年間時間外労働は、対象期間（入社後3年間）の平均値。
なお、年間賃金と年間時間外労働は、対象者のデータのみを集計した（全社員の平均値ではない）。

【演習7の解答】

3年間退職率および退職に影響を及ぼす因子の相関行列を作成すると、次のとおりとなる。

[3年間退職率および退職に影響を及ぼす因子の相関行列]

	3年間退職率	有効求人倍率	入社時の就職率	営業利益	年間賃金	年間時間外労働
3年間退職率	1.000					
有効求人倍率	0.287	1.000				
入社時の就職率	−0.830	0.173	1.000			
営業利益	0.437	0.971	0.031	1.000		
年間賃金	0.405	0.974	0.070	0.998	1.000	
年間時間外労働	0.605	0.924	−0.155	0.957	0.943	1.000

この相関行列から、次の仮説を構築することができる。

(1) 就職状況が厳しかった年に入社した従業員は、入社後3年以内に転職しやすい

相関行列を見ると、「3年間退職率」と「入社時の就職率」との間に強い負の相関があることが分かる。これは、就職率が低い年度に入社した者（就職状況が厳しかった年度に入社した者）ほど、入社後の退職率が高いことを示している。おそらく、「就職状況が厳しかったため希望する業種の会社に入社できず、不本意ながらF社に入社した従業員は、30歳前に自分が希望する業種に転職しようとする」動きがあるものと考えられる。

(2) 世間の雇用情勢が悪化しても、F社の「3年間退職率」あまり改善されない

「3年間退職率」と「有効求人倍率」との間には相関が見られないことから、入社後3年以内の退職は、その期間の雇用情勢とは関係がないと考えられる。つまり、入社後3年以内の退職は「雇用情勢が改善されたから転職する」のではなく、「自分の希望する業種で働きたい、今の仕事に興味が持てないなどの理由により、ともかくＦ社を辞めたい」という理由から生じているものと推測される。

【演習７の解説】

Ｆ社では、当初、「3年間退職率」と「入社時の就職率」との間には強い正の相関が見られるものと想定していました。Ｆ社の経営層も人事関係者も「就職活動時に苦労を味わっているので、入社後の転職活動を避けるだろう」「厳しい就職状況を勝ち抜いた『しっかりとした者』は、簡単に会社を辞めたりしない」などと勝手に思い込んでいたのです。

また、「近年の若年層の退職の増加は、世間全体の求人数が増えたことに伴う一時的なものであるから、雇用情勢が悪化すれば、退職者はおのずと減少する」という思い込みもありました。

データ分析を行ってみると、このような会社の思い込みとは正反対の結果が出てきました。

Ｆ社は、この分析結果を受けて、次の対策を講じました。

（1）若年層の定着率を高めるための施策を実施する

「就職率が低い年度に採用した優秀人材は、入社後3年以内に退職する可能性がある」という結果を受けて、「優秀人材を採用すること」よりも「若年層の定着率を高めること」に力を注ぐようになりました。具体的には、入社3年以内でも優秀であれば、難易度の高い仕事に挑戦させて、世間水準を上回る報酬を与える仕組みなどを導入しました。

（2）人材調達の中心を新卒採用から中途採用に移行する

新卒採用は「採用する側、される側双方にとって不確実性が高い要素が多いこと」「若年労働力の減少に伴い、新卒採用の競争激化が見込まれること」などから、人材の調達方法として非効率であるという見方がＦ社の内部に出てきました。そこで人材の調達は、中途採用を中心に行うことにして、新卒は、毎年、一定人数の採用を安定的に行っていくことにしました。

皆さんの会社でも、Ｆ社と同様に、過去数年度の退職率と雇用情勢、会社業績との関係性について分析を行ってみて、必要に応じて、講じるべき対策を検討してみるとよいでしょう。

■演習8

G社では、10年ほど前に「業績連動型賞与（前年度の業績や経営指標に基づき、あらかじめ定めた算定方法で、賞与の支給総額などを決定する仕組み）」を導入しました。しかし、導入後、企業業績が低迷したときに、「業績低迷→賞与支給額の減少→従業員のモチベーション低下→さらなる業績低迷…」という悪循環に陥ってしまったため、業績連動型賞与はいったん廃止しました。

G社は、そのときの業績連動型賞与の問題は、「賞与支給総額を決定する指標を、前年度の売上高と営業利益にしたことにある」と考えました。そこで、新たな業績連動型賞与として、「前年度の営業利益」と「今年度の売上高目標」で賞与支給総額を算出する仕組みを検討することにしました（このようにすれば、前年度の業績が悪かったとしても、今年度の業績回復を図りたいのであれば、賞与支給総額を多くすることにより、従業員のモチベーションを維持向上させることができます）。

G社の過去5年間の営業利益、売上高目標、賞与支給総額の実績は、下表のとおりでした。このデータから、「前年度営業利益」と「今年度売上高目標」から「今年度賞与支給総額」を求める業績連動型賞与の算式を設計してください。

[G社の営業利益、売上高目標、賞与支給総額のデータ]

（単位：百万円）

	前年度営業利益	今年度売上高目標	今年度賞与支給総額
2013年度	2,000	25,000	1,000
2014年度	2,200	28,000	1,100
2015年度	1,900	30,000	1,100
2016年度	2,500	30,000	1,200
2017年度	2,400	32,000	1,400

【演習8の解答】

過去5年間の営業利益、売上高目標、賞与支給総額について、［**図表5－11**］の要領で重回帰分析を行う。なお、業績連動型賞与の場合、「前年度営業利益の○○％、今年度売上高の△△％」という形で表現できたほうが望ましいので、切片（定数）に「ゼロ」を使用するように設定する。また、実際の賞与支給総額（観測値）と重回帰分析で求めた賞与支給総額（予測値）との乖離をチェックするために、「残差（観測値－予測値）」を表示するように設定する。

重回帰分析の結果は、次のとおりである。

[重回帰分析の設定と分析結果]

<回帰分析の設定>

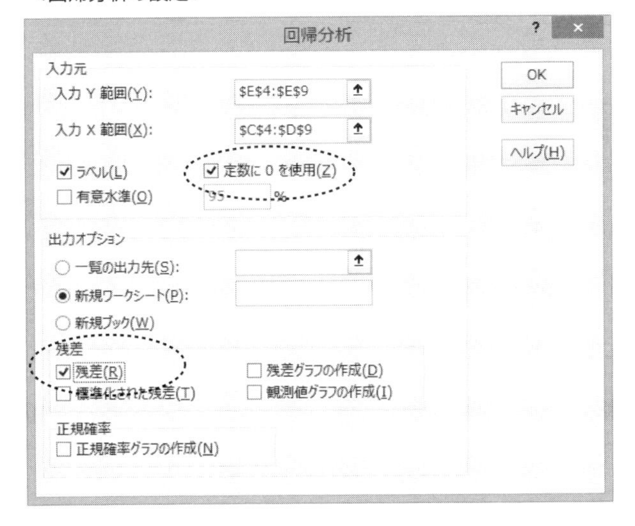

<重回帰分析の結果>

概要

回帰統計	
重相関 R	0.9986
重決定 R2	0.9971
補正 R2	0.6628
標準誤差	80.8746
観測数	5

分散分析表

	自由度	変動	分散	観測された分散比	有意 F
回帰	2	6800377.908	3400188.954	519.8511286	0.001919934
残差	3	19622.09236	6540.697455		
合計	5	6820000			

	係数	標準誤差	t	P－値	下限 95%	上限 95%	下限 95.0%	上限 95.0%
切片	0							
前年度営業利益	0.1573	0.1771	0.8882	0.4399	－0.4063	0.7208	－0.4063	0.7208
今年度売上高目標	0.0282	0.0135	2.0923	0.1275	－0.0147	0.0710	－0.0147	0.0710

残差出力

観測値	予測値：賞与支給総額	残差
1	1,018.60	－18.60
2	1,134.54	－34.54
3	1,143.68	－43.68
4	1,238.04	－38.04
5	1,278.64	121.36

この結果から、今年度の賞与支給総額は、次の算式となる（前ページ下段の表の[ ]部分を参照）。

賞与支給総額＝前年度営業利益×0.1573＋今年度売上高目標×0.0282

つまり、「前年度営業利益の15.73％と今年度売上高目標の2.82％の合計額」を基準として、賞与支給総額を設定すればよい。

なお、重回帰分析の「残差出力」を見ると、2013～2016年度の賞与総額の観測値は重回帰分析から算出した予測値よりも18.60～43.68百万円下回っているが、2017年度のみ観測値が予測値よりも121.36百万円多くなっている（残差は、「観測値－予測値」を表示している）。2017年度のように「前年度営業利益は少なかったが、今年度売上高を多くしたい」というときには、回帰式から算出される賞与支給総額は、経営層が考えるよりも少額になるものと考えられるので、必要に応じて特別加算などの調整を行うべきであろう。

【演習８の解説】

この例のように「前年度営業利益と今年度売上高目標」という二つのデータ（x）から、今年度の賞与支給総額（y）を算出するという場合には、重回帰分析を行います。

なお、データが「二つ」ということは、「営業利益と売上高の二つの指標」という意味ではなく、「前年度実績と今年度目標という二つの時期」という意味です。例えば、前年度営業利益と前年度売上高を使おうとすると、これらのデータの間に強い相関があるものと考えられるため、実質的には、一つのデータによる回帰分析と同じことになってしまいます。

現状を示す「前年度実績」と、今後を示す「今年度目標」という二つのデータを組み合わせることによって、人件費負担が急激に重くなることを回避しつつ、今年度の目標達成に向けて従業員のモチベーションを喚起できる「業績連動型賞与」を設計することができます。

「今年度の目標、将来の見込みなどの不確定かつ人為的な数値は、客観性を欠くものなので、データ分析の対象とするべきではない」という見方もあります。しかし、人事部門が取り扱うデータには、将来の見込みによるもの、経営層・上司の意思や主観に基づくものなども多く含まれています。このようなデータを分析に効果的に用いて、意味のある結論を導き出すところに、人事部門が行うデータ分析の醍醐味があるといえます。

第6章

要員計画、人件費予算の策定

第5章で説明した相関や回帰分析などの統計的手法を実際の人事業務の中でどのように活用できるのか、具体的に見ていきましょう。この章では、統計的手法を使った要員計画や人件費予算の策定方法について説明します。

1 要員計画、人件費予算の基本的な考え方

1 要員計画、人件費予算策定のポイント

一般的に、会社はおおむね3~5年周期で「経営計画」を策定し、中長期的な観点から、今後の事業運営に必要となる人材のイメージと人数の見通し（要員計画）を立てます。また、従業員の増減や従業員の高齢化に伴う賃金上昇などの見込みを基に、人件費予算を策定します。

要員計画や人件費予算は多くの会社で策定されていますが、それらが効果的に機能しているケースは少数です。実際に、要員計画を策定しているものの、慢性的な労働力不足に陥っている会社、あるいは、予算で見込んだ以上に人件費が急激に増加して業績不振に苦しんでいる会社もあります。

要員計画や人件費予算をうまく機能させるためには、次の点が必要です。

①要員計画や人件費予算は、データの裏付けと合理的な算出方法に基づく、実現可能性が高いものとする（希望的観測に基づく「夢物語」であってはならない）
②要員計画や人件費予算は、今後5年間を見通した中長期的な観点から策定し、それをブレークダウンして単年度の計画・予算を策定する（要員や人件費の管理が場当たり的な対応の繰り返しにならないようにする）
③シミュレーションを行い、要員計画と人件費予算との間に整合性がある、合理的なものとする（一方を実行すると他方に不都合が生じるようでは意味がない）

つまり、要員計画や人件費予算は、①データと合理的な方法に基づいて、②中長期的な観点から、③要員と人件費との間の整合性がとれるように策定しなければならないということです。

2 要員計画、人件費予算策定のステップ

要員計画、人件費予算は、次の三つのステップで策定します［**図表6－1**］。

(1) データ分析に基づいて、今後5年間に必要となる総従業員数を推測する

これまでの企業業績（売上高）と従業員数の関係性を分析し、その結果に基づいて、今後の経営計画（売上高目標）を実現するために必要となる総従業員数（正社員、非正規社員などを合計した従業員の総数）を推測します。

(2) (1) で推測した総従業員数（5年後）および人件費の適正性を事業収支の面から検証する

過去の財務データから事業構造を分析し、5年後に目標売上高、**(1)** で推測した総従

図表6−1　要員計画、人件費予算策定のステップ

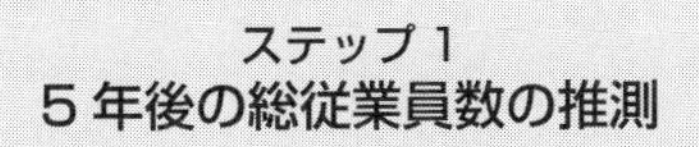

直近５年度の売上高と総従業員数の回帰分析

５年後の売上高を達成するための総従業員数の算出

ステップ２
総従業員数・人件費の適正性の検証

直近５年度の財務データによる事業構造の分析

５年後の売上高、総従業員数における人件費、利益の算出

ステップ３
部門別、雇用区分別従業員数の算出

翌年度の総従業員数を部門別、雇用区分別にブレークダウン

生産性や労務構成等の指標のチェック（妥当性の検証）

業員数になった場合の人件費を試算し、一定の営業利益が確保できるかどうかを検証します（これを「人件費シミュレーション」といいます）。利益が確保できない場合、総従業員数または人件費単価の見直しを行います。

(3)（2）で検証した５年後の総従業員数から、各年度、部門別、雇用区分別従業員数を算出する

5年後の総従業員数の適正性が検証されたら、それを基に各年度の部門（または職種）別、雇用区分（正社員／非正規社員）別の従業員数を算出します。その際に生産性に関する指標（従業員1人当たりの売上高など）や労務構成に関する指標（非正規社員比率や管理職比率など）を算出して、実現可能性や経営方針との整合性の面から妥当性を検証します。

本書で説明してきた統計的手法を理解して、また、それに関わるExcel操作ができれば、これらの各ステップを簡単に行うことができます。

3　要員計画、人件費予算を合理的に策定するための条件

要員計画や人件費予算を合理的に策定するためには、次の条件を満たすことが必要です。

(1) 自社の従業員数や財務などの直近５年度分以上のデータが収集できること

要員計画や人件費予算は、これまでの従業員数の増減傾向や事業構造の特徴などの分析結果に基づいて策定します。したがって、これまでの傾向や特徴が分析できるように、自社の直近5年度分以上のデータを収集することが必要になります。

2~3年度分のデータだけでも分析は可能ですが、将来推測やシミュレーションにおけるデータの裏付けや根拠という点で、データが少ない分だけ弱くなってしまいます。

なお、直近5年度の間に大規模な事業転換（例えば、大規模な合併やリストラなど）を行った場合、その前後で売上高や従業員数などのデータが大きく変わってしまうことがあります。このような場合は、事業転換後の年度のデータだけを使って分析します。

(2) ５年後の事業の姿（売上高目標など）が明確になっていること

従業員数や人件費の動きを推測し、その適正性を検証するには、5年後の事業の姿として、少なくとも次の点が明確になっていなければなりません。

①今後の会社の売上高目標

②会社として確保したい営業利益額、または売上高営業利益率

なお、これらの指標が希望的観測に基づくものだと、導き出される結果も実現可能性が低い「夢物語」になってしまうので注意が必要です。

(3) 導き出された結論は、（望ましくないものでも）素直に受け入れること

データに基づいて要員計画、人件費予算を合理的に策定しようとすると、経営者や人事関係者にとって望ましくない結論（例えば、多くの従業員を削減しなければならない等）が導き出されることがあります。このようなときに、結論を曲げて、経営者や人事関係者に都合が良いことばかりを並べてしまっては、データ分析や計画策定などを行った意味がなくなってしまいます。

データ分析やシミュレーションの結果として導き出された結論は、どのようなものであっても素直に受け止め、その上で経営者や人事関係者が取るべき対応を明確にすることが必要です。

それでは、要員計画、人件費予算の策定について、具体的にステップを追って見ていきましょう。

2 今後５年間に必要となる総従業員数の推測

1 売上高と総従業員数の回帰分析

事業が継続的に運営されている状況においては、一般的に「売上高」と「総従業員数」との間に、強い正の相関が見られます。そこで、自社の直近数年度分の売上高と総従業員数について回帰分析を行い、売上高と総従業員数の関係性を算式化することによって、ある売上高目標を達成するときに必要となる総従業員数が推測できます。

ここでは、H社のデータ（現在のデータも含めて直近6年度分のデータ）を使って、売上高と総従業員数の関係について見てみましょう［**図表6－2**］。

直近6年度分の売上高と総従業員数について、［**図表6－3**］のとおり散布図を作成して回帰分析を行った結果、次の回帰式が得られました。

y＝0.0884x＋173.05（x：売上高、y：総従業員数）

R^2＝0.8795

決定係数（R-2乗値）が0.8795と1.0に近いことから、この回帰式は、売上高（x）と総従業員数（y）の関係性を適切に言い表しているといえます。したがって、この回帰式の「x」に5年後の売上高目標額を代入すれば、そのときに必要となる総従業員数が算出できます。

なお、回帰分析を行った結果、決定係数（R-2乗値）が0.3未満になった場合（売上高と総従業員数との関係性が弱い場合）、または、回帰式の傾きがマイナスになる場合（売上

図表6－2　H社の直近6年度分の売上高、総従業員数等の推移

（単位：百万円、人）

	5年前	4年前	3年前	2年前	1年前	現在
売上高	12,500	13,000	13,750	13,900	14,000	15,000
総従業員数	1,300	1,300	1,350	1,400	1,450	1,500
営業利益	480	500	520	550	580	600
売上高営業利益率	3.8%	3.8%	3.8%	4.0%	4.1%	4.0%
1人当たり売上高	9.62	10.00	10.19	9.93	9.66	10.00

図表6－3　売上高と総従業員数の回帰分析の結果

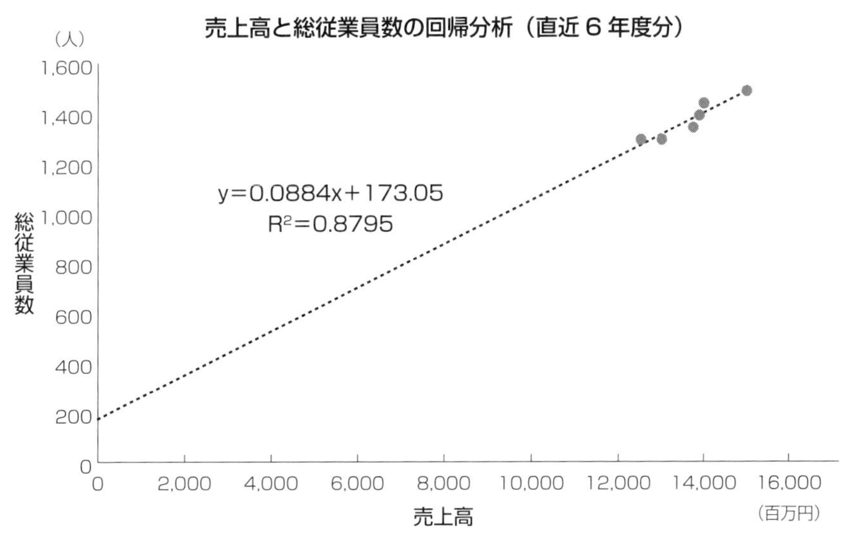

高が増えるほど総従業員数が減少するという分析結果が導き出された場合）は、この方法によらずに、5年後の売上高目標を達成するために必要となる部員数を各部門から申告してもらい、それを集計することによって5年後の総従業員数を算出します。

2 売上高目標の達成に必要な総従業員数の推測

（1）回帰分析を使って推測する

経営計画においては、一般的に、「5年後に売上高200億円を達成する」あるいは「今後、売上高を毎年5％ずつ増加させる」など、会社の中長期的な売上高目標が示されます。売上高と総従業員数の回帰分析の結果を用いれば、経営計画で示された売上高目標を達成する上で必要となる総従業員数が推測できます。

H社の場合、「今後5年間は、毎年2.0％ずつ売上高を増加させる」という目標を策定しました。この目標が達成された場合、1年後の売上高は15,300百万円（＝15,000×1.02百万円）、2年後の売上高は15,606百万円（＝15,300×1.02百万円）…となりますので、それらを 1 で求めた回帰式の売上高（x）に代入すれば、総従業員数（y）が推測できます。

Excelでは、売上高のセルに「前年度の売上高×1.02」、総従業員数のセルに「今年度の売上高×0.0884＋173.05」という式を入力することになります。このようにして今後5年度分の売上高と総従業員数の推測を一覧表にまとめると、[**図表6－4**］のとおりとなります。

回帰分析の結果を使うと、H社は、5年後に売上高16,561百万円、総従業員数1,637人になると推測されます。

(2)「従業員1人当たり売上高」から算出する方法

売上高目標の達成に必要な総従業員数を推測するときには、回帰分析を使う方法以外に、「従業員1人当たり売上高」から算出する方法もあります。

例えば、H社の場合、現在の「1人当たり売上高」は、10.0百万円になっています。この状態が5年後も維持されていた場合、総従業員数は、次のとおり推測されます。

総従業員数＝売上高目標÷1人当たり売上高
＝16,561（百万円）÷10.0（百万円）
＝1,656（人）

H社の場合、1人当たり売上高を使って算出した総従業員数のほうが、回帰分析を使った場合よりも多くなっていますが、それは、次の二つの理由によります。

①H社は、ここ数年、生産性（1人当たり売上高）が増加しています。回帰分析は、このような生産性の改善傾向も継続されるものとして総従業員数を算出するため、現在の生産性に基づいて算出したものよりも、総従業員数は少なくなります。

②1人当たり売上高を使う場合、「すべての従業員が売上高に比例して増減する」ことを前提としています。このため、売上高に比例して増える人員（回帰式$y=ax+b$の「ax」に相当する部分）と固定的な人員（同じく「b」に相当する部分）とを分けて推測を

図表6−4 売上高と総従業員数の回帰分析の結果

売上高増加率（年率） 2.00%
回帰式 y＝0.0884x＋173.05

（単位：百万円、人）

	現在	1年後	2年後	3年後	4年後	5年後
売上高	15,000	15,300	15,606	15,918	16,236	16,561
総従業員数	1,500	1,526	1,553	1,580	1,608	1,637
営業利益	600	−				
売上高営業利益率	4.0%	−				
1人当たり売上高	10.00	10.03	10.05	10.07	10.10	10.12

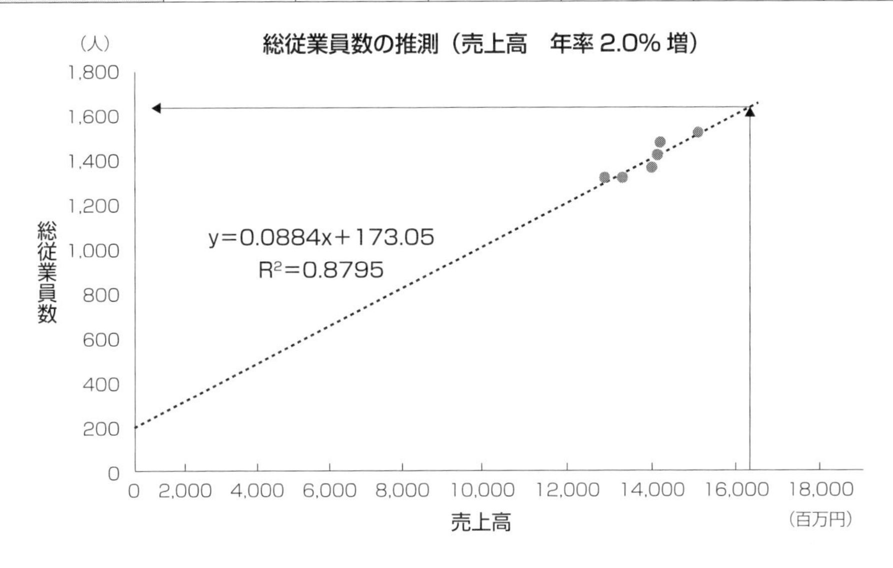

行っている回帰分析と比較すると、大きい数値となります。

これで、5年後の売上高目標を達成するために必要な総従業員数が算出できました。ただし、この数値は、過去の傾向から、事業活動の上で必要とされる総従業員数を推計したものにすぎません。要員計画に使うのであれば、この総従業員数の適正性の検証、具体的に言えば、この売上高、総従業員数で一定の利益を上げることができるかどうかを確認することが必要になります。

次に、この「総従業員数の適正性の検証」について説明します。

3 総従業員数、人件費の適正性の検証

1 人件費シミュレーションの基本的な考え方

総従業員数および人件費の適正性は、「事業が正常かつ安定的に運営できるかどうか」という観点から検証します。そこで、過去の財務データを用いて、自社の事業構造や賃金

の傾向を分析し、その傾向が継続した場合、売上高目標から算出した総従業員数（推計値）を確保するときにかかる人件費を支払っても、一定の営業利益を計上できるかどうかを試算します。このような人件費の試算（人件費シミュレーション）を行い、営業利益がマイナスになれば、または会社が目標にしている営業利益に達しなければ、その総従業員数や人件費は適正ではないということになります。

人件費シミュレーションにおいて、「一定の営業利益に達しない＝総従業員数や人件費が適正ではない」という結果になった場合は、引き続き「一定の営業利益を出すには、どうすればよいのか（＝総従業員数や人件費の調整をどのように行うのか）」という検討を行います。例えば、生産性向上により総従業員数が当初の推計値よりも少なくなるようにする、賃金上昇率を以前よりも低く抑えて人件費の増加を少なくするなどの措置を検討して、今後も一定の営業利益を出すことができる従業員数と人件費単価の組み合わせを導き出します。

人件費シミュレーションにおいては、「5年後の売上高目標を達成したときに、人件費は○○円になるものと推測され、そのときの営業利益は△△円になる」あるいは「5年後に営業利益△△円を出すためには、人件費総額は○○円以下にしなければならない」という具合に、事業収支の状況を「人件費」と「営業利益」の2項目だけで言い表せるようにすることがポイントになります。こうするためには、一定の売上高に達したときの「人件費以外のコスト」、そして「人件費控除前営業利益（売上高から人件費以外のコストを控除したもの。人件費控除前営業利益から人件費を控除した残額が営業利益になる）」を算出できるようにすることが必要です。

「人件費以外のコスト」「人件費控除前営業利益」は、損益計算書では計上されませんが、売上高、人件費および営業利益が分かれば、次のとおり逆算して求められます［**図表6－5**］。

人件費控除前営業利益＝人件費＋営業利益

人件費以外のコスト＝売上高－人件費控除前営業利益
＝売上高－（人件費＋営業利益）

そこで、自社の過去の財務データから「売上高」と「人件費以外のコスト」について回帰分析を行い、両者の関係性を回帰式で示すことができれば、今後、一定の売上高目標に

図表6－5　一定の売上高（目標値）における営業利益の算出方法

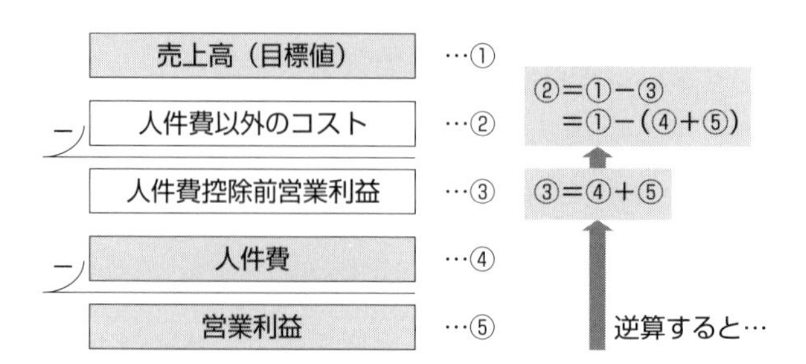

達した場合の「人件費以外のコスト」および「人件費控除前営業利益」を推測することができます。人件費控除前営業利益が算出できれば、一定の人件費総額になったときの営業利益を推測すること、あるいは、一定の営業利益を出すときの人件費総額の上限額を求めることができます。

それでは、H社のデータを使って、売上高と人件費シミュレーションを行ってみましょう。

2 事業構造の分析（売上高と人件費以外のコストの回帰分析）

H社の現在および過去5年度分の売上高、人件費および営業利益は［**図表6−6**］のとおりでした。ここで、人件費と営業利益を合算して「人件費控除前営業利益」を、売上高から人件費控除前営業利益を控除して「人件費以外のコスト」を算出します。

6年度分の売上高と人件費以外のコストについて回帰分析を行った結果、次の回帰式が得られました。

図表6−6 H社の財務データおよび売上高と人件費以外のコストの回帰分析 download

（単位：百万円）

	（算式）	5年前	4年前	3年前	2年前	1年前	現在
売上高	①	12,500	13,000	13,750	13,900	14,000	15,000
人件費	②	6,112	6,213	6,540	6,876	7,223	7,580
営業利益	③	480	500	520	550	580	600

<分析者が計算>

人件費控除前営業利益	②+③	6,592	6,713	7,060	7,426	7,803	8,180
人件費以外のコスト	①−(②+③)	5,908	6,287	6,690	6,474	6,197	6,820

<回帰分析の結果>

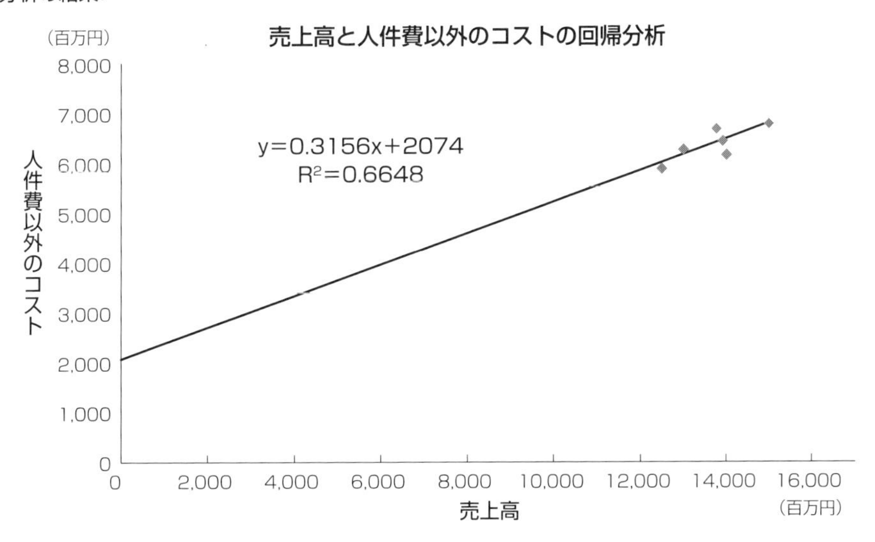

y＝0.3156x＋2074（x：売上高、y：人件費以外のコスト）

この回帰式の傾き（y＝ax＋bの「a」の部分：0.3156）は、売上高に比例して増加するコスト（例えば、原材料費など）の増加率を示します。また、切片（y＝ax＋bの「b」の部分：2074）は、売上高の変化にかかわらず固定的にかかるコスト（例えば、土地や設備の賃借料など）を示します。

R-2乗値が「0.6648」ということは、売上高と人件費以外のコストの相関係数は「0.8153」となりますので、両者の相関はかなり強いと考えられます。したがって、今後も、売上高の増加に伴い、人件費以外のコストが増加していくと推測されます。

3 人件費シミュレーション（総従業員数と人件費の適正性の検証）

H社の事業構造の傾向が今後も続くとして、［**図表6－4**］で示したとおり「毎年2.0%ずつ売上高を増加させる」という目標を達成したとき、5年後の事業収支は、どうなっているのか、シミュレーションしてみましょう。

このシミュレーションを行う上では、過去の人件費のデータを「人件費単価×総従業員数＋その他人件費」に分解することが必要です（ここでいう「その他人件費」とは、募集費や福利厚生費など従業員数に比例せずに固定的にかかる人件費を指します）。直近の人件費（7,580百万円）を分解したところ、人件費単価は「4.72百万円」、総従業員数は「1,500人」、その他人件費は「500百万円」となりました。

人件費単価を過去5年間のデータで見ると、毎年1.8%ずつ上昇する傾向にあることが分かりました。また、総従業員数は［**図表6－3**］で分析したとおり、「y＝0.0884x＋173.05（ただし、x：売上高、y：総従業員数）」という関係性が認められ、それが今後も続くものとします。

これらの条件に基づいて、今後5年間の人件費シミュレーションを行った結果を［**図表6－7**］に示します。

売上高を毎年2.0%ずつ増加させていくと、5年後の売上高（目標値）は「16,561百万円」になります。このときの人件費以外のコストは「7,301百万円（＝0.3156×16,561百万円＋2,074百万円）」と推測されますから、人件費控除前営業利益は「9,260百万円（＝16,561百万円－7,301百万円）」となります。

人件費について考えると、人件費単価が毎年1.8%ずつ上昇すると、5年後には「5.16百万円」になり、総従業員数は［**図表6－4**］で算出したとおり「1,637人」と推測されます。したがって、5年後の人件費は「8,447百万円（＝5.16百万円×1,637人）」に、その他人件費（500百万円）を加えた「8,947百万円」となります（なお、［**図表6－7**］は端数処理の関係で「8,948百万円」と表示しています）。

よって、人件費控除前営業利益から人件費を控除した「313百万円（＝9,260百万円－8,947百万円）」が営業利益の見込み額となります。

図表6−7 人件費シミュレーションの結果（5年後の人件費、営業利益の試算）

売上高増加率（年率） 2.00%
人件費増加率 1.80%
（単位：百万円、人）

		現在	1年後	2年後	3年後	4年後	5年後
売上高（毎年一定率増加）	①	15,000	15,300	15,606	15,918	16,236	16,561
人件費以外のコスト	②=③+④	6,808	6,903	6,999	7,098	7,198	7,301
変動コスト	③=①×0.3156	4,734	4,829	4,925	5,024	5,124	5,227
固定コスト	④	2,074	2,074	2,074	2,074	2,074	2,074
人件費控除前営業利益	⑤=①−②	8,192	8,397	8,607	8,820	9,038	9,260
人件費	⑥=⑦×⑧+⑨	7,580	7,830	8,095	8,369	8,653	8,948
人件費単価（毎年上昇）	⑦	4.72	4.80	4.89	4.98	5.07	5.16
総従業員数	⑧	1,500	1,526	1,553	1,580	1,608	1,637
その他人件費	⑨	500	500	500	500	500	500
営業利益	⑩=⑤−⑥	600	567	512	452	385	313
売上高営業利益率	⑩÷①×100	4.0%	3.7%	3.3%	2.8%	2.4%	1.9%
1人当たり売上高	①/⑧	10.00	10.03	10.05	10.07	10.10	10.12

ここで、経営的な観点から、この状況の良し悪しを判断します。

人によっては、「利益がプラスになっているから良い」という判断をするかもしれません。しかし、「売上高は増加しているのに、利益が減少していくのはおかしい」「5年後の利益は現在の約半分となっており、このまま放置すると利益は確実にマイナスになる」などと考えて、悪い状況と捉えることが常識的な判断といえるでしょう。

前述したとおり、総従業員数や人件費の適正性は、「事業が正常かつ安定的に運営できるかどうか」、言い換えれば「将来にわたり一定の利益を確保できるかどうか」という観点から捉えるべきです。人件費シミュレーションの結果、将来的に利益の減少が見込まれる「悪い状況」と判断されたわけですから、H社の総従業員数や人件費は適正ではないことが検証されたことになります。

現在の状況が悪いと判断された以上、H社は状況を改善するための施策を検討しなければなりません。「状況を改善する」とは、具体的に言えば「5年後に一定額の営業利益を確保すること」、あるいは「営業利益の減少傾向に歯止めをかけること」などを指します。これを実現する施策としては、次の二つの方法が挙げられます。

(1)「人件費以外のコスト」の増加を抑制する

具体的には、「原材料や仕入れ商品の単価を低減する」「パソコンや事務機器の購入を控える」など

(2)「人件費」を一定の金額以下にする（人件費を適正化する）

具体的には、「(賃上げ率の引き下げにより) 人件費増加率を従来よりも低くする」「(新規採用数の絞り込みにより) 5年後の総従業員数を一定数以下にする」など

要員計画や人件費予算を策定するときには、前記の**(2)**人件費の適正化についてまず考えていくことになります。

Excelを使えば、5年後に一定の営業利益が確保できる総従業員数および人件費を簡単に求めることが可能です。次に、その進め方について説明します。

4 総従業員数および人件費の調整

H社において、「5年後の売上高営業利益率（営業利益÷売上高×100）を4.0%とする」という目標を新たに設定したとします。この目標を達成するように［**図表6−7**］の人件費シミュレーションの総従業員数または人件費（具体的に言えば、人件費増加率）を調整することになりました。

このような場合、Excelの「ゴールシーク」という機能を使うと、条件を満たす総従業員数などを簡単に導き出すことができます。

（1）総従業員数を調整する場合

5年後の売上高営業利益率が4.0%になるように、総従業員数を調整します。まず、1年後から4年後まで総従業員数が一定数ずつ増加していくように、［**図表6−7**］の「総従業員数」のセルを修正します。具体的には、1年後から4年後までの総従業員数のセルに「前年度の総従業員数+（5年後の総従業員数−現在の総従業員数）÷5」という算式を入力しておきます。

ゴールシークによって調整できるセル（変化させるセル）は、数値が入力されているものに限定されます。したがって、5年後の総従業員数のセルには、現時点で表示されている総従業員数「1,637（人）」を数値で入力し直します。

ワークシートが完成したら、［**図表6−8**］の要領でExcelを操作します。

この事例では、5年後の総従業員数が「1,569人」であれば、売上高営業利益率4.0%になるという解答が示され、それに合わせて、1年後から4年後までの総従業員数および営業利益なども自動的に修正されています。

なお、設定した条件によっては「解答が見つかりませんでした」と表示されたり、明らかに不適切な結果（例えば、総従業員数が0人以下になるなど）が表示されたりすることもあります。このような場合は、設定した目標が実現不可能であること（今回のケースで言えば、総従業員数をどのように調整しても、営業利益率4.0%は達成できないということ）を示していますので、目標値や設定条件の見直しが必要です。

（2）人件費増加率で調整する場合

売上高から推測した総従業員数を減らすことができないものとして、人件費総額の増加を抑えることによって5年後の売上高営業利益率が4.0%になるように調整してみます。

この場合も、［**図表6−8**］と同じ要領でExcelを操作しますが、ゴールシークの「変化させるセル」では人件費増加率が入力されているセルを指定します。

図表6−8　ゴールシークによる総従業員数の調整

Step 1　データを入力し、[ゴールシーク] を選択します

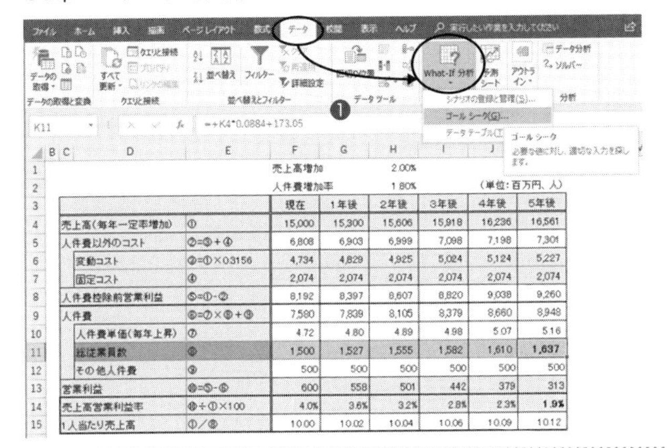

		売上高増加		2.00%			
		人件費増加率		1.80%		(単位：百万円、人)	
		現在	1年後	2年後	3年後	4年後	5年後
売上高(毎年一定率増加)	①	15,000	15,300	15,606	15,918	16,236	16,561
人件費以外のコスト	②=③+④	6,808	6,903	6,999	7,098	7,198	7,301
変動コスト	③=①×0.3156	4,734	4,829	4,925	5,024	5,124	5,227
固定コスト	④	2,074	2,074	2,074	2,074	2,074	2,074
人件費控除前営業利益	⑤=①-②	8,192	8,397	8,607	8,820	9,038	9,260
人件費	⑥=⑦×⑧+⑨	7,580	7,839	8,105	8,379	8,660	8,948
人件費単価(毎年上昇)	⑦	4.72	4.80	4.89	4.98	5.07	5.16
総従業員数	⑧	1,500	1,527	1,555	1,582	1,610	1,637
その他人件費	⑨	500	500	500	500	500	500
営業利益	⑩=⑤-⑥	600	558	501	442	379	313
売上高営業利益率	⑩÷①×100	4.0%	3.6%	3.2%	2.8%	2.3%	1.9%
1人当たり売上高	①/⑧	10.00	10.02	10.04	10.06	10.09	10.12

❶5年後の総従業員数、人件費、営業利益などを推測した人件費シミュレーションのワークシートを作成します（ただし、5年後の総従業員数のセルは、数値形式で入力されていなければなりません）。
ワークシートが完成したら、[データ] タブ→ [予測] → [What-If分析] → [ゴールシーク] を選択します。

Step 2　[ゴールシーク] の必要事項を指定します

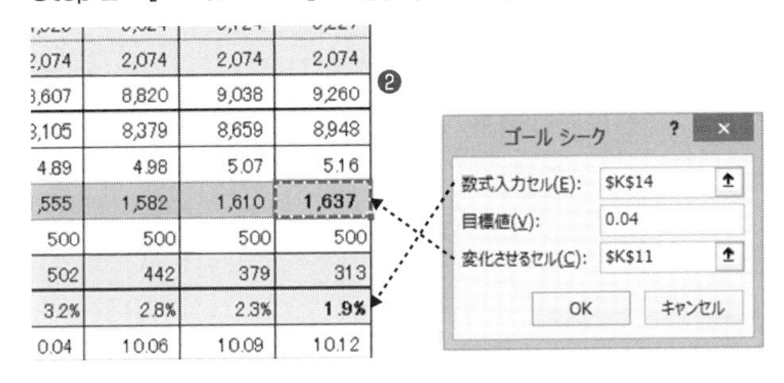

❷[ゴールシーク] のボックスが表示されますので、それぞれ次のセル、数値を指定します。
数式入力セル：5年後の営業利益率が表示されているセル
目標値：利益率4%を条件とするので、「0.04」を入力
変化させるセル：5年後の総従業員数が表示されているセル
ここで「OK」ボタンをクリックします。

Step 3　修正されたワークシート全体を確認します

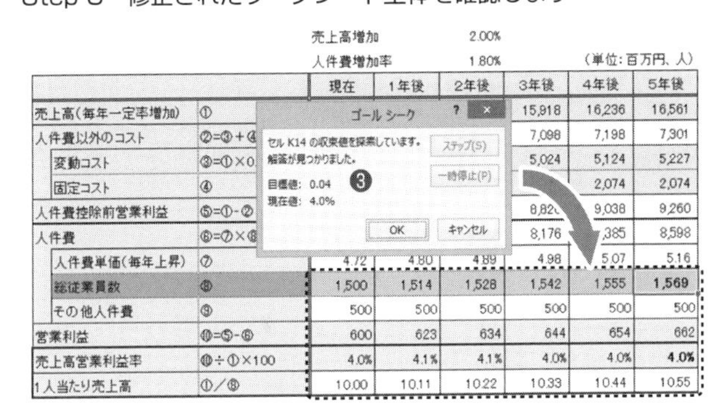

		売上高増加		2.00%			
		人件費増加率		1.80%		(単位：百万円、人)	
		現在	1年後	2年後	3年後	4年後	5年後
売上高(毎年一定率増加)	①	[illegible]	[illegible]	[illegible]	15,918	16,236	16,561
人件費以外のコスト	②=③+④	[illegible]	[illegible]	[illegible]	7,098	7,198	7,301
変動コスト	③=①×0	[illegible]	[illegible]	[illegible]	5,024	5,124	5,227
固定コスト	④	[illegible]	[illegible]	[illegible]	[illegible]	2,074	2,074
人件費控除前営業利益	⑤=①-②	[illegible]	[illegible]	[illegible]	8,82	9,038	9,260
人件費	⑥=⑦×⑧	[illegible]	[illegible]	[illegible]	8,176	,385	8,598
人件費単価(毎年上昇)	⑦	4.72	4.80	4.89	4.98	5.07	5.16
総従業員数	⑧	1,500	1,514	1,528	1,542	1,555	1,569
その他人件費	⑨	500	500	500	500	500	500
営業利益	⑩=⑤-⑥	600	623	634	644	654	662
売上高営業利益率	⑩÷①×100	4.0%	4.1%	4.1%	4.0%	4.0%	4.0%
1人当たり売上高	①/⑧	10.00	10.11	10.22	10.33	10.44	10.55

❸「解答が見つかりました」というボックスが表示されたら、「OK」ボタンをクリックします。ゴールシークが見つけ出した解答になるように、ワークシート全体が修正されていることを確認してください。

ここでは、人件費増加率を「0.95%」に引き下げれば、5年後の総従業員数は（売上高目標から推測した）1,637人の状態で、売上高営業利益率4.0%を確保できるという結果を導き出すことができます。

なお、実際の場面において、「総従業員数」と「人件費増加率」のいずれか一方だけで調整を行うことは困難ですし、また適切な措置ともいえません。

図表6−9 ゴールシークによる総従業員数、人件費増加率の調整結果

【総従業員数を調整した結果】

売上高増加率（年率） 2.00%
人件費増加率 1.80%

（単位：百万円、人）

		現在	1年後	2年後	3年後	4年後	5年後
売上高（毎年一定率増加）	①	15,000	15,300	15,606	15,918	16,236	16,561
人件費以外のコスト	②=③+④	6,808	6,903	6,999	7,098	7,198	7,301
変動コスト	③=①×0.3156	4,734	4,829	4,925	5,024	5,124	5,227
固定コスト	④	2,074	2,074	2,074	2,074	2,074	2,074
人件費控除前営業利益	⑤=①−②	8,192	8,397	8,607	8,820	9,038	9,260
人件費	⑥=⑦×⑧+⑨	7,580	7,774	7,973	8,176	8,385	8,598
人件費単価（毎年上昇）	⑦	4.72	4.80	4.89	4.98	5.07	5.16
総従業員数	⑧	1,500	1,514	1,528	1,542	1,555	1,569
その他人件費	⑨	500	500	500	500	500	500
営業利益	⑩=⑤−⑥	600	623	634	644	654	662
売上高営業利益率	⑩÷①×100	4.0%	4.1%	4.1%	4.0%	4.0%	4.0%
1人当たり売上高	①/⑧	10.00	10.11	10.22	10.33	10.44	10.55

【人件費増加率を調整した結果】

売上高増加率（年率） 2.00%
人件費増加率 0.95%

（単位：百万円、人）

		現在	1年後	2年後	3年後	4年後	5年後
売上高（毎年一定率増加）	①	15,000	15,300	15,606	15,918	16,236	16,561
人件費以外のコスト	②=③+④	6,808	6,903	6,999	7,098	7,198	7,301
変動コスト	③=①×0.3156	4,734	4,829	4,925	5,024	5,124	5,227
固定コスト	④	2,074	2,074	2,074	2,074	2,074	2,074
人件費控除前営業利益	⑤=①−②	8,192	8,397	8,607	8,820	9,038	9,260
人件費	⑥=⑦×⑧+⑨	7,580	7,778	7,978	8,182	8,389	8,600
人件費単価（毎年上昇）	⑦	4.72	4.76	4.81	4.86	4.90	4.95
総従業員数	⑧	1,500	1,527	1,555	1,582	1,610	1,637
その他人件費	⑨	500	500	500	500	500	500
営業利益	⑩=⑤−⑥	600	620	628	638	649	661
売上高営業利益率	⑩÷①×100	4.0%	4.1%	4.0%	4.0%	4.0%	4.0%
1人当たり売上高	①/⑧	10.00	10.02	10.04	10.06	10.09	10.12

例えば、［**図表6−9**］を見ると、総従業員数の調整だけで5年後の売上高営業利益率4.0%を確保しようとした結果、「1人当たり売上高」が、現在の「10.00百万円」から「10.55百万円」へと大きく増加しています。「同業他社と比較して、1人当たり売上高が大きすぎないか」、あるいは「自社において、1人当たり売上高が10.55百万円に達したことが過去にあったか」などを調べて、この総従業員数の実現可能性や適正性を検証することが必要です。

また、人件費増加率を、従来の1.80%から0.95%に引き下げる案についても、「従業員のモチベーション低下による業績悪化を招いたり、退職者を増やしたりすることはない

か」などのリスクについて検討してみることが必要です。

このように考えると、「総従業員数」と「人件費増加率」の一方だけで調整するよりも、両方を少しずつ調整したほうが、実現可能性が高く、適切な措置になることが分かります。

H社の場合、「5年後の総従業員数として、最低でも1,600人は必要」という見込みを立てて、それに基づいて、人件費増加率の再計算を行ってみました。ゴールシークを使うと、「5年後の売上高営業利益率4.0%で、総従業員数1,600人の場合、人件費上昇率は1.41%」という結論が導き出されます。

Excelの便利な点として、ワークシート上のデータを入れ替えるだけで、さまざまなシミュレーションを簡単に展開できることが挙げられます。まずは、「総従業員数」あるいは「人件費増加率」のどちらか一方の調整だけでシミュレーションを行い、それでは実現困難であることを確認した上で、どちらか一方のデータを実現可能性がある数値に置き換えて、他方のデータについてゴールシークを使った再シミュレーションを行うようにするとよいでしょう。

このような人件費シミュレーションを行うことによって、事業を正常かつ安定的に運営できる（すなわち、5年後も一定の営業利益を出すことができる）、適正な総従業員数と人件費を算出することができました。

次は、ここで算出した総従業員数や人件費を、次年度の要員計画や人件費予算にブレークダウンすること、具体的に言えば、各部門の従業員数や雇用区分別の採用者数などを決めていくことが必要になります。

次節では、このブレークダウンの方法を説明します。

4 部門別・雇用区分別従業員数の算出

1 部門別・雇用区分別従業員数の一般的な算出方法

人件費シミュレーションでは、5年後の総従業員数や人件費を推測する上で、それらの1年後、2年後…の数値も算出しています。翌年度の要員計画や人件費予算を策定するときには、人件費シミュレーションで算出した総従業員数を部門別・雇用区分別従業員数にブレークダウンすることが必要になります。

要員計画を策定するときには、翌年度の必要従業員数を各部門から提出させて、人事部門でそれを集計する方法が、一般的に採用されています。具体的には［**図表6−10**］のような書式を部門責任者から提出させて、各部門の必要従業員数を明確にします。

そして、人事部門が各部門から提出された必要従業員を集計して、全社の総従業員数を算出します。ところが、ほとんどの場合、各部門は必要従業員数を多めに申告してくるため、それらを合計すると人件費シミュレーションで算出した総従業員数を大幅に上回ることになってしまいます。そこで、人事部門において各部門の必要従業員数を減らすように

図表6−10　各部門からの必要従業員数の要求

2019年度　要員計画　　部門名：営業1部　　部門長名：青木　一郎

概況	受注好調につき、主任、一般クラスの人員増が必要。また、営業事務をサポートするため、パート、派遣社員の増員も必要である。

		現人員	部門要求			理由別　増減数				
			人数	増減	理由	退職	転出	転入	採用等	合計
正社員	部長	1	1	0						0
	課長	3	4	1	リーダーから昇格（＋1）			1		1
	リーダー	8	8	0	定年退職（－1）、課長に昇格（－1）、主任から昇格（＋2）	－1	－1	2		0
	主任	12	15	3	自己都合退職（－4）、リーダーに昇格（－2）、一般から昇格（＋4）、中途採用（＋5）	－4	－2	4	5	3
	一般	20	22	2	自己都合退職（－4）、主任に昇格（－4）、新卒入社（＋10）	－4	－4		10	2
	小計	44	50	6		－9	－7	7	15	6
社員外	嘱託	2	3	1					1	1
	パート	4	6	2	自己都合退職など（－4）、入社（＋6）	－4			6	2
	派遣社員	0	2	2	業務多忙なため事務要員を補充（＋2）				2	2
	小計	6	11	5		－4	0	0	9	5
総合計		50	61	11		－13	－7	7	24	11

調整します。この調整をすべて完了させて、翌年度の要員計画を確定させます。

多くの会社は、このような方法で、各年度の部門別・雇用区分別従業員数を算出しています。

2　人件費シミュレーションのブレークダウンによる要員計画の策定

前述した一般的な要員計画の策定方法の場合、人事部門は各部門が申告してきた必要従業員数を調整することに、多くの時間と労力を割かなければなりません。

また、各部門から提出される必要従業員数は、ほとんどの場合、現在の従業員数の過不足状況に基づいたもので、これをベースに要員計画を策定すると、将来的に必要となる人材を確保できない、あるいは雇用過剰に陥りそうな状況を見過ごしてしまうなどの不都合が生じます。

したがって、各部門から必要従業員数を提出させることはよいのですが、それとは別に、人事部門においても、人件費シミュレーションをブレークダウンして部門別・雇用区分別の従業員数を算出し、合理的、長期的な視点から要員計画を策定することが必要です。

［**図表6−11**］は、H社において、人件費シミュレーション（［**図表6−9**］の総従業員数を調整した結果）の「1年後」の総従業員数を、部門別・雇用区分別にブレークダウンするために作成したシートです（なお、このシートの1年後の「人件費単価」は、管理職は増減なし、一般社員は賃上げのため2.0％増加、非正規社員は時給水準の上昇により3.0％増加という条件を設定しました）。

図表6−11 部門別・雇用区分別の従業員構成（製造・営業の正社員が増加した場合）

現在の部門別、雇用区分別 従業員数

【概要】

総従業員数	1,500	人
人件費総額※	7,580	百万円
人件費単価	4.72	百万円

【人件費単価】

管理職	8.00	百万円
一般社員	5.00	百万円
非正規社員	2.00	百万円

		従業員数 部門計	製造部門	営業部門	技術部門	研究部門	管理部門	人件費（単価×人員）
正社員		1,200	500	300	200	100	100	6,480
	管理職	160	50	50	30	10	20	1,280
	一般社員	1,040	450	250	170	90	80	5,200
非正規社員		300	250	20	10	10	10	600
合計		1,500	750	320	210	110	110	7,080
非正規社員比率		20.0%	33.3%	6.3%	4.8%	9.1%	9.1%	※人件費総額は上記に「その他人件費」(500)を加算する
管理職比率		13.3%	10.0%	16.7%	15.0%	10.0%	20.0%	
部門人員割合		100.0%	50.0%	21.3%	14.0%	7.3%	7.3%	

シミュレーション

人件費シミュレーションの1年後の値

世間相場等を考慮して条件設定

【概要】

総従業員数	1,514	人
人件費総額※	7,773	百万円
人件費単価	4.80	百万円
人件費上昇率	1.78	%

【人件費単価】

管理職	8.00	百万円	昇給率	0.0%
一般社員	5.10	百万円	昇給率	2.0%
非正規社員	2.06	百万円	昇給率	3.0%

		従業員数 部門計	製造部門	営業部門	技術部門	研究部門	管理部門	人件費（単価×人員）
正社員		1,214	507	307	200	100	100	6,655
	管理職	160	50	50	30	10	20	1,280
	一般社員	1,054	457	257	170	90	80	5,375
非正規社員		300	250	20	10	10	10	618
合計		1,514	757	327	210	110	110	7,273
非正規社員比率		19.8%	33.0%	6.1%	4.8%	9.1%	9.1%	※人件費総額は上記に「その他人件費」(500)を加算する
管理職比率		13.2%	9.9%	16.3%	15.0%	10.0%	20.0%	
部門人員割合		100.0%	50.0%	21.6%	13.9%	7.3%	7.3%	

【従業員の増減】

		部門計	製造部門	営業部門	技術部門	研究部門	管理部門
正社員		14	7	7	0	0	0
	管理職	0	0	0	0	0	0
	一般社員	14	7	7	0	0	0
非正規社員		0	0	0	0	0	0
合計		14	7	7	0	0	0

人件費シミュレーションでは、総従業員数は、現在の1,500人から1,514人に増やすことが可能という結果が出ています。そこで、まずは、製造部門、営業部門の一般社員（正社員）を7人ずつ増員してみました。

この状態において、1年後の人件費総額は7,773百万円、人件費単価は4.80百万円で、人件費シミュレーションにおける1年後の数値以内に収まっています。したがって、総従業員数と人件費の面から考えれば、この案でもよさそうです。

しかし、製造部門と営業部門だけ増員すると、技術部門や研究部門からは「当部門は増員しないのか」という不満が出てくるでしょう。また、増員を一般社員だけで行うと、「管理職比率が低下し、マネジメント面で支障が生じるおそれがある」「非正規社員の増員と比較すると、人件費総額の増加が大きい」などの問題もあります。

したがって、［**図表6－11**］を素案として、製造部門、営業部門の増員の一部を技術、研究部門に回す、正社員だけではなく非正規社員も増やしてみる等の調整を行います。

このような調整を繰り返しながら、人事部門において総従業員数、人件費総額の枠内で、部門別・雇用区分別の従業員構成のバランスが最も良いと考えられる状態を見つけ出します。これが人件費シミュレーションをブレークダウンして策定した要員計画となります。

3 非線形最適化による要員計画の策定

さて、［**図表6－11**］では、総従業員数の増員を正社員のみで行いましたが、その一部を非正規社員の増員で対応すれば、1年後の人件費総額を少なくすることができます。ただし、増員のすべてを非正規社員で対応してしまうと、将来的に基幹人材の不足を招くことになりかねません。そのため、非正規社員比率が一定の数値を上回らないようにしながら、正社員を非正規社員に置き換えていくことが必要になります。

前述した「部門別・雇用区分別の従業員構成のバランスが最も良いと考えられる状態を見つけ出す」という作業では、実は、このようなプロセスが繰り返し行われています。

「まずは、正社員だけを増員してみよう→一部を非正規社員の増員にすれば、人件費総額を少なくできる→ただし、非正規社員比率の上昇を抑えるために、非正規社員の増員は一定数以内にしたい」。このような試行錯誤を繰り返す中で、分析者が何かしらの指標やデータをチェックして、従業員構成の良し悪しを判断し、最終的に「バランスが最も良い」状態を見つけ出しているのです。

Excelには「チェックする指標、データと、それらについて“良し”とする基準」が分かっていれば、そこで示される条件（これを「制約条件」といいます）を満たし、かつ分析者が最も望ましいと考える状態を実現する「最適解」を見つけ出す「ソルバー」という機能が装備されています。

H社の事例で言えば、「非正規社員比率と管理職比率は現状どおりとし、部門別人員割合は、技術部門と研究部門を少し高くする」という制約条件を満たして、1年後の人件費総額を最小値の状態にするような部門別・雇用区分別の従業員構成を、ソルバーで自動的に算出できます。

ソルバーは、第2章22で説明した「分析ツール」と同様に、Excelの標準的な操作画面上では表示されていません。したがって、まず自分のパソコンのExcel上に、ソルバーを表示させる（アドインする）ことが必要です。アドインの操作方法は39ページの［**図表2−7**］と同じで、Excelの［ファイル］→［オプション］→［アドイン］を選択し、表示されたボックスの最下部にある「Excelアドイン」の設定ボタンを押して、「ソルバーアドイン」にチェックを入れます。これで、Excelの「データ」タブを選択すると、リボンの右端に「ソルバー」ボタンが表示されます。

［**図表6−11**］で作成したワークシート上で「ソルバー」ボタンを押すと、ソルバーの制約条件を設定するボックスが表示されます。「全社の非正規社員比率は20％以下」「全社の管理職比率は現状以上」などの制約条件を設定した上で、ソルバーを起動すると、1年後の人件費総額を最小値の状態にする、部門別・雇用区分別の従業員構成が表示されます［**図表6−12**］。

ソルバーは「非線形最適化」という理論を使って最適解を見つけ出しますが、この理論は難解なため、ここでは説明を省きます。

［**図表6−8**］で説明した「ゴールシーク」も、特定したセルの数値を目標値にする「解」を見つけ出してくれますが、この場合、変化させることができるセルは一つに限られます。一方、「ソルバー」は複数のセルを同時に変化させて、最も良いデータの組み合わせを「最適解」として導き出すことができます。Excelの「ゴールシーク」と「ソルバー」の機能が使いこなせるようになれば、データ分析によって問題を見つけ出すだけではなく、問題の解決策も導き出せるようになります。

4　要員計画の妥当性の検証

ソルバーを使って、翌年度の部門別・雇用区分別の従業員構成の最適解を導き出すことができたら、生産性や労務構成などの指標をチェックして、その妥当性を検証しましょう（もっとも、ソルバーは、妥当性の検証においてチェックすべき指標を一定の状態にするように制約条件を設定するものなので、妥当性の検証はクリアできるはずです）。

H社の場合、翌年度の従業員1人当たり売上高は、人件費シミュレーション（［**図表6−9**］の総従業員数を調整した結果）で算出された「10.11百万円」になり、非正規社員比率や管理職比率も妥当と捉えられます。人件費総額は、シミュレーションでは「7,774百万円」でしたが、ソルバーを使って作成した要員計画［**図表6−12**］では「7,767百万円」となり、7百万円ほど少なくなっています。売上高が目標額に達しないこと、人件費単価が見込みよりも増えることなどが起こり得るので、人件費総額の予算としては、少し余裕を持たせたほうが安心でしょう。

図表6−12 ソルバーによる部門別・雇用区分別の従業員構成の最適化

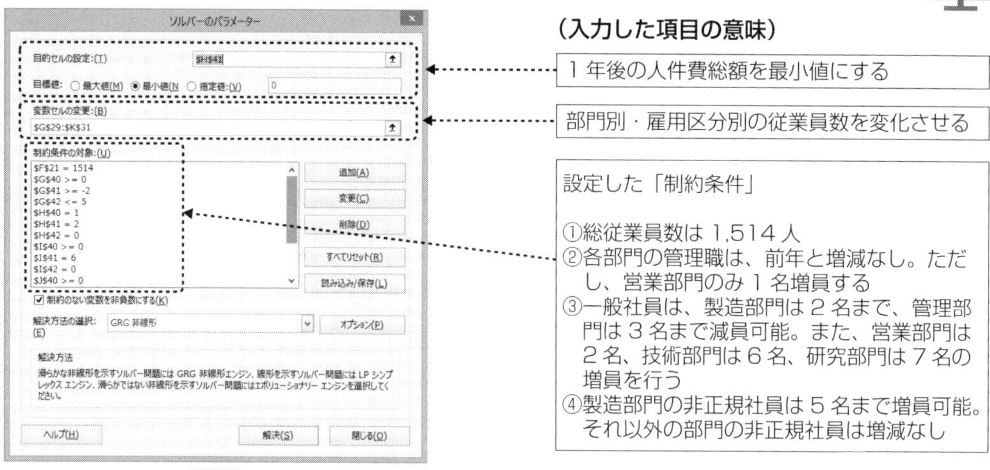

「解決」ボタンを押すと「解が見つかった」旨、表示される

なお、解が見つからない場合は、下の画面が表示される
この場合は設定条件を見直してみること

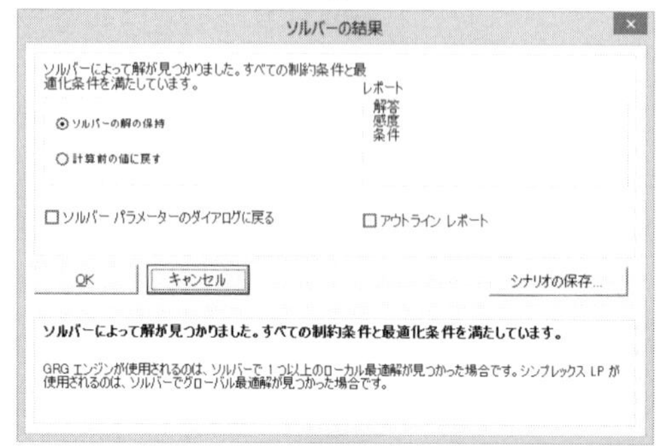

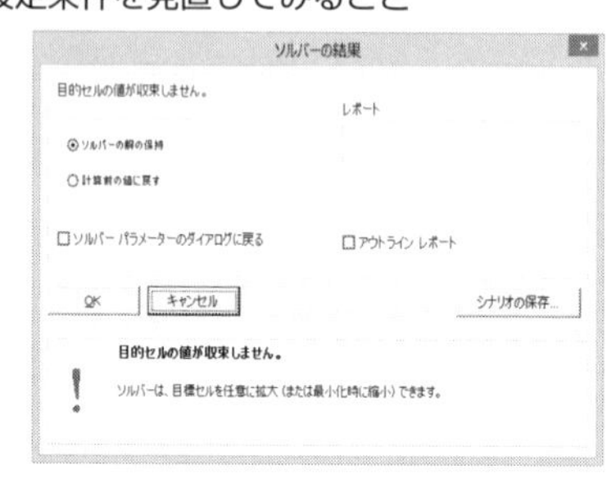

「OK」ボタンを押すと、制約条件を満たし、人件費総額を最小にする部門別・雇用区分別従業員構成に置き換わる

シミュレーション

【概要】

総従業員数	1,514 人
人件費総額※	7,767 百万円
人件費単価	4.80 百万円
人件費上昇率	1.69 %

【人件費単価】

管理職	8.00 百万円	昇給率	0.0%
一般社員	5.10 百万円	昇給率	2.0%
非正規社員	2.06 百万円	昇給率	3.0%

		従業員数 部門計	製造部門	営業部門	技術部門	研究部門	管理部門	人件費 （単価×人員）
正社員		1,211	498	303	206	107	97	6,643
	管理職	161	50	51	30	10	20	1,288
	一般社員	1,050	448	252	176	97	77	5,355
非正規社員		303	253	20	10	10	10	624
合計		1,514	751	323	216	117	107	7,267
非正規社員比率		20.0%	33.7%	6.2%	4.6%	8.5%	9.3%	※人件費総額は上記に「その他人件費」（500）を加算する
管理職比率		13.3%	10.0%	16.8%	14.6%	9.3%	20.6%	
部門人員割合		100.0%	49.6%	21.3%	14.3%	7.7%	7.1%	

【従業員の増減】

		部門計	製造部門	営業部門	技術部門	研究部門	管理部門
正社員		11	−2	3	6	7	−3
	管理職	1	0	1	0	0	0
	一般社員	10	−2	2	6	7	−3
非正規社員		3	3	0	0	0	0
合計		14	1	3	6	7	−3

このように考えると、今回策定した要員計画（人件費シミュレーションをブレークダウンした翌年度の部門別・雇用区分別の従業員構成）は、生産性、従業員構成、収益性などの点から考えて妥当性があるといえます。ですから、この要員計画に沿って採用者数の決定や人員配置の調整などの人材管理を進めていけば、会社が目標とする営業利益を出すことができます。

5 ソルバーとシナリオを使った雇用ポートフォリオの作成

Excelのソルバー機能は、雇用ポートフォリオを作成するときも使うことができます。

雇用ポートフォリオは、「雇用期間」や「職務の専門性」などの軸を設定した座標の上に、正社員、パートタイマーなどの雇用区分を位置づけたものです。従来の雇用ポートフォリオは、「人件費を少なくするには、パートタイマーなどの非正規社員の構成割合を高めたほうがよい」という人事管理の考え方を示す程度のものでしたが、ソルバーを使えば、各雇用区分の人員を何人にすればよいか、具体的に算出できます。

［**図表6－13**］は、ある会社において、今後の雇用ポートフォリオを検討するために作成したExcelのワークシートです。この会社では、今後2%ずつ売上高が増加するものとした場合、「現在から4年後まで5年間の営業利益の合計額が最大値となる」ように雇用ポートフォリオを作成しています。

制約条件は、「人件費総額は、過去データの回帰分析から算出した人件費枠の1.2倍以内とする」「従業員数合計は、過去データの回帰分析から算出した必要従業員数以上とする」などを設定しましたが、この段階では「正社員比率を何％に設定するか」という判断ができません。そこで「正社員比率を60％にする場合」と「68％に設定する場合」の2通りの制約条件を設定して、それぞれの雇用ポートフォリオと5年間の営業利益合計額を見ることにしました。

この場合、「シナリオ」という機能を使えば、制約条件が異なるシミュレーションを一つのExcelシート上で表示できます［**図表6－14**］。

ソルバーとシナリオを使えば、正社員比率などの制約条件を変えたときの雇用区分別従業員数を表示し、さらに、それぞれのポートフォリオを実現したときの効果（この例の場合は、今後5年間の営業利益見込み）も算出できます。この結果を雇用ポートフォリオとして図示すると、［**図表6－15**］のようになります。正社員比率を60%とすると、営業利益は多くなりますが、人材確保はやや不安定になります。この図を見ながら、どちらの雇用ポートフォリオを目指すべきか、経営層などを含めて検討してみるとよいでしょう。

なお、［**図表6－15**］の雇用ポートフォリオの作成方法は、［**図表3－16**］（80ページ）を参照してください。

図表6−13 雇用ポートフォリオを作成するための検討シート

従業員構成

人員：人件費単価	現在人員数	４年後人員
正社員（中堅以上）：900万円	70	84
正社員（一般職）：600万円+2%昇給	45	46
契約社員：700万円	2	2
パートタイマー：250万円	58	51
嘱託社員：一般職の60%とする	5	8
合計	180	191

経営指標

指標	現在	４年後	増減率・ポイント
売上高	5,000,000	5,412,161	108.2%
従業員数	180	191	106.1%
正社員数	115	130	100.0%
1人当たり売上高	27,778	28,328	102.0%
正社員比率	63.9%	68.0%	4.1%

人件費シミュレーション　（単位：千円、人）

	現在	１年後	２年後	３年後	４年後	
売上高　（毎年2%の増加）①	5,000,000	5,100,000	5,202,000	5,306,040	5,412,161	
変動コスト（売上高×0.4）②=①×0.38	1,900,000	1,938,000	1,976,760	2,016,295	2,056,621	
固定コスト（1,000百万円固定）③	1,000,000	1,000,000	1,000,000	1,000,000	1,000,000	
人件費以外のコスト（変動+固定）④=②+③	2,900,000	2,938,000	2,976,760	3,016,295	3,056,621	
人件費控除前営業利益　⑤=①−④	2,100,000	2,162,000	2,225,240	2,289,745	2,355,540	
人件費枠　※過去データの回帰分析から算出	1,079,750	1,096,149	1,112,876	1,129,937	1,147,340	
人件費（見込み）　※人件費単価×人数の合計	1,077,000	1,113,777	1,150,865	1,188,272	1,226,007	5年間利益計
営業利益　⑥=⑤ー人件費	1,023,000	1,048,223	1,074,375	1,101,472	1,129,533	5,376,603
売上高営業利益率　⑥÷①×100	20.5%	20.6%	20.7%	20.8%	20.9%	

要員計画　（雇用ポートフォリオ）	現在	１年後	２年後	３年後	４年後	増加率（増減数）
従業員数合計　（雇用形態別人員の合計）	180	183	186	188	191	11
必要従業員数　※過去データの回帰分析から算出	180	183	185	188	191	

図表6−14 シナリオを使ったシミュレーション結果の表示

Step 1　制約条件を入力し、シナリオとして保存します

❶人件費シミュレーションを行うワークシートを作成し、［ソルバーのパラメーター］に制約条件を入力します。「正社員比率≧60%」という制約条件を入力し、［解決］ボタンを押し、さらに「解が見つかった」と表示されたら、［シナリオの保存］をクリックして、その「シナリオ名」を入力します。
前の画面に戻り、制約条件を「正社員比率≧68%」に置き換えた上で、同様にシナリオを保存します。

Step 2　表示したい制約条件のシナリオを選択します

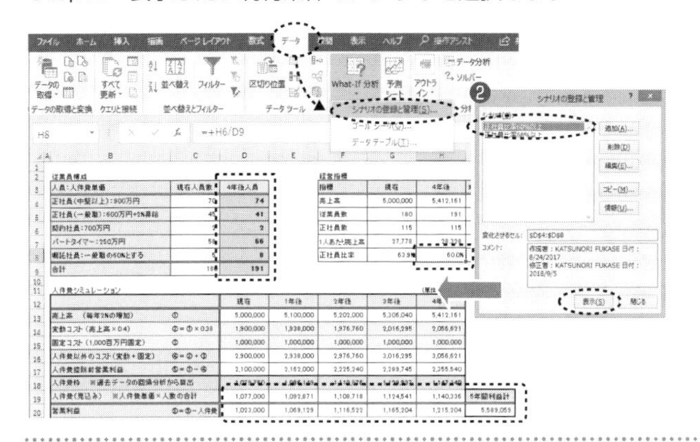

❷人件費シミュレーションの画面に戻り、［データ］タブ→［予測］→［What-If分析］→［シナリオの登録と管理］→「表示したいシナリオ名」を選択し、［表示］ボタンをクリックします。
選択したシナリオでソルバーを起動した状態の人件費シミュレーションが表示されます。

Step 3　別の制約条件のシナリオを表示します

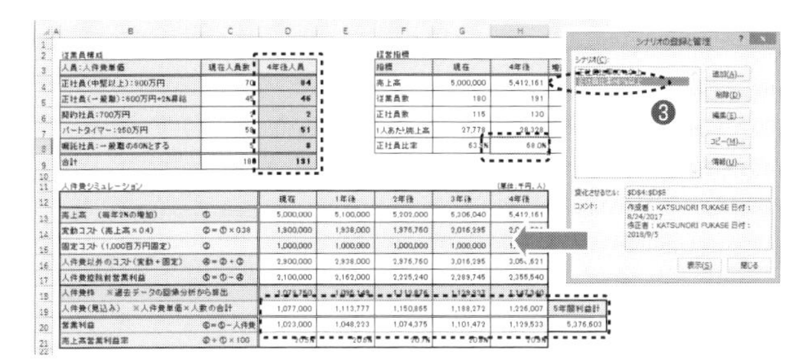

❸その状態のまま、［What-If分析］→［シナリオの登録と管理］→「表示したいシナリオ名」で、別のシナリオ名を選択します。
［表示］ボタンをクリックすると、そのシナリオで設定した制約条件に基づく人件費シミュレーションの画面に置き換わります。
同じワークシート上で制約条件を変えたシミュレーションが表示されるので、結果の比較が容易に行えます。

図表6−15　正社員比率（制約条件）を変えた場合の雇用ポートフォリオ

シミュレーション１（正社員比率 60%）
今後５年間の営業利益見込み：55.9 億円

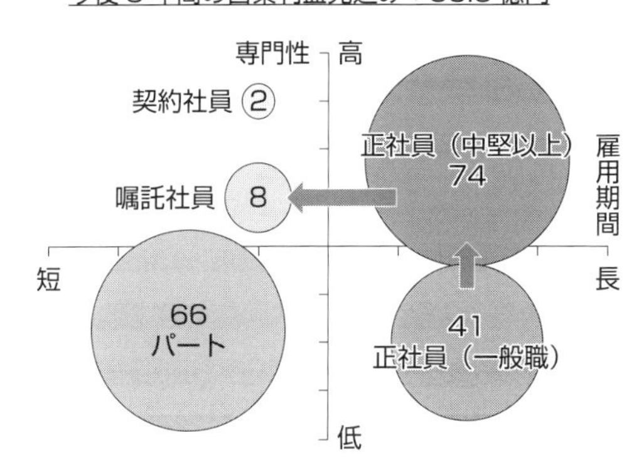

シミュレーション２（正社員比率 68%）
今後５年間の営業利益見込み：53.8 億円

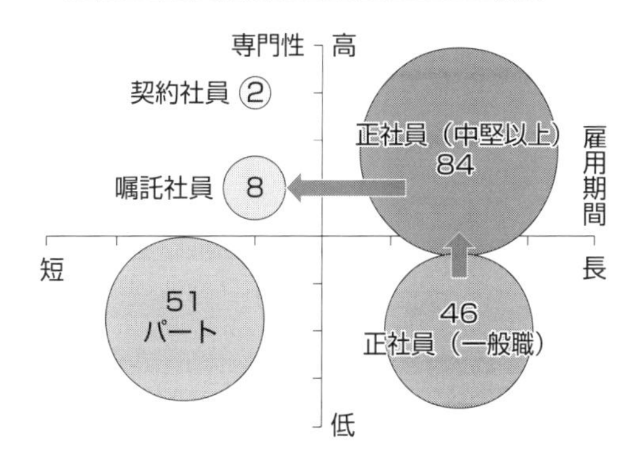

6 シミュレーションおよび制約条件設定に関する留意点

1 「当たらなかったシミュレーション」にも大きな意味がある

この章では、回帰分析などを使って総従業員数や人件費の推測を行う「人件費シミュレーション」について説明しました。

人件費シミュレーションを行っても、実際には、そのとおりにならないことがあります。このような場合に「当たらなかったシミュレーションは何の役にも立たない」と、がっかりしてはいけません。むしろ、当たらなかったシミュレーションのほうが、大きな意味を持つことがあるのです。

人件費シミュレーションは、一般的に次のような仮定の下に行われています。

- 売上高は、毎年○○%ずつ増えていく
- 人件費以外のコストは、これまでと同じ傾向で支出される
- 人件費単価は、毎年○○%ずつ増えていく
- 総従業員数は、売上高と連動して増減する

現実の姿とシミュレーションの推測値との間で乖離（かいり）が生じたときには、その原因（すなわち、仮定どおりにいかなかったところ）を探ります。そこには、読みが甘い、あるいは適切にコントロールできていないなどの自社の問題点があるはずです。ですから、人事部門としては、シミュレーションが仮定どおりにいかなかった部分に対して、改善策を集中的に講じればよいのです（逆に言えば、「仮定どおりにいっているところは、現時点で適切に対処できているので、これまでのマネジメントを変える必要はない」ということになります）。

分析者は、「当たらなかったシミュレーションにも大きな意味がある」ことを認識し、現実の姿と推測値との間の乖離を必ず分析するようにしてください。

2 ソルバーにおける制約条件の設定に関する留意点

人件費シミュレーションに基づく要員計画や雇用ポートフォリオを作成する上で、Excelのソルバーやシナリオは、大変役に立つ機能といえます。これらの機能は、マーケティングや財務などの分野においても、製品・サービスごとの販売予測や資源投入を検討する上で頻繁に使われています。経営戦略の策定やデータ分析・活用を行う者にとって、Excelのソルバーやシナリオを使いこなすことは、もはや不可欠なスキルになっています。

ソルバーやシナリオを使いこなす上で、「制約条件を設定できるかどうか」が重要なポイントになります。制約条件の設定とは「分析者が、どのデータ、指標を見て、どのように適・不適の判断をしているのか」ということを数式化する作業にほかなりません。例えば、要員計画の策定において「非正規社員比率が高くなりすぎると、分析者が不適と判断する」ことが把握できれば、制約条件に「非正規社員比率は○○%以下」という数式を設

定することになります。

このような制約条件の設定、すなわち従来の経験則や曖昧（あいまい）な判断基準を数式化することは、人事関係者にしてみれば、困難で面倒くさい作業に感じることと思います。しかし、この作業は数をこなして、慣れていくしかありません。データ分析・活用を行う者は、ソルバーなどの機能を積極的に使い、試行錯誤を繰り返しながら、制約条件を設定するコツをつかんでいくようにしましょう。

なお、人事管理におけるデータ分析・活用を積極的に行ってきた会社では、最近、次のような動きが出てきています。

（1）制約条件そのものを、データ分析に基づき、明確な根拠を持って設定する動き

前述した「非正規社員比率は○○％以下」という制約条件は、分析者の経験則から導き出したものでしたが、それをデータ分析に基づき、明確な根拠を持って設定できるようになってきました。

例えば、過去の非正規社員比率と現在の売上高との相関を分析し、「非正規社員比率が20％を上回ると、5年後には売上高成長率が低下する可能性が高い」という結果を導き出した上で、「非正規社員比率は20％以下」という制約条件を設定し、ソルバーを使ったシミュレーションを行います。なお、最近では、過去から現在に至るまでの業績や人事に関わるデータを片っ端からAIに分析させて、制約条件そのものを抽出させる動きも出てきました。

（2）制約条件を導き出すプロセスをAIに学習させて、意思決定の支援に活用する動き

ソルバーを使うときに、分析者は、自分がどの指標・データを見て、どのような基準で適・不適を判断しているのかを明確にして、そこから制約条件を設定しています。この制約条件を導き出すプロセスを明確化することに慣れてくると、さまざまな場面における人事関係者の判断基準や優先順位のつけ方を数式化できるようになり、それをAIに学習させることによって、人事管理に関わる意思決定をAIで行えるようになります。

例えば、人事関係者は、人事異動の対象者を選定するときに、現所属での継続勤務期間、本人の異動希望の有無、人事評価歴、家族構成（扶養家族の有無）など、さまざまなデータや情報をチェックし、一定の基準と優先順位の下に判断を行っています。この判断プロセスをAIに学習させ、人事関係者と同様の判断基準や優先順位のつけ方で、人事異動案を策定しようとする動きも出てきています。

今後、マネジメントのさまざまな場面で、AIを意思決定の支援に活用する動きが広がっていくことは確実です。人事関係者も、ソルバーの制約条件の設定を通じて、自らの判断プロセスを解析するスキルを身に付けて、AI時代の到来に向けた準備をしておくとよいでしょう。

本章で説明した要員計画や人件費予算の策定方法は、難解で複雑な内容も含まれるため、「取っつきにくい」と思われるかもしれませんが、ぜひ試してみてください。データの準備やExcel操作に慣れてくると、データ分析やシミュレーションが簡単に行えるようになります。そこから、より高度な人事管理やマネジメントが実現できます。

■演習9

自社の売上高、総従業員数、営業利益を入力し、「売上高営業利益率」と「従業員1人当たり売上高」を算出してください。また、売上高と総従業員数の回帰分析を行ってください。

(1) 売上高営業利益率、および従業員1人当たり売上高の推移を見て、どのような傾向が読み取れますか。

(2) 売上高が現在の1.2倍に達したとき、総従業員数は何人になると推測されますか。回帰分析の結果を用いて、推測値を算出してください。

【演習9の解答】

それぞれの会社のデータを使った解答を各自で算出してほしい。

売上高と総従業員数の回帰分析は、本章の「**2 1 売上高と総従業員数の回帰分析**」を参考にしていただきたい。売上高（x）と総従業員数（y）の回帰式を求めることができれば、xに「現在の売上高×1.2」の数値を代入して、総従業員数を推測することができる。

[自社の現在および直近5年度の売上高、総従業員数、営業利益の推移]

（単位：百万円、人）

	5年前	4年前	3年前	2年前	1年前	現在
売上高						
総従業員数						
営業利益						
売上高営業利益率						
1人当たり売上高						

【演習9の解説】

会社によっては、売上高と総従業員数の回帰分析を行っても、論理的に考えて不適切な結果しか出てこないことがあります。例えば、次のようなケースです。

(1) 回帰式の傾き（y＝ax＋bの「a」の値）がマイナスになる

この場合、「売上高を増加させるほど、従業員が減っていく」ことになりますが、これは普通の傾向ではありません。例えば、「ここ数年、売上高が減少しているにもかかわらず、従業員を増やしている状況」や「人員削減を進めている中で、ヒット商品が登場して売上高が急増した状況」などで、このような傾向が現れます。

(2) 回帰式の傾きが大きすぎて、切片（y＝ax＋bの「b」の値）がマイナスになる

この場合、数年後の従業員数が現在の数倍に膨れ上がるような現実離れした数値になります。例えば、「数年前に設立した会社が急激に拡大している状況」や「人員削減を数年度にわたり繰り返し行っている状況」などで、このような傾向が現れます。

このような状況は長続きするとは考えられず、ここで得られた回帰式の結果を使って、将来の推測を行うことはできません。

売上高と総従業員数の回帰分析を行った結果が前記のケースに該当する場合は、そのような傾向を示す理由を考えた上で、同業他社の「従業員1人当たり売上高」などを参考にして自社が目指すべき売上高、総従業員数を算出してみてください。

第7章

評価における統計的手法の活用

1 統計的手法を使った人事評価の調整

1 人事評価の甘辛調整は、基本的には不可能

「各部門から収集した人事評価の結果は、評価者の甘辛の違いが反映されている。統計的手法を使って、評価者間の甘辛の差を調整し、正しい評価点に修正できないだろうか」

このような思いを持つ人事関係者は、少なくありません。

第1章**2** **2**でも述べましたが、「誤ったデータを正しい姿に修正すること」は、基本的には不可能です。統計的手法を使うときには、収集されたデータの分析結果こそが「正しい姿」であると判断します。事実に基づかないデータ、ゆがめられたデータは、どのような手法を使っても「正しい姿」にすることはできません。

ところが、人事部門において、各部門から収集した人事評価の結果を全社横断的に見ると、評価者の甘辛の差が反映された「正しくない状態」になっていることが明らかなこともあります。

例えば、第2章 演習1で示した、ある会社の東京支店と大阪支店（ともに従業員数10人）の評価分布［**図表7−1**］の場合、「東京支店と大阪支店では、同じような人材が配属されている」「東京支店と大阪支店の業績はほぼ同じである」という状況であれば、評価点の平均値や標準偏差に大きな違いが生じてくることは不自然です。そこから「東京支店と大阪支店の評価分布に差があるのは正しい状態ではない＝評価者の甘辛の差が反映されてしまった」という仮説が構築できます。

図表7−1 ある会社の東京支店、大阪支店の評価分布

東京支店

氏名	評価点
Aさん	9
Bさん	8
Cさん	7
Dさん	6
Eさん	5
Fさん	5
Gさん	4
Hさん	3
Iさん	2
Jさん	1

平均値	5.00
標準偏差	2.45

大阪支店

氏名	評価点
Pさん	10
Qさん	9
Rさん	9
Sさん	8
Tさん	8
Uさん	8
Vさん	8
Wさん	7
Xさん	7
Yさん	6

平均値	8.00
標準偏差	1.10

この場合、人事部門は「評価者の甘辛の差が反映されてしまった」という仮説に基づき、東京支店、大阪支店の双方に、全社的な評価基準にのっとって、評価を見直す（つまり、評価者の主観を入れずに、正しい評価を行う）ように指示することが一般的に行われています。

2 標準化による人事評価の調整

人事部門から評価の見直しを指示しても、「自分は公正に評価した」と主張して、最初に付けた点数を変えようとしない評価者もいます。このような評価者がいると、人事部門は、各部門が付けた評価点を機械的に調整せざるを得ません。

各部門に均等に人材が配置されていると仮定すると、各部門の評価点の分布はほぼ同じ状態になり、評価点の平均値や標準偏差も同じ数値になるはずです。そこで、従業員一人ひとりの評価点を次の算式で再計算して「調整後の評価点」を求めます。

調整後の評価点＝（各自の評価点－各部門の平均値）÷各部門の標準偏差

この算式を使って調整を行うと、各自の評価点は［**図表7－2**］のようになります。

東京支店、大阪支店ともに「調整後の評価点」の平均値は「0」、標準偏差は「1」になり、評価者による点数の甘辛や散らばらせ方の違いが解消されています。「調整後の評価点」のヒストグラム［**図表7－3**］を見ると、両支店の評価点の分布が同じような状態になっていることが分かります。

このように、複数のデータの集まりについて、「（各データ－平均値）÷標準偏差」を算

図表7－2 調整後の東京支店、大阪支店の各従業員の評価点

東京支店

氏名	評価点	調整後の評価点
Aさん	9	1.63
Bさん	8	1.22
Cさん	7	0.82
Dさん	6	0.41
Eさん	5	0.00
Fさん	5	0.00
Gさん	4	－0.41
Hさん	3	－0.82
Iさん	2	－1.22
Jさん	1	－1.63

平均値	5.00	0.00
標準偏差	2.45	1.00

大阪支店

氏名	評価点	調整後の評価点
Pさん	10	1.83
Qさん	9	0.91
Rさん	9	0.91
Sさん	8	0.00
Tさん	8	0.00
Uさん	8	0.00
Vさん	8	0.00
Wさん	7	－0.91
Xさん	7	－0.91
Yさん	6	－1.83

平均値	8.00	0.00
標準偏差	1.10	1.00

図表7−3　調整後の東京支店、大阪支店の評価分布（ヒストグラム）

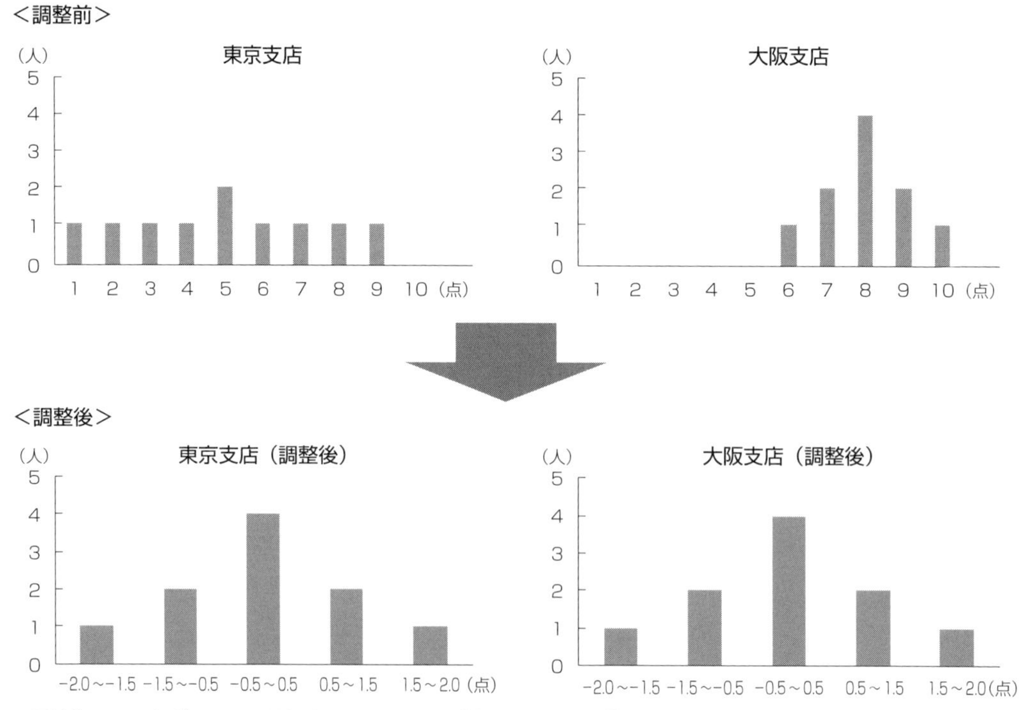

※調整後のヒストグラムは、評価点のデータ区間が均一ではない（「−2.0～−1.5」「1.5～2.0」は0.5点間隔、その他は1.0点間隔）

出して、平均値が「0」、標準偏差が「1」になるように数値を置き換えることを、「標準化」といいます。

ちなみに、テストなどで使われる「偏差値」は、次の算式で計算されます。

偏差値＝(各自の点数－平均点) ÷点数の標準偏差×10＋50

　　　＝標準化されたテストの点数×10＋50

偏差値は、平均値が「50」、標準偏差が「10」になるように調整された形で点数が表示されるため、平均点が異なるテスト間でも点数を比較できるようになるのです。

3　標準化を使う場合の注意点

標準化は、平均値や標準偏差をそろえることにより、部門間の評価分布の均一化を図ることができる便利な手法です。その一方で、付いていてもよい評価点の差を消してしまったり、所属部門の評価分布が個人の評価点に影響を及ぼしてしまったりする危険性があります。

例えば、[**図表7−1**] のケースにおいて、何らかの理由により大阪支店に優秀な人材が集中的に配置されているのであれば、東京支店よりも評価点の平均値が高くなっても当然です。また、大阪支店のＹさんは、調整前の評価は6点でしたが、調整後は−1.83点となり、東京支店の最低点よりも低くなってしまいます。Yさんが、東京支店で6点をとったDさんとほぼ同じ業績貢献度であれば、標準化によって評価が不公正になっているといえます。

また、標準化による評価点の調整を行うと、評価者の中には「自分が付けた点数を修正された」と不満を持つ人も出てくるでしょう。「どうせ人事部門が調整を行うのだから、各部門はしっかりと評価を行う必要はない」と思う人も出てくるかもしれません。こうなると、定められた基準にのっとって上司が公正に評価を行うという評価制度の根本的な部分が崩れてしまいます。

ですから、評価点の調整に「標準化」を使うのは、各部門に配置されている人材のレベルがほぼ均一であるという前提が成り立ち、さらに各評価者における点数の見直しが限界に達したときの「最後の手段」くらいに考えておくべきです。

各部門の評価分布に不自然な点があり、人事部門として評価点の調整が必要と考えるのであれば、まずは評価者に公正な評価を行うように働き掛けていくしかないのです。

2 目標管理制度におけるデータ分析の活用

1 目標管理制度の運用上の問題

目標管理制度とは、期初に従業員一人ひとりの業務目標を設定し、期末にその達成度を評価する仕組みです。目標達成度の評価結果は、各従業員の期中における業績貢献や成果を示すものとして、一般的にその直後に支給される賞与に反映されます。

日本企業における目標管理制度の実施率は79.3%（労務行政研究所　「人事労務諸制度実施状況調査」2018年）となっており、広く普及・定着していることがうかがえますが、運用面で問題を抱えている会社も少なくありません。

問題の一つとして多くの企業で挙げられるものが「不適切なレベルの目標が設定されてしまう」ということです。目標管理制度を運用する人事部門としては、少し努力することによって達成されるレベル（その従業員の能力よりも少し高いレベル）の目標を設定するように要求しますが、実際には、簡単に達成できるような低いレベルの目標や、到底達成できないような高いレベルの目標が設定されてしまうことも多いのです。設定される目標のレベルが不適切であれば、その達成度を適正に評価することもできなくなります。

ほとんどの会社において、目標を設定する際に上司が部下の目標をチェックして、目標を適切なレベルに調整するというルールを定めていますが、それでもうまくいきません。それどころか、実際には、上司が部下の目標を不適切なレベルに誘導してしまうこともあります。

「確実に達成できる低レベルの目標を設定したほうが部下のためである」「低レベルの目標を達成するよりも、高レベルの目標を達成できなかったときのほうが、部下は成長する」――このような上司の思いが、結果として、部下が設定する目標のレベルを不適切なものにしてしまいます。

不適切な目標が設定された部下は、達成度の評価も適正に行われないため、当然に不公平感を持ちます。特に不当に高いレベルの目標が設定された部下は、達成度評価が悪くなり、それに連動して決定する賞与の支給額も少なくなってしまいますから、大きな不満を持つことになるでしょう。一方、低いレベルの目標が設定された部下は、達成度評価が良かったことに気をよくするかもしれませんが、長期的に見れば、成長できない自分にもどかしさを感じて、やはり不満を持つことになるでしょう。

このように目標管理制度は、適切な目標を設定しないと、評価に対する不満を生じさせたり、部下の成長を妨げたりすることになります。適切な目標が設定されるかどうかは、部下の目標をチェックする上司にかかっているといえますが、目標が適切なレベルに設定されているかどうか、上司が目標をしっかりとチェックしているかどうかを、人事部門はほとんど検証していません。その結果、目標の設定とチェックは「上司任せ」になってしまい、上司の考え方次第で目標のレベルに差が出てしまう、適正な達成度評価が行われないなどの目標管理制度の運用上の問題が表出してしまうのです。

2 設定された目標額、達成率、支店業績のデータ分析

目標管理制度を運用しているI社も、長年にわたり、このような問題に悩んでいました。I社では、これまでに数回、上司を集めて「部下の目標が具体的なものになるようにチェックすること」「少し高いレベルになるように部下の目標を調整すること」などを徹底するよう研修を行ってきましたが、大きな効果はありませんでした。

そこでI社では、東京、名古屋、大阪の3支店を対象に、次の観点からデータ分析を行うことにしました。

①上司によって、部下の目標設定に対する考え方に違いがあるのか
②上司の目標設定に対する考え方の違いは、部下の目標達成率に影響を及ぼすか
③上司の目標設定に対する考え方の違いは、支店全体の業績に影響を及ぼすか

［**図表7－4**］は、各支店の部員の売上高目標額、結果および達成率のデータです。

各支店の目標達成率は、東京支店は100％でしたが、名古屋支店（92.3％）と大阪支店（96.3％）は未達でした。すなわち、東京支店の業績は好調ですが、名古屋支店と大阪支店は業績が低迷している状態にあります。

各支店の目標額の標準偏差を見ると、東京支店は「10.8」であるのに対し、名古屋支店は「5.6」、大阪支店は「22.8」となっています。東京支店の上司と比べると、名古屋支店の上司は部下間の目標額に差を付けたくない、逆に大阪支店の上司は差を付けたいと思っていることが分かります。

このように目標額を設定した結果、達成率はどのような散らばり方になったでしょうか。

図表7-4 I社の支店別・従業員別 売上高目標額、結果および達成率

東京支店 (単位：百万円)

従業員番号	目標額	結果	達成率
1	120	122	102.0%
2	110	110	100.0%
3	110	109	99.1%
4	105	98	93.3%
5	105	107	101.9%
6	100	98	98.0%
7	100	100	100.0%
8	100	98	98.0%
9	95	97	102.1%
10	90	92	102.2%
11	85	87	102.4%
12	80	82	102.5%
平均	100.0	100.0	100.0%
標準偏差	10.8	10.4	2.6

名古屋支店 (単位：百万円)

従業員番号	目標額	結果	達成率
1	105	110	104.8%
2	105	105	100.0%
3	100	100	100.0%
4	100	95	95.0%
5	95	85	89.5%
6	95	80	84.2%
7	90	75	83.3%
8	90	70	77.8%
平均	97.5	90.0	92.3%
標準偏差	5.6	13.7	9.0

大阪支店 (単位：百万円)

従業員番号	目標額	結果	達成率
1	140	118	84.3%
2	120	105	87.5%
3	120	102	85.0%
4	110	100	90.9%
5	100	98	98.0%
6	100	98	98.0%
7	90	90	100.0%
8	90	95	105.6%
9	70	82	117.1%
10	60	75	125.0%
平均	100.0	96.3	96.3%
標準偏差	22.8	11.4	12.9

※達成率の標準偏差は100倍して表示した。

各支店の達成率の標準偏差を見ると、東京支店が「2.6」であるのに対して、名古屋支店は「9.0」、大阪支店は「12.9」となっていて、業績が低迷している支店ほど部員間の達成率の散らばり方が大きくなっています。また、達成率の範囲を見ると、東京支店は「93.3～102.5%」と最小値と最大値の差が10ポイント程度ですが、名古屋支店は「77.8～104.8%」と27.0ポイントの差、大阪支店は「84.3～125.0%」と40.7ポイントの差になっています。

以上の結果から、次の仮説を構築することができます。

東京支店の上司は、部下の能力を考えて、それぞれに合わせた目標を設定しました。部下は、目標を達成しようと最後まで努力し、その結果、12人中8人が目標を達成、目標未達の4人も93%を超える達成率になりました。ほぼ全員が100%に近い達成率になったので、支店全体としても目標を達成することができました。

一方、名古屋支店は部下の能力差よりも、設定された目標額の差が小さくなっています。したがって、目標実行期間における早い段階で、能力が高い部下は目標を達成して安心してしまい、逆に能力が低い部下は目標達成を諦めてしまい、ともに結果を十分に出すことができなかったのでしょう。そのため、支店全体の目標達成率が大幅な未達になってしまったのです。

また、大阪支店は、部下間の目標額の差を大きくするように設定し、その結果、能力が高い部下ほど、能力レベルを上回る目標が設定されました。したがって、目標額が大きい部下ほど低い達成率になってしまい、支店全体としても目標を達成することができませんでした。

このデータ分析を始めるときに挙げた三つの観点について整理すると、次のようになります。

①上司によって、部下の目標設定に対する考え方の違いが存在する

②上司の目標設定に対する考え方の違いは、実際に設定された目標に表れて、それが部下一人ひとりの目標達成意欲と目標達成率に大きな影響を及ぼす

③上司の目標設定に対する考え方の違いは、部下一人ひとりの目標達成率に反映されるから、結果として、支店全体の業績にも大きな影響を及ぼすことになる

3 目標設定の傾向分析

支店全体の目標を達成するためには、(東京支店のように) 部下一人ひとりの能力レベルに合った目標を設定して、部下全員が最後まで目標達成に向けて努力するような状態にすることが必要です。名古屋支店の上司は部下間の目標額に差を付けるように、逆に大阪支店の上司は部下間の目標額の差を小さくするようにしていくべきでしょう。

名古屋支店と大阪支店の上司に対するアドバイスを具体的に行うために、両者の目標設定の傾向を分析してみましょう。

［**図表7－5**］は、横軸に「目標額」、縦軸に「達成率」を置いて、3支店の部員をプロットした散布図です。散布図を見ると、東京支店は達成率100％付近にデータが固まってい

図表7−5　支店の目標額と達成率の散布図

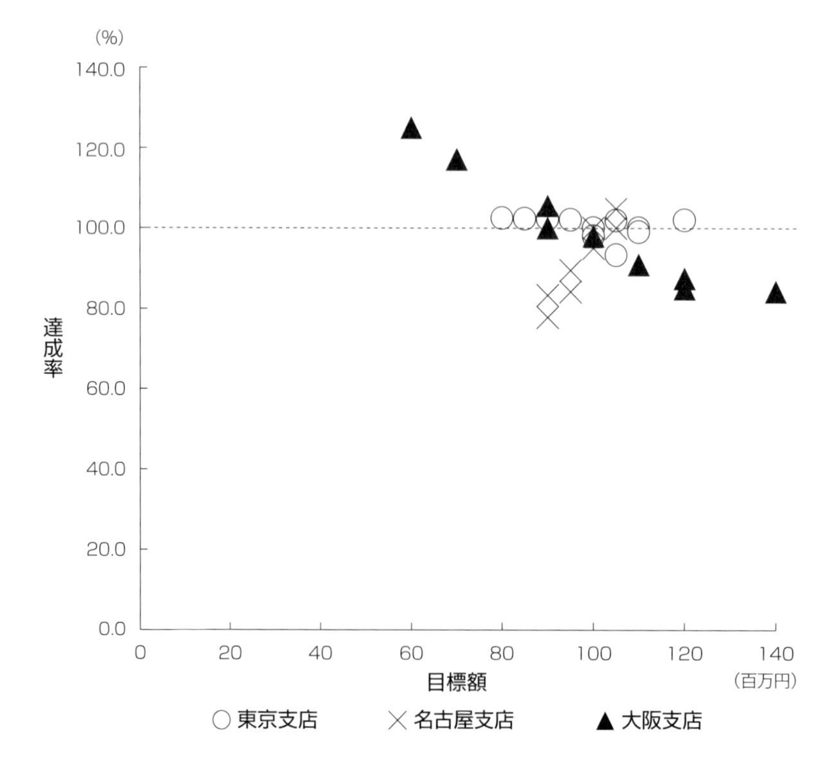

ますが、名古屋支店は目標額が大きくなるほど達成率も上昇する傾向が、大阪支店は目標額が大きくなるほど達成率が下降する傾向が見られます。

これを見る限り、名古屋支店の上司は「部下全員が、ほぼ同じレベルの目標を目指すべき」と考え、また、大阪支店の上司は「能力が高い部下ほど、高い目標に挑戦すべき」と考えていると推測されます。

ここで重要なことは、部下一人ひとりの能力レベルに見合った目標を設定した東京支店が、名古屋支店や大阪支店よりも業績が良かったという事実です。部下の目標設定について、名古屋支店や大阪支店の上司なりの考え方があるのかもしれませんが、支店の目標を達成するためには、東京支店のやり方を真似するべきということになります。

4 データ分析を活用した目標管理制度

I社では、目標管理制度の運用にデータ分析を積極的に取り入れており、具体的には、次のような施策を行っています。

①［**図表7－5**］の要領で、各支店、部門の目標設定の傾向を分析して、各上司には、自分の傾向を把握した上で、部下一人ひとりの能力レベルに見合った目標を設定するように指導しています。なお、各期が終了するたびに、各支店・部門の上司に［**図表7－5**］で示した散布図を配布し、目標設定について問題がなかったかどうかを反省してもらうようにしています。

②上司が部下の能力レベルを把握できるように、過去に設定した目標と達成率などの情報を自由に閲覧できるようにしています。また、支店や部門からの依頼に応じて、人事部門が適切な目標が設定されるようにサポートを行うことにしています。

③「目標が適切に設定されていない」と思う部下は、人事部門に相談できることにしています。人事部門は、部下の能力レベルや設定された目標等を分析して、必要に応じて、上司への指導などを行います。

このような施策を行う一方で、I社は、目標達成度を賞与に直接的に反映させないこととしました。目標達成度に応じた賞与では、従業員全員の目標達成度を100％に近づけると、支給額の差がほとんどない状態になるからです。そこでI社では、設定された目標の高さや目標達成までのプロセスなどを総合的に評価した結果によって賞与支給額を決定する仕組みを新たに導入しました。これにより、各支店・部門の上司は、データを活用して部下一人ひとりに適切な目標を設定し、全員が目標を達成できるような指導に専念できるようになり、組織全体の目標が効率的に達成できる状態になっています。

ここで説明したことは、あくまでも一つの会社の事例にすぎませんが、このような形でデータ分析を活用すれば、目標管理制度を業績向上のための重要なツールにすることができます。I社の取り組みを参考にして、それぞれの会社で、目標管理制度にデータ分析を取り入れていただきたいと思います。

3 データ分析に基づくコンピテンシーの明確化

1 コンピテンシーとは

コンピテンシーとは、「高業績者の行動特性」を意味する言葉です。「行動が業績に結び付く」という前提に立てば、従業員一人ひとりがコンピテンシーに示された行動を実践することにより、高業績を上げられるようになると考えられます。

日本企業においては、1990年代後半から、評価制度の一形態としてコンピテンシーが取り入れられるようになりました。それまでの能力評価が「～ができる／できない」という曖昧（あいまい）な基準で評価していたのに対して、コンピテンシー評価は「～の行動をしていた／していなかった」という明確な基準で評価できるため、より公正な評価を求める経営者や従業員に広く受け入れられたのです。最近は、新入社員として望ましい行動を明確にして、その行動の根底にあるコンピテンシーを持つ者を採用する「コンピテンシー採用」も行われるようになっています。

コンピテンシーの明確化は、基本的には、次のステップで行います。

①高業績者の選定

②高業績者の職務行動の洗い出し

③高業績者に共通する職務行動を抽出し、行動特性（コンピテンシー）として記述

ところが、「②高業績者の職務行動の洗い出し」や「③高業績者に共通する職務行動の抽出」のために、高業績者の行動をデータ化し、そのデータを科学的に分析することは難易度が高く、複雑な作業となります。したがって、コンピテンシーを評価制度に取り入れている会社の多くは、高業績者の行動特性の分析を行わずに、世間で出回っているコンピテンシーを自社風にアレンジして使っています。

2 職務行動に関するデータ分析とコンピテンシーの明確化

ここ数年、ITの進歩によって、「高業績者の行動のデータ化」や「行動に関するデータ分析」が、従来と比較すれば簡単にできるようになりました。そこで、自社の高業績者の職務行動のデータを分析し、その結果に基づいて、コンピテンシーの明確化と評価制度の見直しを行う会社が出てきています。

［**図表7－6**］は、J社において、現在の支店長の業績、職務行動、年齢などの属性に関するデータをまとめたものです。J社では、これらのデータを分析して、管理職のコンピテンシーの明確化を試みました。

［**図表7－6**］の表には、比率（%）で表示されたもの、時間や件数などの数値で表示されたもの、満足度や評価のように5段階で表示されたものなど、さまざまな種類のデータが含まれています。このように種類が異なるデータをまとめて分析することは、厳密に

図表7−6 J社の支店長の業績、職務行動などの属性に関するデータ  

		東京支店長	大阪支店長	名古屋支店長	福岡支店長	札幌支店長
業績	売上高目標達成率	100%	110%	94%	107%	97%
	売上高利益率	37%	35%	32%	35%	38%
組織管理	中級・上級営業部員退職率※1	13%	30%	0%	20%	10%
	営業部員平均 実労働時間（時間/月）	200	220	180	200	170
	営業部員平均 年間休暇取得数（日/年）	10	5	12	6	8
	営業部員平均 研修受講時間（時間/年）	8.0	4.0	2.0	5.0	8.0
	営業部員平均 上司との面談時間（時間/月）	1.8	1.0	0.5	1.0	2.0
販促	顧客満足度平均点（5〜0）※2	3.5	3.6	3.0	4.0	2.5
	新規顧客開拓件数（件/年）	20	25	10	20	12
行動	営業部員平均 顧客訪問件数（件/月）	40	60	30	50	25
	支店長 直接営業訪問件数（件/月）	20	40	10	20	5
	支店内 営業会議（時間/月）	1	1	1	0	0
評価	マネジメント力（上司が評価）※3	4.0	3.8	3.0	3.8	4.5
	リーダーシップ（上司が評価）※3	4.0	4.2	3.0	3.5	2.5
個人属性	年齢（歳）	40	38	40	36	42
	就職経験した会社数（社）	0	1	1	0	2
	当社で経験した部門・職種数	2	1	1	1	1
	営業部門の経験年数（年）	10	8	15	14	12

※1：「中級・上級営業部員退職率」は、「1年間の中級・上級営業部員の退職者数/1年間の平均営業部員数」で算出。
※2：「顧客満足度平均点」は、「0：不満」〜「5：満足」の6段階評価。
※3：「マネジメント力」「リーダーシップ」は、「0：低」〜「5：高」の6段階評価。

言えば、適切な方法ではありません。したがって、この分析では、各項目間の関係性を正確に捉えることはできず、「売上高とこの職務行動との関係性が強そうだ」と推測することぐらいまでしかできません。もっとも、コンピテンシーの明確化であれば、このような推測であっても十分に行うことができます。

これらの業績、職務行動、個人属性に関するデータの相関行列は、［**図表7−7**］のとおりです（相関行列は、137ページ［**図表5−3**］を参照）。

相関行列を見ると、「売上高目標達成率」と0.8以上（または−0.8以下）の高い相関を示しているものは、次の6項目です。

中級・上級営業部員退職率	0.97
営業部員平均 実労働時間	0.88
営業部員平均 年間休暇取得数	−0.90
新規顧客開拓件数	0.93
営業部員平均 顧客訪問件数	0.95
支店長 直接営業訪問件数	0.87

「売上高目標達成率」と「退職率」「実労働時間」「年間休暇取得数」との間に高い相関（ただし、年間休暇取得数はマイナスの相関）が見られますが、これは、「売上高を増やす

図表7−7 業績、職務行動、個人属性に関するデータの相関行列

	売上高目標達成率	売上高利益率	中級・上級営業部員退職率	営業部員平均 実労働時間	営業部員平均 年間休暇取得数	営業部員平均 研修受講時間	営業部員平均 上司との面談時間	顧客満足度平均点	新規顧客開拓件数	営業部員平均 顧客訪問件数	支店長 直接営業訪問件数	支店内 営業会議	マネジメント力（上司が評価）	リーダーシップ（上司が評価）	年齢	就職経験した会社数	当社で経験した部門・職種数	営業部門の経験年数
売上高目標達成率	1.00																	
売上高利益率	0.20	1.00																
中級・上級営業部員退職率	0.97	0.35	1.00															
営業部員平均 実労働時間	0.88	0.00	0.85	1.00														
営業部員平均 年間休暇取得数	-0.90	-0.39	-0.92	-0.60	1.00													
営業部員平均 研修受講時間	-0.06	0.96	0.09	-0.19	-0.11	1.00												
営業部員平均 上司との面談時間	-0.12	0.94	0.06	-0.25	-0.09	0.98	1.00											
顧客満足度平均点	0.76	-0.08	0.62	0.81	-0.47	-0.20	-0.36	1.00										
新規顧客開拓件数	0.93	0.29	0.93	0.95	-0.73	0.10	0.02	0.77	1.00									
営業部員平均 顧客訪問件数	0.95	-0.02	0.90	0.97	-0.74	-0.25	-0.32	0.84	0.93	1.00								
支店長 直接営業訪問件数	0.87	-0.03	0.87	0.98	-0.64	-0.24	-0.26	0.68	0.92	0.95	1.00							
支店内 営業会議	-0.04	-0.45	-0.03	0.42	0.38	-0.39	-0.35	0.11	0.21	0.22	0.44	1.00						
マネジメント力（上司が評価）	0.18	0.97	0.34	-0.10	-0.46	0.90	0.92	-0.22	0.20	-0.08	-0.08	-0.56	1.00					
リーダーシップ（上司が評価）	0.72	0.03	0.70	0.95	-0.38	-0.08	-0.16	0.78	0.90	0.85	0.89	0.57	-0.13	1.00				
年齢	-0.77	0.24	-0.60	-0.70	0.57	0.40	0.54	-0.93	-0.64	-0.81	-0.60	0.08	0.30	-0.57	1.00			
就職経験した会社数	-0.37	0.06	-0.23	-0.55	0.02	0.05	0.22	-0.86	-0.51	-0.50	-0.36	-0.22	0.29	-0.66	0.68	1.00		
当社で経験した部門・職種数	-0.13	0.41	-0.07	0.17	0.35	0.56	0.48	0.17	0.23	-0.04	0.04	0.41	0.19	0.45	0.20	-0.53	1.00	
営業部門の経験年数	-0.56	-0.49	-0.72	-0.65	0.49	-0.35	-0.40	-0.16	-0.74	-0.54	-0.72	-0.38	-0.45	-0.67	-0.03	-0.02	-0.35	1.00

ために時間外労働が増えた→忙しくて休暇が取得できない→疲弊した営業部員が退職した」といったことが起こっていると推測されます。そのため、支店長が営業部員の退職を促す行動、実労働時間を増やす行動をしているわけではなく、また、そのような行動をしていたとしても、それが売上高目標の達成に結び付いているとは考えられません。

一方、「新規顧客開拓件数」「営業部員平均 顧客訪問件数」「支店長 直接営業訪問件数」については、「支店長が積極的に顧客を訪問する→営業部員も積極的に顧客を訪問せざるを得ない→訪問件数を増やすため、新規顧客も積極的に開拓する→顧客との関係性が強くなったこと、新規顧客が増えたことが売上高の増加をもたらす」ということが起こっていると推測できます。ですから、支店長自らが率先して顧客を訪問する、あるいは新規顧客開拓に積極的に取り組むという行動が、支店の売上高目標の達成に結び付いていると考えられます。そこで、支店長のコンピテンシーとして「率先垂範で顧客を訪問する行動」や「新規開拓に積極的に取り組む行動」が抽出されます。

なお、ここまで述べたことは、「支店長の高業績者とは、売上高目標達成率が高い者である」という前提に立っています。これが「高業績者とは、売上高利益率が高い者である」という前提に立つと、利益率と相関が高い「部下の研修受講時間」や「面談時間」を

確保するための職務行動、例えば、「部下一人ひとりの業務量を把握し、それを適正に割り振ること」などがコンピテンシーとして抽出されます。

このように業績と職務行動に関するデータがあれば、項目間の相関を見ることによって、業績向上に結び付く行動を抽出し、コンピテンシーを明確化することができます。コンピテンシー評価を導入している会社は、このようなデータ分析を行って、評価項目や基準の見直しを行ってみるとよいでしょう。

3 コンピテンシー明確化に関するデータ分析のポイント

ここで示した事例のようなデータ分析を行うときには、次のポイントに注意しましょう。

(1) 職務行動に関するデータを数値化すること

コンピテンシーを明確化するときには、業績と職務行動に関するデータとの相関係数を算出し、そこから業績と相関が高い職務行動を抽出します。このような分析を行うためには、職務行動に関するデータが、何らかの形で数値化されていなければなりません。例えば、「部下指導を熱心に行っている」ではなく、「部下全員と毎週1時間の面談を行っている」というように時間数で示すこと、「新規顧客開拓を積極的に行っている」ではなく、「新規顧客を毎月5件訪問している」というように件数で示すことが必要になります。

(2) 高業績者の捉え方を明確にして、それに合致した業績データを入手すること

J社の例では、高業績者の捉え方を「売上高目標を達成する支店長」とするか、「利益率が高い支店長」とするかで、異なるコンピテンシーが抽出されました。したがって、コンピテンシーを抽出するときには、まず自社の高業績者の捉え方を明確にして、それに合致した業績データを入手することが必要です。

(3) 高業績者以外のデータも収集すること

コンピテンシーを明確化するステップとして、「高業績者の選定→高業績者の職務行動の洗い出し→高業績者に共通する職務行動の抽出」という進め方を紹介しましたが、実際にデータ分析を行うときには、高業績者以外の者のデータも収集することが必要です。コンピテンシーの基本的な捉え方は、「高業績者に共通する職務行動」となりますが、これをデータから抽出するときには、「高業績者とそれ以外の者との違いを生み出している職務行動」と読み替えたほうが分析しやすいからです（高業績者に共通する職務行動であっても、高業績を上げていない者にも同様の行動が見られれば、それはコンピテンシーとは認められません）。

コンピテンシーを明確化する対象者全員の職務行動に関するデータを収集し、それと業績データとの相関を分析することによって、高業績者に共通して見られ、かつ高業績者以外の者にはあまり見られない職務行動を洗い出すことが、コンピテンシーを明確化する際のポイントになります。

従業員意識調査の分析

1 従業員意識調査の分析

1 「従業員意識調査」とは

本書における「従業員意識調査」とは、従業員を対象に行う職務、労働条件、職場環境などに関するアンケートを指します。会社や労働条件などに関する満足度を調べる「従業員満足度調査（ES調査）」、従業員の士気の高さを調べる「モラールサーベイ」、職場環境を調べる「組織風土調査」など、従業員の意識を調べる調査がさまざまな名称で実施されていますが、ここでは、これらをまとめて「従業員意識調査」と呼ぶことにします。

近年、多くの日本企業において従業員意識調査が行われるようになりました。しかし、そこでの調査結果を実際に人事施策の企画立案に反映している会社は少ないと考えられます。それどころか、従業員意識調査の結果を「役に立たない」「人事施策の企画立案に使うべきではない」と捉えている人事関係者も存在します。このような捉え方をする人は、例えば「賃金に対する満足度が低い」という調査結果が出てきたとしても、「それは従業員全員が思っていることだ」「仮に賃金を引き上げたとしても、従業員は、さらに高い賃金を望んで満足度は一向に改善されない」と考えて、その結果を人事施策に反映させようとはしないのです。

従業員意識調査が人事施策の企画立案に役立たないものになっているのであれば、それはデータ分析の方法に問題があります。本章では、従業員意識調査における効果的なデータ分析の方法や注意点について説明します。

2 従業員意識調査において一般的に行われる分析

［**図表8－1**］は、K社において、従業員意識調査を行った結果をまとめたものです（なお、この調査は、実際には2000人の従業員を対象に、20項目の質問を行っていますが、ここでは回答者と質問項目を絞り込んでデータ分析を行います）。

この調査では、職務、労働条件、職場環境に関することについて、「5：強くそう思う　4：そう思う　3：どちらともいえない　2：そう思わない　1：まったくそう思わない」の5段階の点数で回答することにしています。質問文は肯定的な表現を使うように統一しているため、点数が高いほど、その項目について満足し、前向きに捉えていることになります。

従業員意識調査の分析においては、まず質問項目（および回答者）ごとの点数の平均値や標準偏差の算出から始めることが一般的です。そこで［**図表8－1**］にも、各項目および各回答者の点数の平均値と標準偏差を表示しました。

各項目の平均値と標準偏差から、次のことがいえます。

①賃金、労働時間、休暇取得に関する満足度の平均値が、他の項目と比較すると低い。また、福利厚生に対する満足度も、全体の平均値よりも低い。なお、労働時間、休暇取

図表8−1 K社の従業員意識調査の結果

	青木	井上	植田	遠藤	小川	平均値	標準偏差
目標を達成している	5	4	3	2	1	3.0	1.4
やりがいを感じる	5	3	3	2	1	2.8	1.3
自分にあった仕事を与えられている	5	4	3	1	1	2.8	1.6
長く働きたい	4	5	4	2	1	3.2	1.5
賃金に満足している	1	2	3	4	3	2.6	1.0
労働時間に満足している	3	3	3	2	2	2.6	0.5
休暇取得に満足している	3	2	3	3	2	2.6	0.5
福利厚生に満足している	3	3	3	2	3	2.8	0.4
職場環境に満足している	5	3	3	2	2	3.0	1.1
会社の経営理念に共感を覚える	3	3	3	3	2	2.8	0.4
上司とコミュニケーションをとっている	5	5	3	1	1	3.0	1.8
人間関係に満足している	5	4	4	3	1	3.4	1.4
平均	3.9	3.4	3.2	2.3	1.7	2.9	0.8
標準偏差	1.3	1.0	0.4	0.8	0.7	0.2	

※5：強くそう思う　4：そう思う　3：どちらともいえない　2：そう思わない　1：まったくそう思わない

得、福利厚生については、標準偏差が他の項目よりも小さいことから、低い満足度に回答者が集中していることがうかがえる

②「やりがいを感じる」「自分にあった仕事を与えられている」という項目も満足度の平均値が低い。ただし、これらの項目は、標準偏差が大きい（回答が散らばっている）ことから、やりがいや仕事の捉え方に大きな個人差があることがうかがえる

③「会社の経営理念に共感を覚える」という項目は、満足度の平均値が「2.8」で、標準偏差が「0.4」と小さい。この項目については、多くの者が「3：どちらともいえない」と回答している（要するに、あまり気にしていない）ことがうかがえる

なお、［**図表8−2**］のとおり、各項目の満足度をグラフ化すると、項目ごとの満足度の高低を分かりやすく表現できます。

一般的には、このような分析結果を受けて、満足度が低い項目、具体的に言えば、賃金、労働時間、休暇取得などに問題があると考え、それらの改善策を講じます。

しかし、労働時間や休暇取得などは、良い条件を求め出すとキリがないので、そもそも「満足している」という回答が出にくい項目です。この例の場合も、労働時間と休暇取得に関する回答の内訳を見ると、5人中3人が「どちらともいえない」、残り2人が「そう思わない」と回答が中央付近に集中していることが分かります（その結果、標準偏差は、他の項目に比べて小さくなっています）。

おそらく、労働時間と休暇取得に関しては、従業員は「良くなるのであれば、それに越したことはない」程度に思っていて、改善策を講じたところで満足度の向上には結び付かないでしょう。

図表8−2 各項目の満足度のグラフ化

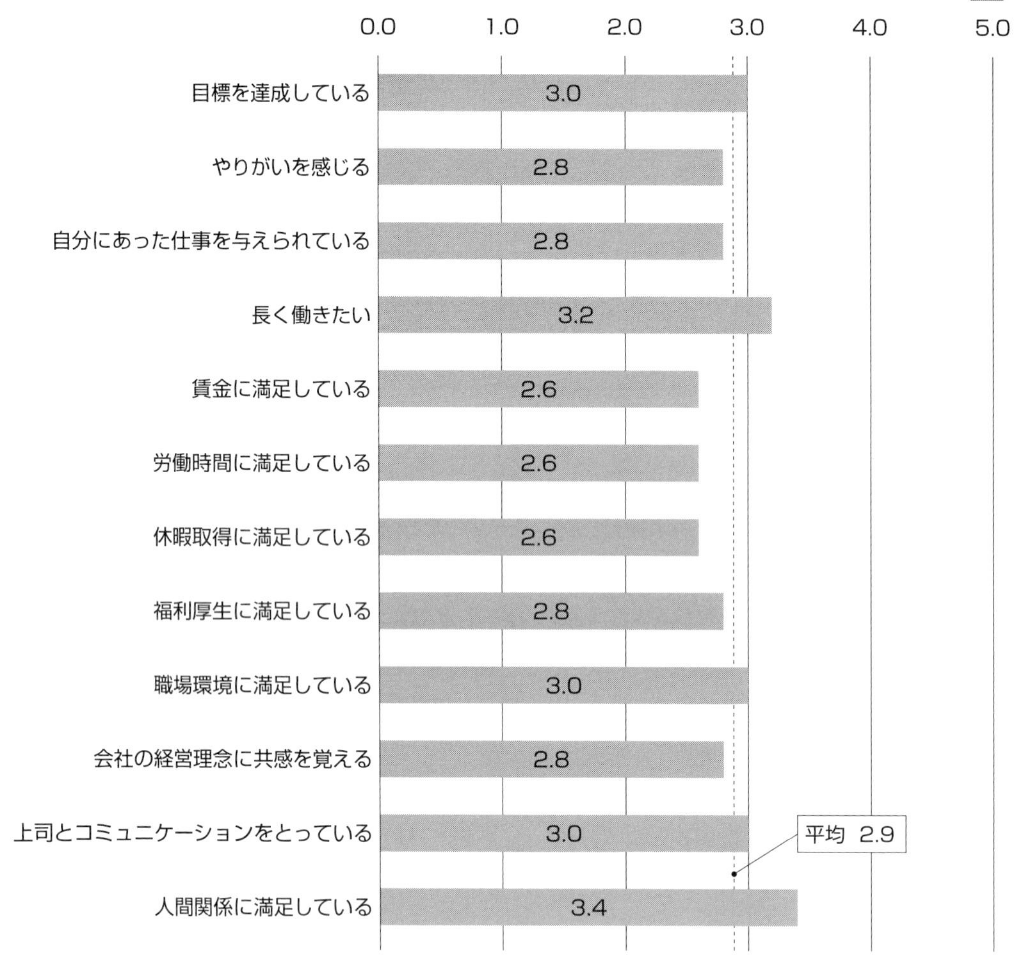

3 従業員満足度の捉え方と改善策の講じ方

満足度が低い項目に対して改善策を講じたとしても効果がないとすれば、従業員意識調査の結果を、どのように使えばよいのでしょうか。

従業員意識調査における「満足度」は、基本的に「要求度と充足度の乖離（かいり）」として認識されます。回答者の要求度が高ければ、充足度が高くても「満足していない（＝不満がある）」という回答になり、逆に、要求度が低ければ、充足度が低くても「不満はない（＝満足している）」という回答になります［**図表8−3**］。

K社の労働時間や休暇取得は、前者の「要求度が高く、充足度も高い項目」に該当します。このような項目は、充足度を高めても、それに伴い要求度も上昇してしまうことが多く、なかなか満足度の向上には結び付かないのです。

満足度を見るときには、要求度と充足度に分解して考えることがポイントです。満足度

図表8−3　要求度、充足度、満足度の関係

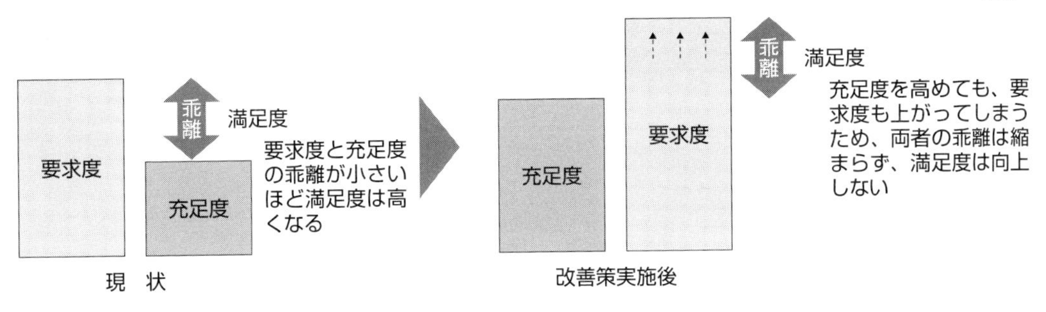

が低ければ、それが生じている要因は「要求度が高いこと」「充足度が低いこと」のどちらにあるのか、逆に満足度が高ければ、要因は「要求度が低いこと」「充足度が高いこと」のどちらにあるのかを考えます。

ここで、充足度は、基本的には世間水準との比較において捉えられるものです。例えば、労働時間の満足度が低い会社で、実際の条件が世間水準並み、あるいはそれよりも高い場合は、従業員の「要求度が高い（充足度は低くない）」ということになり、逆に世間水準よりも低い場合は、低満足度の要因は「充足度が低い」ことにあると推測されます。

また、世間水準との比較ができない項目（やりがい、人間関係など）は、自社の時系列での比較を行い、充足度の変化を捉えます。過去の従業員意識調査と比較して満足度が下がっているのであれば、これらの項目の充足度が低下していると推測されます。

したがって、従業員意識調査の結果を活用するときには、満足度が低い項目について要求度と充足度を分解し、このうち充足度が、世間水準と比較して低い場合、あるいは時系列分析で低下傾向が見られる場合に改善策を講じるようにしていくとよいでしょう。

4　項目間の関係性の分析

K社の従業員意識調査の回答について相関行列を作成すると、［**図表8−4**］のとおりとなります。ここから、次の点が分かります。

①「目標を達成している」「やりがいを感じる」「自分にあった仕事を与えられている」「職場環境に満足している」「上司とコミュニケーションをとっている」「人間関係に満足している」の6項目間の相関が強い。上司とコミュニケーションをとり、職場で良好な人間関係を築くことが、目標達成ややりがいの向上、職場環境に対する満足度向上に結び付いていると考えられる

②「賃金に満足している」が「目標を達成している」「やりがいを感じる」「自分にあった仕事を与えられている」と強い負の相関を示している。これは「目標を達成している」または「やりがいを感じている」従業員ほど、賃金に不満を持っていることを示している

ここで、②に気が付くことは、とても重要です。［**図表8−1**］の元データを見ると、

図表8-4 従業員意識調査の項目間の関係性（相関行列）

	目標を達成している	やりがいを感じる	自分にあった仕事を与えられている	長く働きたい	賃金に満足している	労働時間に満足している	休暇取得に満足している	福利厚生に満足している	職場環境に満足している	会社の経営理念に共感を覚える	上司とコミュニケーションをとっている	人間関係に満足している
目標を達成している	1.00											
やりがいを感じる	0.96	1.00										
自分にあった仕事を与えられている	0.97	0.92	1.00									
長く働きたい	0.87	0.74	0.87	1.00								
賃金に満足している	−0.83	−0.80	−0.91	−0.61	1.00							
労働時間に満足している	0.87	0.80	0.92	0.94	−0.72	1.00						
休暇取得に満足している	0.29	0.49	0.15	0.11	0.08	0.17	1.00					
福利厚生に満足している	0.35	0.30	0.56	0.41	−0.69	0.61	−0.41	1.00				
職場環境に満足している	0.90	0.96	0.91	0.62	−0.90	0.75	0.37	0.46	1.00			
会社の経営理念に共感を覚える	0.71	0.68	0.56	0.75	−0.20	0.61	0.61	−0.25	0.46	1.00		
上司とコミュニケーションをとっている	0.95	0.84	0.98	0.91	−0.88	0.91	0.00	0.56	0.82	0.56	1.00	
人間関係に満足している	0.94	0.93	0.87	0.86	−0.61	0.84	0.54	0.15	0.81	0.88	0.82	1.00

※「賃金に満足している」に負の相関が多いことに着目すること。

確かに、目標を達成している青木さんは、賃金に強い不満を持ち、一方、目標を達成していない遠藤さんは賃金にほぼ満足しています。おそらく、K社は目標達成度に応じた賃金格差が適切に付いていないため、目標を達成した従業員ほど賃金に対する不満を強く持つ状態になっているのです。このまま放置しておくと、優秀な従業員ほど退職してしまうことにもなりかねません。

この「目標を達成した従業員ほど不満を持ちやすい賃金になっていること」が、K社の人事管理上の最大の問題であり、早急に改善しなければならないことです。

相関行列を作成し、項目間の関係性を見ると、その会社の人事管理上の重要な問題を抽出できます。このような問題は、項目ごとに平均値や標準偏差を見る分析では、抽出することができません。従業員意識調査を行っている会社は、ここで紹介したような項目間の相関行列を用いた分析をぜひ行ってみてください。

2 カイ二乗検定による退職要因の分析

1 「カイ二乗検定」とは

前節では、従業員意識調査の項目間の関係性を相関行列によって分析する手法について説明しました。しかし、前節の従業員意識調査の回答は、5から1までの数値で示されていたとしても、実は数値そのものに意味はありません（例えば、「3：どちらでもない」は「1：まったくそう思わない」の3倍の満足度があるわけではありません）。このような意味のない数値で相関をとることは、厳密に言うと正しい分析ではありません。

また、意識調査の回答が「はい／いいえ」のような言葉で示されていると、もはや相関係数の計算すらできなくなります。

アンケートの回答結果のように、数値が本来の意味を持たないもの（すなわち、記号の一種にすぎないもの）、あるいは「はい／いいえ」のような言葉で示されているものについて、2項目間の関係性を捉えるときには「カイ二乗検定」という統計的手法を用います。

「カイ二乗検定」について、簡単に説明しましょう。

例えば、コイン2枚を100回投げて、表／裏のどちらが出たかを記録していきます［**図表8−5**］。

もし、2枚のコインに細工をしていなかったら、各コインの表／裏の出る確率は、それぞれ50％ですから、2枚のコインの表・裏の組み合わせは、理論的には25回ずつになるはずです。この理論的に求めた値を「期待値」といいます。

さて、実際にコインを投げた回数（実際に行った結果を記録したデータを「実測値」といいます）は、「実測値1」のとおりとなりました。期待値とは、数字が少し異なっていますが、これぐらいであれば誤差と捉えてもよいでしょう。

次に、コインを変えて100回投げたところ、「実測値2」のようになりました。この結果は、「表／裏」「裏／表」の2通りに明らかに偏っています。おそらく、2枚のコインの表・裏がそろわないように、何らかの細工がしてあるのでしょう。

分析者は、実測値1の場合に2枚のコインの間には関係性はないと判断し、実測値2の

図表8−5　2枚のコインを100回投げたときの期待値および実測値

【期待値】（単位：回）

		コインA		
		表	裏	合計
コインB	表	25	25	50
	裏	25	25	50
	合計	50	50	100

【実測値1】（単位：回）

		コインA		
		表	裏	合計
コインB	表	22	28	50
	裏	28	22	50
	合計	50	50	100

【実測値2】（単位：回）

		コインA		
		表	裏	合計
コインB	表	15	35	50
	裏	35	15	50
	合計	50	50	100

場合は、2枚のコインの間に関係性があるという判断をしていることになります。そこで、ポイントになることは、「期待値と実測値との乖離について、関係性の有無（誤差と捉えるかどうか）を、どのような基準で判断するのか」ということです。

ここで「実測値と期待値の差の二乗値を期待値で割って合計したもの」(これを「カイ二乗値」といいます）は、分析対象となるデータ項目数によって、一定の分布で出現することが知られています。

$$カイ二乗値 = \sum \frac{(実測値-期待値)^2}{期待値}$$

Excelは、この性質を利用して、実測値が発生する確率を計算し、これを「p値(probability value)」として表示します。一般的には、このp値が「0.05未満（5%未満）」であれば、偶然に発生するものではない（誤差ではない）と判断します。

このようなデータ分析を、「カイ二乗検定」といい、ここで示したコインの例のように二つのデータの間に関係性がないことをチェックするとき（独立性の検定）のほか、分析対象となるデータが無作為に採取されたものかどうかをチェックするとき（適合度の検定）に用いられます。

2 カイ二乗検定の進め方

カイ二乗検定の進め方は、[**図表8−6**]のとおりです。

カイ二乗検定によって、二つのデータ項目間の関係性を分析するときには、まず、「データ項目間に関係性がない」という仮説を立てます。この仮説は、最終段階で否定される可

図表8−6 カイ二乗検定の進め方

能性があることを前提としており、「帰無仮説」と呼ばれます。

実測値（データ）を収集したら、「二つのデータ項目間に関係性がない」という仮説の下に期待値を算出します。この例の場合は、「コインで表・裏が出る確率は50％」ということに基づいて期待値を算出しましたが、収集した実測値から期待値を算出するときには、次の算式で求めます。

表／表が出る期待値＝コインAの表が出た回数×（コインBの表の回数÷全体の回数）
＝50（回）×（50÷100）
＝25（回）

これと同様の算式で「表／裏」「裏／表」「裏／裏」の期待値を、それぞれ算出します。

Excelの関数式でカイ二乗検定を行ってp値を算出するときには、「＝CHISQ.TEST（カイ・スクエアド・テスト）（実測値範囲、期待値範囲）」という関数式を算出します［**図表8－7**］。

［**図表8－5**］の実測値1についてp値を算出すると「0.23」になります。つまり、このような表・裏の組み合わせは23％の確率で発生するものですから、偶然に発生し得ることと考えられます。この場合は、最初に構築した帰無仮説を棄却することはできず、「データ項目間に関係性がない」「このような表・裏の組み合わせは、期待値の誤差の範囲」と捉えます。

一方、実測値2のp値は、「0.000063（＝0.0063％）」になります。これだけ低い確率であれば、偶然には発生しないことと判断されますので、帰無仮説を棄却して「データ項目間に何らかの関係性がある（この場合は、2枚のコインの表・裏が一致しないように細工してある）」と判断します。

カイ二乗検定を使えば、二つのデータ項目間の関係性の有無を分析することができます。

そして、カイ二乗検定の場合は、回答が「はい／いいえ」という形式（数値で表示されないもの）であっても分析することが可能で、しかも、分析対象となる回答の区分けは、「はい／いいえ」の2択でも、「5～1」の5択でも対応します。

相関行列によるデータ分析以外にも、ここで紹介したカイ二乗検定が使えるようになると、アンケート結果の分析の幅が格段に広がります。

3　カイ二乗検定による退職要因の分析

従業員意識調査の結果を「調査後1年以内に退職した者」と「退職しなかった者（勤続者）」とに分けた上で、カイ二乗検定により、退職者と勤続者との間で満足度に有意な差がある項目を特定して、退職と関係性が深い項目（退職要因）を抽出することができます。

L社では、従業員100人に従業員満足度調査を行い、調査後1年以内に退職した者（30人）と退職しなかった者（勤続者70人）に分けて回答を集計したところ、［**図表8－8**］のとおりとなりました。このデータから、退職の引き金になっている「退職要因」を抽出してみましょう。

図表8-7 Excelの関数式を使ったカイ二乗検定（p値の算出）

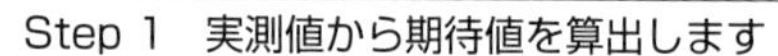

Step 1 実測値から期待値を算出します

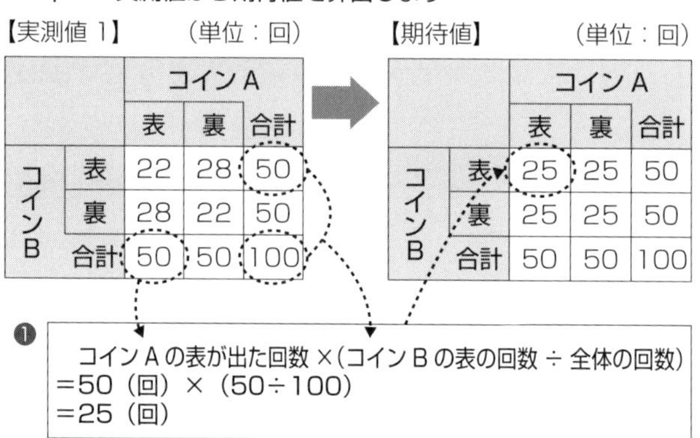

【実測値 1】 （単位：回）

		コインA		
		表	裏	合計
コインB	表	22	28	50
	裏	28	22	50
	合計	50	50	100

【期待値】 （単位：回）

		コインA		
		表	裏	合計
コインB	表	25	25	50
	裏	25	25	50
	合計	50	50	100

❶
コインAの表が出た回数×(コインBの表の回数 ÷ 全体の回数)
=50（回）×（50÷100）
=25（回）

❶実測値を入力した表を作成します。その表をコピーして、期待値を入力するための表を作成します。実測値から期待値を算出して、コピーした表の各セルを埋めます。

Step 2 ［関数の挿入］で「CHISQ.TEST」を選択します

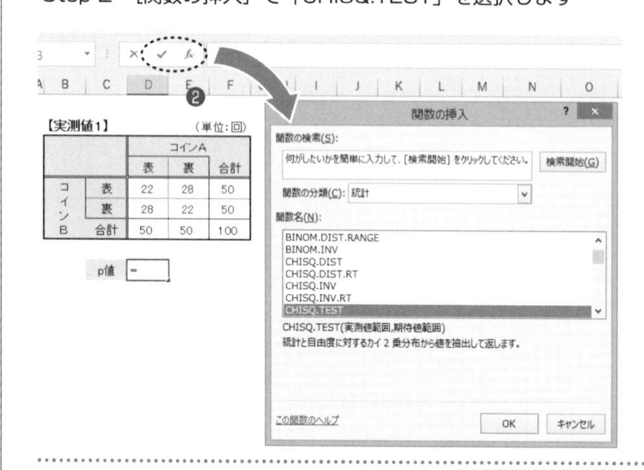

❷p値を入力したセルを指定した状態で、ワークシート上部の「fx」ボタンをクリックし、［関数の挿入］ボックスから「統計」→「CHISQ.TEST」を選択します。

Step 3 「実測値範囲」と「期待値範囲」を指定します

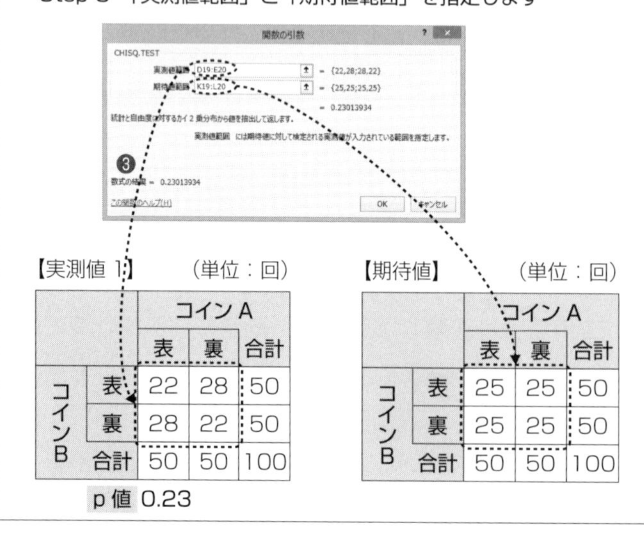

【実測値 1】 （単位：回）

		コインA		
		表	裏	合計
コインB	表	22	28	50
	裏	28	22	50
	合計	50	50	100

p値 0.23

【期待値】 （単位：回）

		コインA		
		表	裏	合計
コインB	表	25	25	50
	裏	25	25	50
	合計	50	50	100

❸表示された［関数の引数］ボックスの「実測値範囲」と「期待値範囲」に、それぞれのデータが入力されている範囲を指定します。［OK］ボタンをクリックすると、p値が表示されます。

図表8−8 退職者・勤続者別に見た従業員意識調査の結果

		実測値（人）			比率※		
		退職者	勤続者	合計	退職者	勤続者	合計
給料	満足	2	5	7	6.7%	7.1%	7.0%
	どちらともいえない	6	15	21	20.0%	21.4%	21.0%
	不満	22	50	72	73.3%	71.4%	72.0%
労働時間	満足	5	15	20	16.7%	21.4%	20.0%
	どちらともいえない	10	25	35	33.3%	35.7%	35.0%
	不満	15	30	45	50.0%	42.9%	45.0%
休暇の取りやすさ	満足	0	1	1	0.0%	1.4%	1.0%
	どちらともいえない	5	9	14	16.7%	12.9%	14.0%
	不満	25	60	85	83.3%	85.7%	85.0%
職場の人間関係	満足	2	40	42	6.7%	57.1%	42.0%
	どちらともいえない	23	20	43	76.7%	28.6%	43.0%
	不満	5	10	15	16.7%	14.3%	15.0%
仕事のやりがい	満足	15	40	55	50.0%	57.1%	55.0%
	どちらともいえない	10	20	30	33.3%	28.6%	30.0%
	不満	5	10	15	16.7%	14.3%	15.0%
育児・介護支援	満足	0	6	6	0.0%	8.6%	6.0%
	どちらともいえない	26	62	88	86.7%	88.6%	88.0%
	不満	4	2	6	13.3%	2.9%	6.0%
職場の設備	満足	3	5	8	10.0%	7.1%	8.0%
	どちらともいえない	25	62	87	83.3%	88.6%	87.0%
	不満	2	3	5	6.7%	4.3%	5.0%
合計		30	70	100	100.0%	100.0%	100.0%

※比率は、退職者、勤続者それぞれの合計に対する各回答（満足／どちらともいえない／不満）の割合。

（1）退職者の不満が多かった項目が退職要因とは限らない

退職者の不満が多かった項目は、「休暇の取りやすさ」（“不満”と回答した者の比率83.3%）、「給料」（同73.3%）、「労働時間」（同50.0%）です。そこで、多くの人が、これら3項目が退職要因であると結論づけてしまいます。

しかし、この結論は正しくありません。それぞれの項目について、勤続者で“不満”と回答した人の比率は、退職者とほぼ同じです。つまり、「休暇の取りやすさ」「給料」「労働時間」については、退職者も勤続者も同じように不満を持っており、この事実は、「これら3項目に不満を持っていたとしても、退職するとは限らない」ということを示しています。

したがって、「休暇の取りやすさ」「給料」「労働時間」は退職要因とは捉えられません。

退職要因と捉えるべき項目は、「退職者が不満を持ち、勤続者が不満を持たないもの」、つまり「退職者と勤続者の満足度が明らかに異なるもの」です。この項目を抽出するために、意識調査の回答の期待値を算出し、カイ二乗検定を行ってみましょう。

図表8−9 従業員意識調査のカイ二乗検定（退職要因の抽出）

		実測値（人）			比率※			期待値			p値
		退職者	勤続者	合計	退職者	勤続者	合計	退職者	勤続者	合計	
給料	満足	2	5	7	6.7%	7.1%	7.0%	2.1	4.9	7.0	0.98128
	どちらともいえない	6	15	21	20.0%	21.4%	21.0%	6.3	14.7	21.0	
	不満	22	50	72	73.3%	71.4%	72.0%	21.6	50.4	72.0	
労働時間	満足	5	15	20	16.7%	21.4%	20.0%	6.0	14.0	20.0	0.77484
	どちらともいえない	10	25	35	33.3%	35.7%	35.0%	10.5	24.5	35.0	
	不満	15	30	45	50.0%	42.9%	45.0%	13.5	31.5	45.0	
休暇の取りやすさ	満足	0	1	1	0.0%	1.4%	1.0%	0.3	0.7	1.0	0.71883
	どちらともいえない	5	9	14	16.7%	12.9%	14.0%	4.2	9.8	14.0	
	不満	25	60	85	83.3%	85.7%	85.0%	25.5	59.5	85.0	
職場の人間関係	満足	2	40	42	6.7%	57.1%	42.0%	12.6	29.4	42.0	0.00001
	どちらともいえない	23	20	43	76.7%	28.6%	43.0%	12.9	30.1	43.0	
	不満	5	10	15	16.7%	14.3%	15.0%	4.5	10.5	15.0	
仕事のやりがい	満足	15	40	55	50.0%	57.1%	55.0%	16.5	38.5	55.0	0.80537
	どちらともいえない	10	20	30	33.3%	28.6%	30.0%	9.0	21.0	30.0	
	不満	5	10	15	16.7%	14.3%	15.0%	4.5	10.5	15.0	
育児・介護支援	満足	0	6	6	0.0%	8.6%	6.0%	1.8	4.2	6.0	0.04033
	どちらともいえない	26	62	88	86.7%	88.6%	88.0%	26.4	61.6	88.0	
	不満	4	2	6	13.3%	2.9%	6.0%	1.8	4.2	6.0	
職場の設備	満足	3	5	8	10.0%	7.1%	8.0%	2.4	5.6	8.0	0.77159
	どちらともいえない	25	62	87	83.3%	88.6%	87.0%	26.1	60.9	87.0	
	不満	2	3	5	6.7%	4.3%	5.0%	1.5	3.5	5.0	
合計		30	70	100	100.0%	100.0%	100.0%	30.0	70.0	100.0	

※比率は、退職者、勤続者それぞれの合計に対する各回答（満足/どちらともいえない/不満）の割合。

［**図表8−9**］は、［**図表8−8**］に「労働条件と退職との間には関係性がない」という帰無仮説に基づいて算出した期待値とカイ二乗検定によるp値を各項目の横に加えたものです。

なお、［**図表8−9**］の期待値は、次のように算出します。

給料に「満足」と回答した退職者の期待値＝退職者数×給料に「満足」と回答した従業員比率

＝退職者30人×（退職者・満足2人＋勤続者・満足5人）÷100

＝30×（2＋5）÷100

＝2.1（人）

各項目のp値の算出方法は［**図表8−7**］を参考にしてください。ここでp値が「0.05（＝5%）」未満になった項目は、「職場の人間関係」と「育児・介護支援」の2項目です。つまり、この2項目が「実測値と期待値との乖離が偶然には生じたとは考えられないもの」で、「退職との間に関係性があると捉えられるもの（＝退職要因）」といえます。

（2）期待値と実測値を比較・検討する

この2項目について、詳しく分析してみましょう。

①職場の人間関係

「職場の人間関係」に「満足」と回答した実測値は、退職者で2人、勤続者で40人です。一方、この項目の期待値は、退職者で12.6、勤続者で29.4ですから、退職者は実測値（実際に「満足」と回答した人）が期待値を大幅に下回り、逆に勤続者は実測値が期待値を大幅に上回っています。これは、人間関係に満足している人は、そうではない人に比べて退職率が低いことを示します。したがって、職場の人間関係に対する満足感の低下が、退職を具体的に考える引き金（退職要因）になったものと推測されます。

②育児・介護支援

「育児・介護支援」については、「不満」と回答した実測値は、退職者で4人、勤続者で2人ですが、期待値は、それぞれ、1.8と4.2になっています。育児・介護支援を十分に受けられないことに不満を持ち、退職に至った人が多かったのかもしれません。育児・介護支援に対する不満も、退職要因として挙げることができそうです。

退職要因として捉えられる「職場の人間関係」や「育児・介護支援」を改善すれば、それらの不満を持つ者を減少させて、退職率改善に効果を発揮することが期待できます。

あらためて「職場の人間関係」と「育児・介護支援」以外の項目の「比率」を見ると、退職者と勤続者との間で大きな違いがないことが分かります。

「給料」や「労働時間」に対する不満を持って退職した人は多いものの、それらに不満を持ちつつ退職していない人（勤続者）も、ほぼ同じ比率で存在します。また、勤続者のうち「仕事のやりがい」に満足している人の比率は57.1％ですが、退職者の同比率も50.0％と高く、「仕事にやりがいを感じていても、退職する可能性がある」ことを示していいます。

ですから、「給料」「労働時間」および「仕事のやりがい」などは、退職と直接的に関係している項目とは考えられず、これらを改善しても、すぐには退職率改善に結び付くとは考えられません。

このように、カイ二乗検定を使って退職要因を抽出することにより、退職率の改善に向けた施策について狙いを絞って検討できるようになります。

4　カイ二乗検定を使って従業員意識調査の分析を行うときの留意点

ここでは、従業員意識調査の結果を「退職者／勤続者」に分けて分析した事例を示しましたが、同じような分析は、「長時間労働の者／それ以外の者」「高業績者／それ以外の者」など、さまざまな区分で行うことが可能です。

ただし、これらの分析を行うときには、従業員意識調査と従業員の就業状況や成績とを照らし合わせることになるため、回答者を特定するために、従業員意識調査を「記名式」で行うことが必要になります。

人事関係者の中には、「従業員意識調査を記名式で行うと、正直な回答をしてもらえない」と危惧する人が多いのですが、近年は、そのような傾向はほとんど見られません（むしろ、無記名式のアンケートのほうが、無責任な回答が多く寄せられて、適切な分析ができなくなる可能性が高いといえます）。

従業員意識調査のデータを使ってさまざまな分析を行い、人事施策に役立てようとするのであれば、従業員に対して調査の目的やデータの利用範囲をしっかりと説明した上で、記名式のアンケートを行うようにすることが必要です。

また、カイ二乗検定の結果、「二つの項目間に関係性がありそうだ」という見込みが立ったとしても、それは仮説にすぎません。ですから、「関係性がありそうだ」という結論が導き出せたら、その関係性がどのようにして成り立っているのかを理論的に考えてみることが必要です（これは、前節で説明した相関行列を使った分析についても同じことがいえます）。

例えば、「退職」と「職場の人間関係」の関係性については、「職場の人間関係が良い→会社に愛着を感じる→退職しない」という流れが理論的に考えられます。このように理論的な説明が成り立つことを持って、「退職と人間関係との間に関係性がある」という仮説を妥当なものと判断することができるのです。

カイ二乗検定や相関行列は、「2項目間の関係性が強い」という事実を示しているにすぎません。その事実が意味のあることかどうか、施策検討の参考情報として役立つものかどうかは、分析者が判断することが必要になります。

データ分析においては、「収集したデータを統計的手法に基づいて分析すること」と同様に、「分析結果の意味や妥当性を理論的に考えてみること」が重要なのです。

■演習10

研修Aと研修Bの効果を測定するため、100人の従業員について、それぞれの研修受講の有無および1年前と比べた人事評価点の変化を調べたところ、下表のデータを得ました。

それぞれの研修について、評価向上に効果があるかどうか分析してください。

[研修A、Bの受講実績と人事評価点の変化]

【実測値】 （単位：人）

		評価向上	変化なし or 低下	合計
研修A	受講	20	50	70
	未受講	5	25	30
	合計	25	75	100

【実測値】 （単位：人）

		評価向上	変化なし or 低下	合計
研修B	受講	13	22	35
	未受講	12	53	65
	合計	25	75	100

【演習10の解答】

「研修と人事評価の間には関係性がない」という帰無仮説の下に、それぞれの研修・評価の期待値とカイ二乗検定によるp値を算出すると、下表のとおりとなる。

[研修A、Bの期待値とp値]

【期待値】

		評価向上	変化なし or 低下	合計
研修A	受講	17.50	52.50	70.00
	未受講	7.50	22.50	30.00
	合計	25.00	75.00	100.00

p値　0.2077

【期待値】

		評価向上	変化なし or 低下	合計
研修B	受講	8.75	26.25	35.00
	未受講	16.25	48.75	65.00
	合計	25.00	75.00	100.00

p値　0.0396

研修Aは、p値が「0.2077」と5%以上を示しているので、帰無仮説を棄却せず、「研修と人事評価の間には関係性がない」と捉える。

一方、研修Bは、p値が「0.0396」と5%未満となっているので、帰無仮説を棄却して、「研修と人事評価の間には関係性がある」と捉える。研修Bの受講者で評価が向上した者の期待値は8.75であるのに対し、実績値は13人と大幅に多いことから、研修Bは、評価向上に効果があるものと考えられる。

研修AとBとでは、受講者数が異なっているために単純な比較はできないが、この分析結果を見る限りでは、研修Bのほうが評価向上に効果がありそうだと考えられる。

【演習10の解説】

実測値の表を見て、「研修Aは、評価が向上した25人の80%である20人が受講しているのに対して、研修Bは52%の13人しかいない。だから、研修Aのほうが効果は高い」という捉え方は正しくありません。

研修の効果を捉えるときには、「受講者のうち何%の人の評価が向上したか」と見るのが正しい捉え方となります。こうした捉え方をすると、受講者のうち評価向上が見られたのは、研修Aが28.6%（20人÷70人）、研修Bが37.1%（13人÷35人）となります。つまり、研修Bのほうが、受講者の評価が向上する確率が高いと考えられます。

このような分析を行うときには、「評価が向上した者のうち、研修受講者数の比率を見るのか」「研修受講者のうち、評価が向上した者の比率を見るのか」を、最初に考えるようにしてください。

業績と人事施策の関係性分析 ～人事部門のKPIの策定～

1 業績と人事施策の関係性分析

1 データの収集と業績の状況の分析

人事部や総務部などの管理部門は、営業部門や製造部門に比べると、推進している業務と会社の業績との関係性が把握しにくいといえます。もし、さまざまな人事施策の中から、売上高や営業利益の増加に結び付くものを確実に特定できたとしたら、人事部が会社の業績向上に貢献していることが明確になりますし、また、それらの人事施策を推進するときに、経営層や従業員の協力を得やすくなるでしょう。

このような考えの下、業績と人事施策の関係性分析を行っている会社もあります。

業績と人事施策の関係性を分析するときには、業績については売上高、営業利益、人件費、従業員数、正社員比率などの基本的なデータを収集すればよいのですが、人事施策に関するデータは、総労働時間数、報酬（賃金・賞与）の平均値のほか、従業員1人当たりの研修受講時間、特許出願や論文発表件数、メンタルヘルス休職者数など、なるべく多くの種類のデータを収集するようにします。

また、データは、少なくとも過去5年度分（可能であれば5年度分以上）のものを準備するようにします。過去のデータが少ないと、業績と人事施策との関係性が、一時的に表れたものか、長期間にわたる傾向として表れたものかを判断できず、不十分な分析になってしまいます。

［**図表9－1**］は、M社の業績および人事管理に関するデータです。これを使って、実際に業績と人事施策の関係性分析をしてみましょう。

（1）まず業績の状況の分析を行う

このようなときには、まず、業績の状況について分析することが必要です。業績の状況が良いのか悪いのかによって、関係性が強い人事施策の捉え方がまったく異なるものになり、分析の視点も変わってくるからです。

業績の状況の分析は、簡単な経営診断を行うイメージになります。具体的には、売上高や営業利益など、業績に関するデータについて、「前年度からどのように増減したか（成長性）」「営業利益は売上高の何％になっているのか（収益性）」などを分析します［**図表9－2**］。

（2）経営層や管理職などにヒアリングして、問題意識を浮き彫りにする

可能であれば、経営層や管理職などにヒアリングを実施して、自社の業績に対する認識を聞いてみるとよいでしょう。「経営層などの業績に対する認識が、どのような形で表れているのか」という視点を持ってデータを見ると、分析を適切かつ効率的に進めることができます。例えば、経営層から「今は良いが、今後は厳しくなる」という認識を聞いた上で、［**図表9－2**］を見れば、「売上高成長率はプラスであるものの、営業利益増加率がマイナスであり（営業利益が減少傾向にあり）、このままでは数年後には営業利益が出せなくなる」状況であることが、すぐに分かるはずです。

図表9−1　M社の業績および人事管理に関するデータ（過去5年度分）

	2013/3	2014/3	2015/3	2016/3	2017/3
売上高（百万円）	176,000	185,000	194,000	198,000	200,000
営業利益（百万円）	16,000	15,000	14,000	11,000	8,000
従業員数（非正規含む・人）	5,000	5,300	5,600	5,800	6,000
平均給与（非正規含む・百万円）	6.0	6.2	6.4	6.6	6.8
人件費（百万円）	51,000	55,682	60,599	64,646	68,881
既存重要顧客件数（件）	200	215	220	230	235
新規取引先件数（件）	50	40	35	25	20
製品販売単価平均額（千円）	100	98	97	95	90
新製品売上高比率（%）	12.0	11.0	10.0	9.0	7.0
特許出願件数（件）	52	50	50	40	35
開発プロジェクト件数（件）	40	40	35	30	25
正社員平均残業時間（時間）	186	189	194	202	205
平均年休取得日数（日）	9.8	9.5	8.9	8.8	8.5
正社員自己都合退職率（%）	5.0	6.0	6.5	7.0	8.0
従業員満足度（総合満足度）	3.06	2.96	2.92	2.88	2.66
1人当たり研修受講時間（時間）	20	18	16	15	14
メンタルヘルス休職者（人）	10	15	15	20	25

図表9−2　M社の業績の状況の分析（簡単な経営診断）

	2013/3	2014/3	2015/3	2016/3	2017/3
売上高成長率	−	5.1%	4.9%	2.1%	1.0%
営業利益増加率	−	−6.3%	−6.7%	−21.4%	−27.3%
従業員数増加率	−	6.0%	5.7%	3.6%	3.4%
人件費増加率	−	9.2%	8.8%	6.7%	6.6%
売上高営業利益率	9.1%	8.1%	7.2%	5.6%	4.0%
売上高人件費比率	29.0%	30.1%	31.2%	32.6%	34.4%
1人当たり売上高（百万円）	35.2	34.9	34.6	34.1	33.3
1人当たり営業利益（百万円）	3.2	2.8	2.5	1.9	1.3

2　業績と人事施策の関係性分析（相関行列の作成と樹形図による分析）

（1）相関行列で関係性を分析してみる

業績と人事管理に関するデータを入手したら、それぞれの項目間の関係性を分析します。

多数のデータを2項目ずつ組み合わせて関係性を見るときには、Excelの「データ分析」機能を使って「相関行列」を作成します。［**図表9−3**］は、［**図表9−1**］のデータについて作成した相関行列です。この相関行列が業績と人事施策との関係性を示しています。

ところが、［**図表9−3**］のように項目数が多い相関行列になると、どこに着目して分

図表9−3　業績と人事施策の関係性を示す相関行列

	売上高	営業利益	従業員数	平均給与	人件費	既存重要顧客件数	新規取引先件数	製品販売単価平均額	新製品売上高比率	特許出願件数	開発プロジェクト件数	正社員平均残業時間	平均年休取得日数	正社員自己都合退職率	従業員満足度	1人当たり研修受講時間	メンタルヘルス休職者
売上高	1.00																
営業利益	−0.87	1.00															
従業員数	0.99	−0.93	1.00														
平均給与	0.96	−0.97	0.99	1.00													
人件費	0.97	−0.96	1.00	1.00	1.00												
既存重要顧客件数	0.98	−0.92	0.99	0.98	0.98	1.00											
新規取引先件数	−0.97	0.95	−0.99	−0.99	−0.99	−0.99	1.00										
製品販売単価平均額	−0.85	0.98	−0.92	−0.96	−0.95	−0.91	0.93	1.00									
新製品売上高比率	−0.92	0.99	−0.97	−0.99	−0.98	−0.95	0.97	0.99	1.00								
特許出願件数	−0.82	0.99	−0.89	−0.94	−0.92	−0.89	0.93	0.95	0.95	1.00							
開発プロジェクト件数	−0.89	0.98	−0.95	−0.97	−0.96	−0.91	0.95	0.96	0.98	0.96	1.00						
正社員平均残業時間	0.94	−0.97	0.97	0.99	0.98	0.96	−0.98	−0.94	−0.97	−0.96	−0.98	1.00					
平均年休取得日数	−0.98	0.90	−0.99	−0.98	−0.98	−0.96	0.96	0.90	0.95	0.84	0.93	−0.95	1.00				
正社員自己都合退職率	0.95	−0.96	0.98	0.99	0.99	0.98	−0.98	−0.97	−0.99	−0.91	−0.94	0.96	−0.96	1.00			
従業員満足度	−0.85	0.96	−0.92	−0.94	−0.93	−0.90	0.92	0.99	0.98	0.91	0.93	−0.90	0.89	−0.97	1.00		
1人当たり研修受講時間	−1.00	0.91	−1.00	−0.98	−0.99	−0.99	0.98	0.90	0.95	0.86	0.92	−0.96	0.99	−0.97	0.89	1.00	
メンタルヘルス休職者	0.90	−0.98	0.95	0.97	0.96	0.96	−0.97	−0.98	−0.98	−0.96	−0.94	0.95	−0.90	0.98	−0.97	−0.93	1.00

析すればよいのかが分からなくなってしまいます。

前述したように、業績の状況の分析において「営業利益が減少傾向にあることが問題」という点を把握していますから、営業利益と相関が強い項目（その項目を変化させることによって、営業利益の増加が見込まれるもの）である「新製品売上高比率」や「特許出願件数」などが、人事施策を考える上でのポイントになりそうです。しかし、それらの項目がどのように営業利益の増加に結び付いていくのか、あるいは、それらの項目を改善するためには、どのような施策が必要かなどについては、相関行列だけではつかむことはできません。

（2）樹形図（ツリー図）で項目間の関係性を構造として把握する

このようなときは、いったん相関行列から離れて、業績と人事管理のデータの関係性について、理論的に整理した「樹形図（ツリー図）」を作成します。そして、樹形図と相関行列を見比べながら、「理論的にも、実際のデータからも、業績との関係性が強いと捉えられる事項」や「理論的には業績と正の相関を示すはずなのに、データでは負の相関を示している事項」などをチェックします。

樹形図を作成するときには、「達成するべき目的に関する項目」「結果として表れる項目」「時間的に後から発生する項目」を上部に配置し、その下に「その項目が発生する原因」

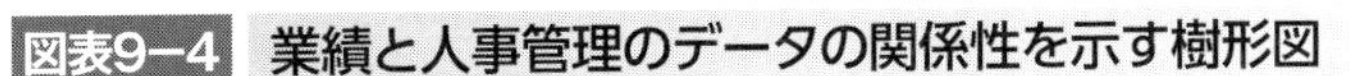
図表9−4 業績と人事管理のデータの関係性を示す樹形図

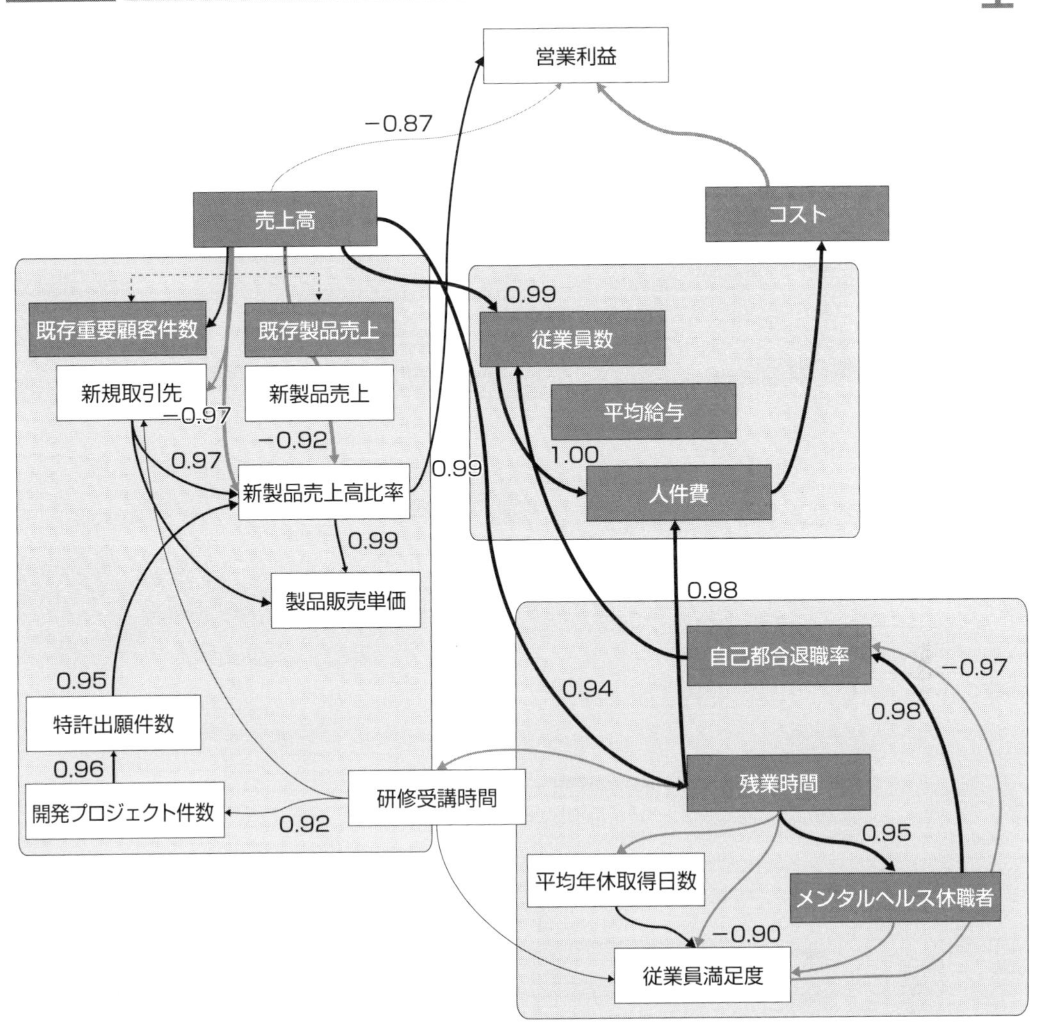

「時間的に先に発生している項目」を列挙していきます。そして、関係性のある項目同士を線で結んでいきます。

樹形図が完成したら、項目間の関係性を示す線の近くに、相関行列で求めた相関係数を記入していきます。これで、業績と人事管理のデータの関係性がどのような構造になっているのか、そして、実際に関係性（相関）がどのようになっているのかなどが明確になります。

［**図表9−4**］は、M社の業績と人事管理のデータの関係性を示した樹形図です。この図から、次の点が分かります。

①［**図表9−2**］の業績の状況の分析で見たとおり、M社は、ここ数年、売上高が増加する一方で、営業利益は減少しています。理論的に考えれば、売上高が増加したら営業利益も増えるはずですが、実際には、そうなっていません。なぜ、そのようになるのかと

いうと、売上高の増加に伴い、従業員や残業時間も増え、結果として人件費が増加してしまっているからと推測できます。この人件費の増加額が売上高の増加額を上回ってしまうために、営業利益が減少してしまうと考えられます。

②仮に、従業員が増えて人件費が増加しても、その額以上に売上高が増加していれば、営業利益は減少しないはずです。実際に、そうなっていないということは、売上高の増え方にも問題があると考えられます。データを見ると、ここ数年、「新規取引先件数」や「新製品売上高比率」は減少しており、一方、「製品販売単価平均額」は低下しています。このことから「M社は、既存取引先に対して既存製品を販売して、何とか売上高を増加させている。しかし、その過程では値引き（製品単価の下落）も発生するため、労働力（従業員数と残業時間）を投入した割には売上高が増えない」という状況に陥っていると推測できます。

③今後は、「新規取引先件数」や「新製品売上高比率」を増やすことによって、売上高に連動して営業利益も増やすことができる体質にしていくことが必要です。「新規取引先件数」や「新製品売上高比率」は、「特許出願件数」や「開発プロジェクト件数」と高い相関を示していますから、「特許出願に対する報奨制度を充実する」「開発プロジェクトへの参画を高く評価するように制度の見直しを行う」などの人事施策を実行して、技術部員や営業部門などの挑戦意欲を高めていくべきでしょう。

④残業時間の増加に伴い、「メンタルヘルス休職者」の増加、「従業員満足度」の低下が起こり、その結果、「正社員自己都合退職率」が上昇していると考えられます。退職者の補充において業務経験が浅い従業員も採用したため、従業員数が増えてしまったものと推測されます。従業員の定着率を改善し、社内にノウハウを蓄積することによって労働生産性を高め、売上高成長率を上回る従業員数の増加傾向に歯止めをかけることが必要です。

以上のとおり、相関行列と樹形図を使って、業績と人事管理のデータの関係性を示すことができれば、講じるべき人事施策を明確化し、また、それが業績向上に結び付く期待が持てることから、経営層や従業員の理解と協力を得て施策を実践に移すことができます。

3 タイムラグを考慮した業績と人事施策の関係性分析

ところが、実際には［**図表9－4**］のように業績と人事管理のデータの関係性が明確に表れないこともあります。

例えば、「売上高」と「特許出願件数」との関係性について考えてみましょう。理論的に考えれば、特許出願件数が多くなれば、それを用いた新製品が増えて、売上高の増加に結び付くと考えられます。しかし、［**図表9－3**］では売上高と特許出願件数の相関係数は、「－0.82」と強い負の相関を示しています。このように理論的に考えた関係性と相関係数が異なってくる要因としては、次の点が挙げられます。

①売上高は、特許出願件数だけではなく、顧客や競合会社などの市場動向などの影響も受けます。特許出願件数が売上高の増加に貢献しても、競合会社との販売競争激化による売上高の減少の影響のほうが大きければ、特許出願件数と売上高の関係性は相関係数に表れません。
②売上高と特許出願件数については、「特許出願件数の増加→新製品の増加→売上高の増加」という関係性以外にも、「売上高の増加→目の前の業務をこなすことに精いっぱいとなり、設計開発に投入する時間や人員が減少する→特許出願件数の減少」という負の相関をもたらす関係性も考えられます。この会社の場合、負の相関をもたらす関係性のほうが強く表れているのかもしれません。
③特許を用いた新製品を市場に出すためには、一定の時間が必要です。「特許出願件数」は、数年後の「売上高」に影響を与えるので、直近の売上高との間には相関は表れないと考えられます。

分析者は、これらの要因のうちの何が発生しているのかを考えた上で、データ分析の方法に工夫を施してみることが必要になります。例えば、上記の①の要因が発生していると考えたら、他社との販売競争の影響を極力小さくするため、特許を用いた新製品の売上高と特許出願件数との相関係数を算出するとよいでしょう。また、②の要因が発生していると考えたら、「売上高」と「設計開発に従事する従業員数」との相関係数を算出し、「売上高の増加→設計開発に投入する人員の減少」ということが実際に発生しているのかどうかを調べてみる必要があります。

さて、③の「特許出願件数は、数年後の売上高に影響を与える」という要因が起こっている場合、すなわち、ある項目が他の項目に影響を与えるまでの間に時間的なズレ（タイムラグ）がある場合には、どのように対応したらよいのでしょうか。

この場合は、売上高と特許出願件数との間に生じているタイムラグを分析して、そのタイムラグを調整するように関係性を分析する（例えば、2年間のタイムラグがあるという分析結果が導き出されれば、売上高と2年前の特許出願件数との相関係数を算出する）とよいでしょう。

M社について、売上高と特許出願件数との関係性を分析するために、さらに過去5年度分のデータを追加して、2008年から2017年までのデータで分析してみました。ここで、売上高と特許出願件数との変動を折れ線グラフの形状で比較すると、二つの項目の間に2年間のタイムラグがあることが分かります［**図表9－5**］。

このタイムラグを考慮して、売上高と2年前の特許出願件数との間で関係性を見ることにしましょう。過去8年間において、売上高と特許出願件数（同年度）との相関係数は「0.552（R^2値0.3052の平方根）」でしたが、特許出願件数を2年前のものにすると相関係数は「0.885（同0.7838の平方根）」になり、強い相関があることが分かります［**図表9－6**］。

なお、通常、このような分析では、時間的に先行する項目（後の業績に影響を与える項目）を主体に考えて、グラフの横軸に置きます（ここでは特許出願件数）。つまり、「売上

図表9–5　売上高と特許出願件数の推移（過去10年度）

	2008/3	2009/3	2010/3	2011/3	2012/3	2013/3	2014/3	2015/3	2016/3	2017/3
売上高（百万円）	50,000	80,000	100,000	170,000	190,000	176,000	185,000	194,000	198,000	200,000
特許出願件数（件/年）	10	40	70	50	55	52	50	50	40	35

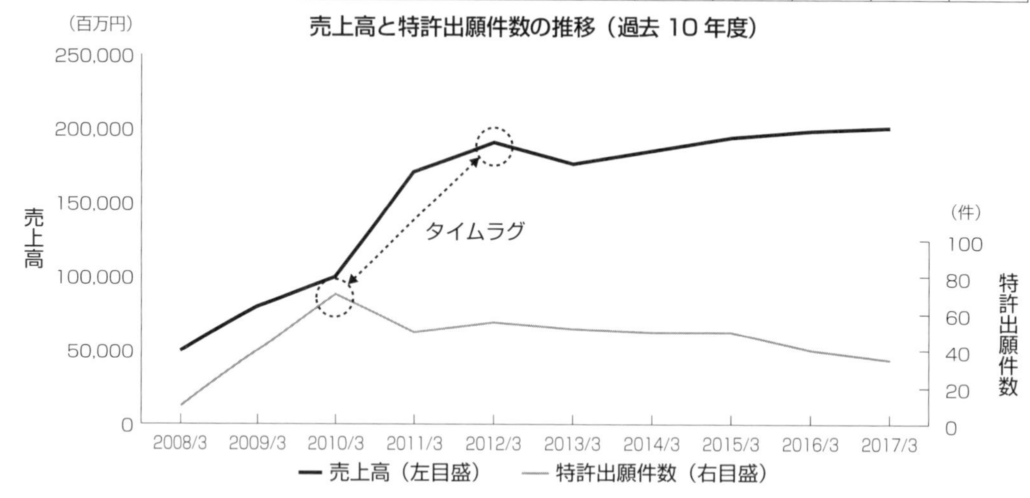

図表9–6　売上高と特許出願件数（同年度/2年前）の関係性

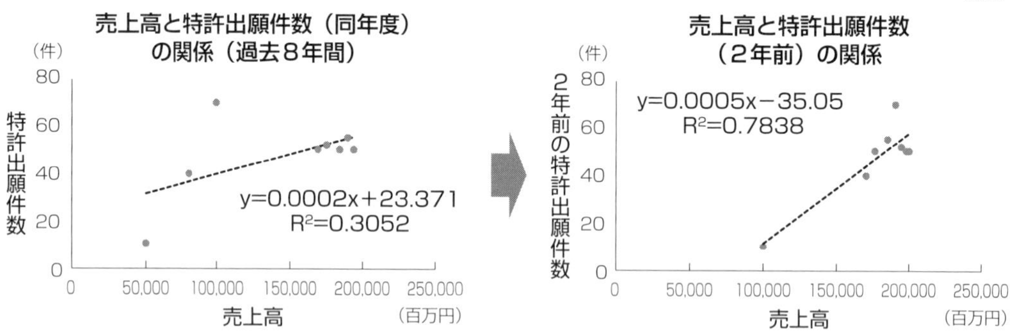

高と2年前の特許出願件数との間に相関が見られる」ではなく、「特許出願件数と2年後の売上高との間に相関が見られる」と表現します［**図表9–7**］。ちなみに、散布図の横軸と縦軸を入れ替えても、二つの項目の関係性は変わらないので、相関係数も変化しません。

ここで、回帰式「y = 1684.7x + 97232」の傾きが、特許出願件数の売上高増加への影響を示すものですから、「特許出願件数が1件増えれば、2年後の売上高が1684.7百万円増加すると見込まれる」と推測できます。このような形で特許出願件数と将来の売上高との関係性を具体的な数値によって示せれば、人事部門から、設計開発に対する人員の積極的投入を提案できるようになるでしょう。

このように、タイムラグを考慮することができれば、業績と人事施策の関係性を、より適切に分析できるようになります。

図表9−7　特許出願件数と2年後の売上高との関係性

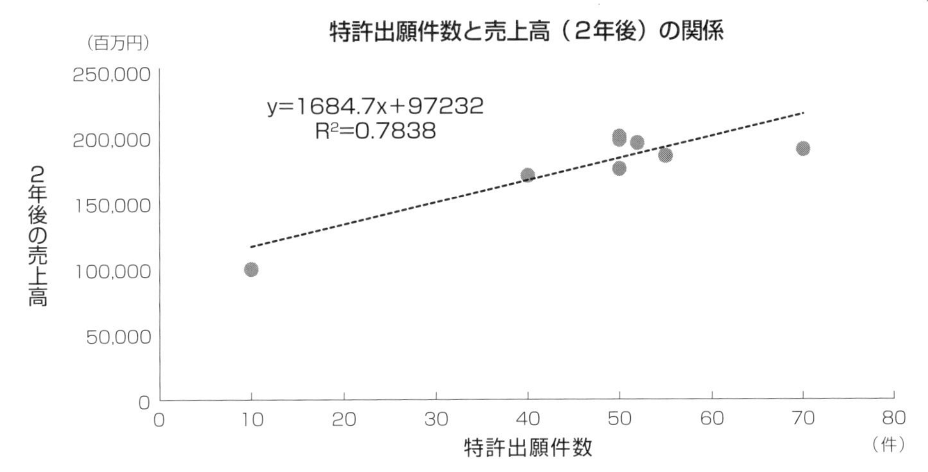

人事管理に関するデータ分析において、この「タイムラグ」という視点は、極めて重要です。なぜならば、ほぼすべての人事施策について、その成果が、業績や退職率などの数値として表れてくるには、一定のタイムラグを必要とするからです。しかも、人事施策によって、業績に表れるまでのタイムラグとして考慮するべき年数が異なります。

例えば、研修を実施することによって個々の従業員の能力や意欲を高めれば、数年後の業績向上に結び付くと考えられます。しかし、「タイムラグを2年間と見るのか、5年間と見るのか」「そもそも本当に研修と業績との間には関係性があるのか」ということについては、簡単に判断できません。

タイムラグの年数を設定する方法としては（M社の事例で示したとおり）、業績と人事施策との推移を示した折れ線グラフの形状のズレから設定する方法、あるいは、業績とさまざまな年度の人事施策のデータとの相関係数を片っ端から算出する方法など、さまざまなやり方が考えられます。しかし、いずれの方法も人間が行うには限界があります。

今後、AI（人工知能）が普及すれば、業績や人事施策のデータを入力するだけで、「業績と関係性が強い人事施策」や「人事施策が業績に表れるまでのタイムラグ」をAIが自動的に導き出してくることになるでしょう。このような時代が到来するまでに、人事関係者は「業績と人事施策に関するデータを、できる限り収集しておくこと」および「AIが導き出した分析結果が意味のあるものかどうかを判断する能力を養うこと」が必要です。

2 データ分析に基づくKPIの策定

1 「KPI」とは

「KPI（Key Performance Indicator＝重要業績評価指標）」とは、組織の目的を達成する上でチェックするべき業績や行動に関する指標をいいます。例えば、売上高と来客数との間に密接な関係が見られる小売店であれば、日々の来客数をKPIに設定し、一定の来客数を維持することにより、売上高の確保という組織目的の達成を図ることができます。KPIを設定することにより、組織目的がより具体的に示されますので、組織構成員一人ひとりが行うべきことが明確にできます。

KPIを設定するときには、組織目的の達成という「結果」と密接な関係性を持ち、かつ時間的に先行する「要因」を見つけ出し、それを定量的に評価し得る「指標」化をすることが必要です。前述した小売店の例でいえば、「売上高増加のために来客数を増やす」という抽象的な目標ではなく、「来客数は1日200人を維持する」というように具体的に数値でチェックできる指標としなければなりません。KPIが基準値を下回るようであれば、すぐに対策を講じて、その状況を改善します。このような状態を維持していくことによって、組織目的を着実かつ効率的に達成することができるのです。

近年、日本においても、KPIを設定し、マネジメントに活用しようとする会社が増えてきました。しかし、その中には、組織目的との関係性がほとんどない指標をKPIに設定してしまい、その結果、「KPIは達成したが、業績は悪化した」という本末転倒ともいえる状態に陥っている会社も少なくありません。

特に人事部や総務部などの管理部門のKPIは、「会社の業績と関係があること」よりも「定量的に測定できること」を優先して設定されることが多く、そのため、営業や製造の現場から、「管理部門は、業績向上に何ら貢献していない」「達成して当然のことをKPIとしている」などの批判を浴びてしまうこともあります。

このような状況において、「適切なKPIを設定するためには、どうすればよいのか」と悩んでいる人もいることでしょう。

ここでは、組織目的の達成・業績向上との関係性が強く、定量的に管理し得るKPIを、データ分析に基づいて策定する方法について解説します。

2 データ分析に基づくKPIの策定

実は、本書ではデータ分析に基づいてKPIを策定する方法を、既に説明しています。前節の「**1データの収集と業績の状況の分析**」と「**2業績と人事施策の関係性分析（相関行列の作成と樹形図による分析）**」で説明したことが、KPIを正しく策定する方法です。

自社の業績に関係するデータ、従業員に関係するデータを可能な限り収集し、各データの関係性を相関行列によって分析する、そして、この分析結果と、組織目的を理論的にブレークダウンして作成した樹形図とを合わせて見ることによって、業績との関係性が強く定量的に管理し得る指標を抽出することができます。

このようにして抽出した指標を「KPI」とし、項目ごとにチェックすべき部門に割り振ります。例えば、[**図表9－4**] の樹形図を使って「今後の売上高増加」を実現するためのKPIを抽出すると、営業部門は「新製品売上高比率」、技術部門は「特許出願件数」、人事部門は「研修受講時間」という指標になります。なお、「開発プロジェクト件数」は、実際にプロジェクトチームを編成する技術部門、およびプロジェクトチームを編成しやすい仕組みづくりを行う人事部門の双方がKPIとしてもよいでしょう。

図表9−8 樹形図から抽出した人事部門のKPI

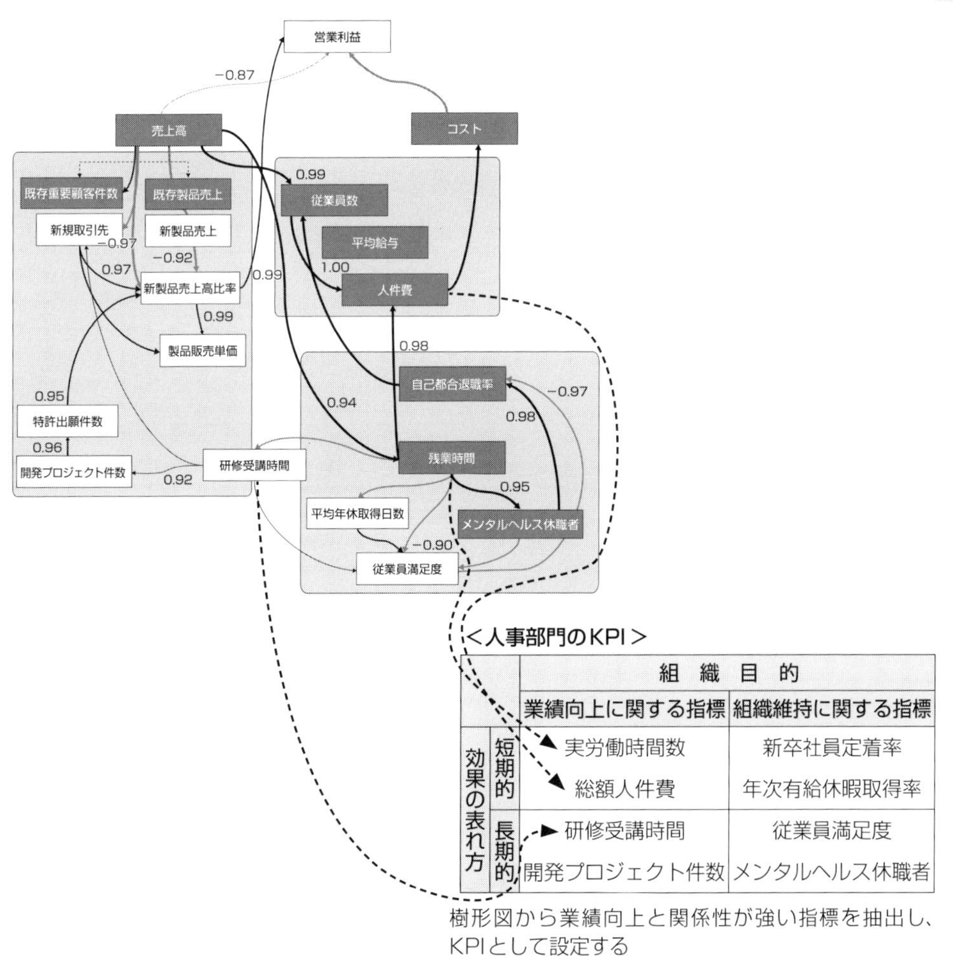

		組織目的	
		業績向上に関する指標	組織維持に関する指標
効果の表れ方	短期的	実労働時間数	新卒社員定着率
		総額人件費	年次有給休暇取得率
	長期的	研修受講時間	従業員満足度
		開発プロジェクト件数	メンタルヘルス休職者

樹形図から業績向上と関係性が強い指標を抽出し、KPIとして設定する

KPIは、組織目的や効果の表れ方に応じて、数項目を設定すべきです。例えば、人事部門の場合は、「業績向上への貢献」と「組織体制の維持」という2種類の組織目的、および「今年度の業績に効果が表れるもの（短期的な指標）」と「数年後の業績に効果が表れるもの（長期的な指標）」という2種類の効果の表れ方があり、それぞれのカテゴリーでKPIを設定することが必要です。［**図表9－4**］の樹形図に基づき、「組織目的」と「効果の表れ方」の2軸から人事部門のKPIを設定すると、［**図表9－8**］のようになります。

3 KPIの活用

KPIを設定したら、各部門においてそれを定期的にチェックして、組織目的の実現に向けた業務の推進状況を確認します。中には、経営層がKPIの評価基準を設定し、その達成度に応じて、各部門の賞与支給額を決定する仕組みを導入している会社もあります。

［**図表9－9**］は、人事部門のKPIの各項目について評価基準を設定した例です。各評価基準は、自社の過去の実績データや世間水準などを勘案しつつ、「組織目的を実現するた

図表9－9 KPIの評価基準の例

KPI	定義・算式	評価基準				
実労働時間数	正社員の１人当たり年間実労働時間数	S	A	B	C	D
		2100時間未満	2100～2200時間未満	2200～2300時間未満	2300～2400時間未満	2400時間以上
総額人件費	総額人件費÷付加価値×100（%）	S	A	B	C	D
		52%未満	52～54%	54～56%	56～58%	58%以上
研修受講時間	従業員１人当たり研修受講時間	S	A	B	C	D
		24時間以上	24～20時間以上	20～16時間以上	16～12時間以上	12時間未満
開発プロジェクト件数	3人以上で構成し、活動実績報告が行われたPJ件数	S	A	B	C	D
		30件以上	30～25件以上	25～20件以上	20～15件以上	15件未満
新卒社員定着率	新卒入社３年目までの社員の定着率	S	A	B	C	D
		15%未満	15～20%未満	20～25%未満	25～30%未満	30%以上
平均年休取得率	全従業員の取得日数÷付与日数×100（%）	S	A	B	C	D
		60%以上	60～55%以上	55～50%以上	50～45%以上	45%未満
従業員満足度	総合満足度の平均値	S	A	B	C	D
		3.8以上	3.8～3.6以上	3.6～3.2以上	3.2～3.0以上	3.0未満
メンタルヘルス休職者	メンタルヘルスケアを理由として３日以上休職した者	S	A	B	C	D
		0人	1～2人	3～5人	6～9人	10人以上

めに満たすべき数値」を標準（B）評価において設定しています。KPIの達成度を部門評価や賞与などに反映させたい会社は、このような評価基準を設定するとよいでしょう。

近年、日本企業においては、業績との関係性が強いKPIを抽出し、それを業績管理や部門評価などに活用する動きが急速に広がっています。このような取り組みを今まで行ってこなかった会社は、ここで説明した事例を参考にして、人事部門のKPIを策定するところから始めてみるとよいでしょう。

これからの人事管理と人事部門の役割

現在、人事管理は、大きな転換期を迎えています。

これまでの日本企業における人事管理は、労働法令に定められた事項に基づいて労働条件を設定すること、従業員からの不平不満が少なくなるように仕事と賃金を割り振ることを中心に行われていました。このような人事管理の下では、「個々の従業員」よりも「従業員の集団」を管理することに重点が置かれ、そこから集団を効率的に管理するためのツール、すなわち、画一化された労働条件を定める「就業規則」と、集団内の秩序を維持するための「人事制度」が整備されたのです。

近年、経営者は「優秀人材を確保するためには、特別な労働条件や待遇を設定することも必要」と考えるようになり、一方、従業員も「今よりも良い労働条件になる、または自分のやりたい仕事ができるのであれば、積極的に転職したい」と考えるようになりました。こうなると、人事管理の重点を、「集団」から「個々の従業員」に移さなければなりません。

個々の従業員は、従事している業務、能力、および転職市場における報酬などがそれぞれに異なっていますので、各自が従事している職務内容に関する「情報」や、その職務に関する報酬の世間水準などの「データ」が必要になります。

つまり、人事管理の重点が「集団」から「個人」に移ったことに伴い、人事部門が業務において積極的に活用すべきものは「規則と制度」ではなく、「情報とデータ」になったのです。

人事部門は、「規則と制度に基づいて、給与計算や労務管理などを行う業務処理部門」から「情報とデータを活用して、人的資源配置の最適化と人事戦略の企画・推進を行う経営企画部門」へと変貌しつつあります。人事部門には、人的資源を管理する主管部門として、これまでよりも積極的に経営に関わるような、新たな役割が求められています。

これからの人事部員は、人事管理に関する知識やコミュニケーション能力などを習得するだけではなく、次の能力を身に付けていかなければなりません。

①人的資源の確保状況、および個々の従業員の能力、適性、パフォーマンスなどを的確に把握する「情報力」

②最適な人材配置案の策定や人件費シミュレーションを行うことができる「データ分析・処理力」

これらの「情報力」や「データ分析・処理力」を身に付けていくためには、現在の職務において情報やデータを積極的に活用していくことが必要です。

このような人事管理の在り方、および人事部門の役割の変化を認識し、人事部員一人ひとりが、情報力やデータ分析・処理力の向上に努めていただきたいと思います。

おわりに

私は、これまで10年以上にわたり、人事データの分析に関するコンサルティングやセミナーを行ってきました。本書で取り上げた事例のほとんどは、過去のコンサルティングの中で実践されたもの、あるいはセミナー受講者が実際に行ってみたものです。「簡単にできて、役に立つこと」が実証済みの事例なので、読者の皆さんには、ぜひ、本書で紹介している手法を試してみていただきたいと思います。

ところで、私は、データ分析に関するコンサルティングやセミナーの中で、経営者や人事関係者の皆さんに申し上げていることが二つあります。

一つ目は「データ分析によって新しい事実が発見されることは、ほとんどない」ということです。

私たちは、データ分析を行おうと思った時点で導き出される結果も予想しており、そして、多くの場合、分析結果はほぼ予想どおりになります。「データ分析を行えば、目から鱗(うろこ)が落ちるような発見がある」などと過度な期待はしないほうがよいでしょう。

二つ目は「データ分析の結果に基づいて人事管理を行ったとしても、他社との競争に勝てるわけではない」ということです。

同じデータを、同じ統計的手法で分析すれば、同じ結果が出てきます。そして、同じ結果に基づいて人事管理を行うのであれば、他の会社も同じようなことをするはずです。つまり、データ分析に基づく人事管理は、どこの会社でも行いそうな「当たり前のこと」をしているにすぎないのです。当たり前のことを行っているのであれば、他社との競争に「負ける」リスクを小さくすることはできますが、「勝てる」可能性を大きくすることにはなりません。

このようなことをセミナーなどで申し上げると、落胆される方が大勢いらっしゃいます。しかし、落胆することはありません。予想どおりのことであっても、当たり前のことであっても、それらをデータ分析の結果として示すことには大きな意味があります。データに基づいて根拠や効果を明確に示すことによって、誰もが当たり前のことに真剣に取り組んでくれるようになります。このような状況を作り出すことは、人事管理において、とても重要なことなのです。

また、「情報やデータの分析ができれば、経験や勘は不要である」「経験や勘は、情報やデータを活用する上では支障になる」などの声を耳にすることがありますが、このような考え方は誤りです。

本書の「はじめに」では、「経験と勘に頼った人事管理を行っていては、誤った判断をして、それが会社や従業員の将来に悪影響を及ぼしてしまう危険性があります」と述べましたが、それは「経験や勘だけに頼ってはいけない（情報やデータを分析して裏付けを取りなさい)」と言っているのであって、「経験や勘が不要である」ということではありません。

そもそも、情報やデータを分析するときにも、分析結果を予想したり、その適正性を判断したりする「勘」、そして、分析結果を効果的に表現したり、実務に活用したりする「センス」が必要とされます。そして、これらの「勘」や「センス」は、さまざまな「経験」を通して磨かれるものなのです。

情報やデータを分析する動きが広まるにつれて、また、AI（人工知能）が普及するにつれて、さまざまな「経験」の中で磨かれた人間の「勘」や「センス」の重要性が一層高まっていくことになるでしょう。

「情報とデータを使いこなすには、統計学やデータ処理に関する知識や技術を身に付けることと同時に、さまざまな『経験』を積んで、自らの『勘』と『センス』を磨いていかなければならない」。情報やデータの分析・活用を行う者は、このことを忘れないようにしてください。

最後になりますが、コンサルティングの中で実践されたことを本書の事例として公開することを承諾してくださったクライアントの皆さま、実際にデータ分析を行ったときに生じた問題点とその解決法を報告してくださったセミナー受講者の皆さま、そして本書を刊行する機会を与えてくださった労務行政研究所の皆さまに、厚く御礼を申し上げたいと思います。

2019年2月

深瀬　勝範

◆巻末付録　データ分析でよく使われるExcelの関数式

種類	項目	関数式
代表値	平均値	アベレージ ＝AVERAGE（数値1,数値2,…）
	中央値（中位数）	メジアン ＝MEDIAN（数値1,数値2,…）
	最頻値	モード・シングル ＝MODE.SNGL（数値1,数値2,…）
散らばり	分散	バリアンス・ピー ＝VAR.P（数値1,数値2,…）
	標準偏差	スタンダード・ディビエーション・ピー ＝STDEV.P（数値1,数値2,…）
	最大値	マックス ＝MAX（数値1,数値2,…）
	最小値	ミニマム ＝MIN（数値1,数値2,…）
	四分位数	クアタイル・インクルーシブ ＝QUARTILE.INC（配列,戻り値）
	百分位数	パーセンタイル・インクルーシブ ＝PERCENTILE.INC（配列,率）
相関と回帰分析	相関係数	コリレーション ＝CORREL（配列1,配列2） ピアソン または＝PEARSON（配列1,配列2）
	回帰式 y＝ax＋bの「a」（傾き）	スロープ ＝SLOPE（既知のy,既知のx）
	回帰式 y＝ax＋bの「b」（切片）	インターセプト ＝INTERCEPT（既知のy,既知のx）
	回帰分析のR-2乗値（決定係数）	スクエア・オブ・コリレーション ＝RSQ（既知のy,既知のx）
	回帰式において特定のxにおけるyの値	フォーキャスト・リニア ＝FORECAST.LINEAR（x,既知のy,既知のx） トレンド または＝TREND（既知のy,既知のx,新しいx,定数）
検定	カイ二乗検定のp値を表示する	カイ・スクエアド・テスト ＝CHISQ.TEST（実測値範囲,期待値範囲）
その他	データの数を数える	カウント ＝COUNT（値1,値2,…）
	合計値	サム ＝SUM（数値1,数値2,…）
	四捨五入する	ラウンド ＝ROUND（数値,桁数）
	表の1列目の値を検索し、その行にある特定の列のデータを表示する	ブイ・ルックアップ ＝VLOOKUP（検索値,範囲,列番号,検索方法）

重要項目別

《欧文》

AVERAGE……33、37
CHISQ.TEST……207、208
CORREL……136
e-Stat……58、96
FORECAST.LINEAR……145
INTERCEPT……145
KPI……224～227
p値……206～208、210、213
PEARSON……136
QUARTILE……36、51
RSQ……145
SLOPE……145
STDEV.P……34、37
What-If分析……169、179

《あ行》

アドイン……38、39、41、44、137、145、150、175
因果関係……139

《か行》

回帰式……141、142、144、145、156、161～166、182、183、222
回帰分析……25、133、140～147、149～151、154～156、159～163～165、177、178、180、182、183
カイ二乗検定……205～213
管理職比率……66～69、73、74、78、79、81、159、173～176
企業活動基本調査……19、63、76、82、120
期待値……205～211、213
基本統計量……38、40、41
帰無仮説……207、210、213
業績連動型賞与……154、156
近似曲線……143～146
決定係数……144、150、161
ゴールシーク……168～170、171、175
雇用ポートフォリオ……77～80、177～180
コンピテンシー……194～197

《さ行》

最小二乗法……141
最小値……15、16、35、36、38、40、41、50～52、54、93、94、107～109、112、114、124、175、176、191
最大値……15、16、35、36、38、40、41、50～52、54、93、94、107～109、112、114、124、191
最頻値……32、33、38、40、41
散布図……16、43、46～50、51、54、58、69、70、72、77、80、96、135、142～146、161、192、193、222
時系列分析……23、24、26、60、61、64～66、73～75、115、117、118、121、122、125、126、129、203
シナリオ……177～180
四分位数……35、36、50～52、54、110～113
四分位範囲……35、36、51、52
資本分配率……118、119
重回帰分析……147、150、151、154～156
従業員意識調査……199～205、207、209～212
従業員構成……74、173～177、178
従業員満足度……16～19、26、27、134、200、202、207、217～219、220、225、226
十分位数……35、36、110、112～114
就労条件総合調査……19、50、95、106
樹形図（ツリー図）……217～220、224～226
人件費……17、22、26、62、63、65～67、73、78、89、91～93、95、97、115～127、129～131、156～160、163～181、216～220、225、226、230
人件費控除前営業利益……164～167、170、178
人件費シミュレーション……159、163～169、171～175、177～180、230
人件費分析……118、125、126
人件費予算……118、157～160、168、171、181
正規分布……34、38
正社員比率……60、66～68、73、74、76、77、88～90、120、177～179、216

切片……145、147、150、154、155、166、182
線形近似……144、147
尖度……38
相関……133～141、144、145、150～152、156、158、160、166、181、195～197、203、205、218～222
相関行列……136～138、140、152、195、196、203～205、207、212、217～220、225
相関係数……25、134～140、144、150、166、197、205、219～223
ソルバー……174～181

《た行》

代表値……15、16、32、33、36、38、41、54、77、92、93
中位数……32、33、110、111
中央値……32、33、35、36、38、40、41、51、52、54
直間比率……66～68、74、82、83
賃金構造基本統計調査……15、18、19、35、47、49、50、57、58、75、76、79、82、95、96、102、112、114
データ分析……13～15、18～23、25～27、29、30、32、36、38～41、43、46、54～56、61、66～68、82、90、137、138、140、145～147、150、151、153、156、158、160、175、180、181、189、190、192～194、197、200、206、207、212、217、221、223、224、230
度数分布図……43、44
ドリルダウン……68、87

《は行》

バブルチャート……77、78、80
ピアソンの積率相関係数……134、140
ヒストグラム……43～46、55、56、70～72、113、187、188
非正規社員比率……159、173～176、180、181
非線形最適化……174、175
ピボットテーブル……36、41～43、68、69、84、85、87、96、98、105、107、111
標準化……187～189
標準偏差……33～38、40、41、43、55、92、93、134、186～188、190、191、200、201、204
標準労働者……102
標本調査……38、41
付加価値……24、26、61～65、88、89、117～126、129～131、226
ピラミッドグラフ……69～71
分散……33～35、38、41、145、155
分布特性値……35、112～114
分析ツール……36、38、39、41、44、45、70、145、175
平均値……15、16、24、32～35、37～44、47、50、54～56、66、68、69、76、77、82、92～94、96～101、104、107、109、112、120、134、135、151、152、186～188、200、201、204、216、226
法人企業統計調査……19、24、62、63、120
ポートフォリオ……77～80、177～180

《ま行》

モデル賃金……19、101～103

《や行》

有価証券報告書……19、63、75、76
有効求人倍率……151、152
要員計画……17、26、27、50、118、125、157～160、168、171、172、174、175、177、178、180、181

《ら行》

労働生産性……17、19、20、59～66、88～90、118～122、125、126、129～131、220
労働分配率……26、118～126、129、130

《わ行》

歪度……38

◆参考文献

宮川公男『基本統計学［第4版］』有斐閣、2015年

佐竹元一郎、野口和也『統計理論入門』中央経済社、1994年

大村 平『改訂版　統計のはなし－基礎・応用・娯楽』日科技連出版社、2002年

大村 平『改訂版　統計解析のはなし－データに語らせるテクニック』日科技連出版社、2006年

島崎哲彦、大竹延幸『社会調査の実際－統計調査の方法とデータの分析　第11版』学文社、2015年

岩井紀子、保田時男『調査データ分析の基礎－JGSSデータとオンライン集計の活用』有斐閣、2007年

豊田裕貴『Excel分析ツール　完全詳解』秀和システム、2017年

トーマス・C・レドマン著、栗原 潔訳『戦略的データマネジメント－企業利益は真のデータ価値にあり』翔泳社、2010年

福田公正『経営のための統計学入門』ミネルヴァ書房、2016年

松田修一『ビジネス・ゼミナール　会社の読み方』日本経済新聞社、2006年

M・E・ポーター著、土岐 坤、中辻萬治、服部照夫訳『新訂　競争の戦略』ダイヤモンド社、1995年

須田敏子『HRMマスターコース　人事スペシャリスト養成講座』慶應義塾大学出版会、2005年

ロバート・S・キャプラン、デビッド・P・ノートン著、吉川武男訳『バランス・スコアカード－戦略経営への変革 新訳版』生産性出版、2011年

深瀬勝範『第2版　実践 人事データ活用術－事業、組織、人材からみた人事管理分析のノウハウ』労務行政、2012年

深瀬勝範『Excelでできる 統計データ分析の仕方と人事・賃金・評価への活かし方』日本法令、2014年

◆著者紹介

深瀬　勝範　（ふかせ　かつのり）

Fフロンティア株式会社　代表取締役、社会保険労務士
一橋大学社会学部卒業後、大手電機メーカー、金融機関系コンサルティング会社、大手情報サービス会社を経て独立。現在、人事コンサルタントとして人事制度の設計、事業計画の策定などのコンサルティング業務を行うとともに執筆・講演活動等幅広く活躍中。
主な著書に『第3版 はじめて人事担当者になったとき知っておくべき、⑦の基本。⑧つの主な役割。（入門編）』『Excel でできる 戦略人事のデータ分析入門』（いずれも労務行政）、『人的資本可視化ハンドブック』（日本法令）ほか多数。

カバー・本文デザイン／稲木秀和（アイディープランニング）
印刷・製本／日経印刷株式会社

Excelでできる
戦略人事のデータ分析入門

2019年 3月15日　初版発行
2024年 1月22日　初版3刷発行

著　者　深瀬勝範
発行所　株式会社 労務行政
〒141-0031 東京都品川区西五反田3-6-21
住友不動産西五反田ビル3階
TEL：03-3491-1231
FAX：03-3491-1299
https://www.rosei.jp/

ISBN978-4-8452-9273-8
定価はカバーに表示してあります。

訂正が出ました場合、下記URLでお知らせします。
https://www.rosei.jp/store/book/teisei